LA CARTOMANCIE FACILE !

Un guide pas à pas pour prédire le quotidien sans don particulier.

NOUVELLE ÉDITION REVUE & AMÉLIORÉE !

Mentions légales

En application de l'art. L.137-2.-I. du code de la propriété intellectuelle, toute reproduction et/ou divulgation de parties de l'oeuvre dépassant le volume prévu par la loi est expressément interdite.

© 2026 Martine Menard

Édition : BoD · Books on Demand, 31 avenue Saint-Rémy, 57600 Forbach, bod@bod.fr
Impression : Libri Plureos GmbH, Friedensallee 273, 22763 Hambourg (Allemagne)

ISBN: 978-2-3225-2299-6

Dépôt légal : **mars 2026**

Martine MÉNARD

LA CARTOMANCIE FACILE !

Un guide pas à pas pour prédire le quotidien sans don particulier.

NOUVELLE ÉDITION REVUE & AMÉLIORÉE !

Éditions B.O.D

Les cartes utilisées sont issues du tarot à JOUER.

Sont utilisées les chiffrées de 7 à 10
et les figures :
valets – <u>cavaliers</u>* – dames – rois
as – et jocker*

*(que vous ne trouverez pas
dans un jeu classique de 32 ou 52 cartes.)*

****

☞ *Pour vos devoirs et corrigés*

Au cours de chaque chapitre,
Testez vos connaissances avec des devoirs.

– Dans la **version papier**, un espace est prévu pour écrire directement vos réponses.
– **Les corrigés** se trouvent *au chapitre 7*

Sur **tablette, liseuse, ordinateur…**
un lien cliquable vous permet de télécharger la fiche d'exercices au **format PDF**.

➤ *Cliquez, téléchargez, imprimez…*
vos exercices vous suivent partout !

Un lien sera également disponible
à la **fin de chaque chapitre**
pour avoir accès aux corrigés au **format PDF**.

Nota : que vous soyez lecteur « papier » ou « ebook »
pour le devoir 10, prévoyez un petit cahier
ou quelques feuilles.

೫ೕ೧೩

☞ AU SOMMAIRE :

PRÉAMBULE.. 13
    ➢ AVERTISSEMENT... 16
    ➢ TEST... 22

CHAPITRE 1
Les bases essentielles de la voyance : règles à retenir !............... 29
    ➢ **DEVOIR N°1**... 41

CHAPITRE 2
    ➢ *« LES CARREAUX »* MÉMO des cartes à jouer 45

    ➢ 1ʳᵉ partie famille des ***CARREAUX*** 51
Signification de chaque lame : *caractéristiques et mots clés de :*
        AS – ROI – DAME – CAVALIER – VALET
Signification de chaque lame *en association avec* 73
        CARREAU – CŒUR – TRÈFLE – PIQUE
        ➢ Pour les **SECTEURS*** :
          – *amour/amitiés/famille*
          – *professionnel/études/nouvelles*
          – *finances/matériel*
          – *santé/épreuves/justice*
    ➢ **DEVOIR N°2**... 95

    ➢ 2ᵉᵐᵉ partie famille des ***CARREAUX*** 99
Signification de chaque lame : *caractéristiques et mots clés de :*
        10 – 9 – 8 – 7
Signification de chaque lame *en association avec* 117
        CARREAU – CŒUR – TRÈFLE – PIQUE
        ➢ Pour les *SECTEURS* (*ci-dessus)
    ➢ **DEVOIR N°3**... 135

CHAPITRE 3
  ➢ *« LES TRÈFLES »* MÉMO des cartes à jouer   139

  ➢ 1ʳᵉ partie famille des **TRÈFLES**..........................145
Signification de chaque lame : *caractéristiques et mots clés de* :
AS – ROI – DAME – CAVALIER – VALET
Signification de chaque lame *en association avec* 167
CARREAU – CŒUR – TRÈFLE – PIQUE
  ➢ Pour les *SECTEURS* (*ci-dessus)
➢ **DEVOIR N°4**..189

  ➢ 2ᵉᵐᵉ partie famille des **TRÈFLES** 193
Signification de chaque lame : *caractéristiques et mots clés de :*
10 – 9 – 8 – 7
Signification de chaque lame *en association avec* 209
CARREAU – CŒUR – TRÈFLE – PIQUE
  ➢ *Pour les SECTEURS (ci-dessus)*
  ➢ **DEVOIR N°5**..227

CHAPITRE 4
  ➢ *« LES CŒURS »* MÉMO des cartes à jouer 231

  ➢ 1ʳᵉ partie famille des **CŒURS**..........................237
Signification de chaque lame : *caractéristiques et mots clés de :*
AS – ROI – DAME – CAVALIER – VALET
Signification de chaque lame *en association avec* 257
CARREAU – CŒUR – TRÈFLE – PIQUE
  ➢ **DEVOIR N°6**...279

  ➢ 2ᵉᵐᵉ partie famille des **CŒURS** 283
Signification de chaque lame : *caractéristiques et mots clés de :*
10 – 9 – 8 – 7
Signification de chaque lame *en association avec* 299
CARREAU – CŒUR – TRÈFLE – PIQUE
  ➢ *Pour les **SECTEURS** (*ci-dessus)*
  ➢ **DEVOIR N°7**...317

CHAPITRE 5
➢ *« Les PIQUES »* MÉMO des cartes à jouer 321

➢ 1ʳᵉ partie famille des ***PIQUES***.......................... 327
Signification de chaque lame : *caractéristiques et mots clés de :*
AS – ROI – DAME – CAVALIER – VALET
Signification de chaque lame *en association avec* 347
CARREAU – CŒUR – TRÈFLE – PIQUE
➢ **DEVOIR N°8**……………………………….......………. 369

➢ 2ᵉᵐᵉ partie famille des ***PIQUES*** ………………….……. 373
Signification de chaque lame : *caractéristiques et mots clés de :*
10 – 9 – 8 – 7
Signification de chaque lame *en association avec* ………..… 389
CARREAU – CŒUR – TRÈFLE – PIQUE
➢ *Pour les **SECTEURS** (*ci-dessus)*
➢ **DEVOIR N°9**…………………………………….....…… 407

CHAPITRE 6
« Mes différentes méthodes d'interprétation »....................….. 411
➢ **DEVOIR N°10**……………………………………......…… 437

CHAPITRE 7
➢ **LES *CORRIGÉS*** ………………….......………..…… 443

➢ Conclusion…………………………………………. 483

☞ PRÉAMBULE

> *Si cette méthode est la première que vous commandez, soyez-le (la) bienvenu·e…*

> Si cette méthode est la seconde, soyez assuré·e que c'est avec un réel plaisir que je vous retrouve avec cette série qu'est la **CARTOMANCIE ou TAROT À JOUER**, avec lequel nous pratiquerons divers tirages qui correspondent à la vie quotidienne en général et déterminent les : aspects dits **MINEURS** de l'existence.

> À ne pas confondre avec le TAROT de MARSEILLE qui lui détermine les aspects MAJEURS.

– Je vous propose en plus dans cette méthode basée sur mes pratiques personnelles depuis 1992, des devoirs pour vous permettre de vous perfectionner *(corrigés inclus)*.

> Ceci sera pour vous, comme pour la méthode de TAROLOGIE, un complément considérable !

> Grâce à cette méthode, vous pourrez avoir les **réponses IMMÉDIATES** à toutes les questions qui vous préoccupent !

> En commandant mes MÉTHODES très complètes concernant la CARTOMANCIE et/ou LE TAROT DE MARSEILLE, vous avez peut-être enfin trouvé celle qui vous permettra de vous perfectionner dans l'art de la VOYANCE et peut-être même vous établir en tant que professionnel·le.

> Si comme moi, vous êtes un·e passionné·e, que ce soit uniquement pour vos voyances personnelles ou pour venir en AIDE à autrui en ouvrant votre cabinet, vous surmonterez tous les obstacles et maîtriserez, j'en suis sûre, cet art avec SUCCÈS, si vous suivez bien les conseils fournis dans cette (ces) méthode·s !

> On s'initie à l'art de TIRER LES CARTES comme l'on apprend à lire, à faire du dessin, à jouer de la musique…

> Bien sûr, avec le « DON », l'apprentissage est plus facile ! Mais nous avons TOUS ce sixième sens ! Ce don de « médiumnité », plus ou moins développé, par manque de connaissance, ou de motivation.

> Néanmoins, ce n'est pas le cas pour vous, car vous avez investi dans cet ouvrage, et je suis certaine que vous non plus, vous ne le regretterez pas (*comme la plupart de mes anciens élèves.*)

➢ Que ce soit pour vos consultations personnelles, pour un petit cercle d'amis, ces cours sont là pour vous. Toutefois, si, tout comme moi, vous avez l'intention d'exercer ce métier, il est important de suivre quelques règles...

➢ Vous verrez qu'au fil des chapitres, je parle souvent du consultant, de la personne pour laquelle vous tirerez éventuellement les CARTES.

➢ Si vous tirez les CARTES pour vous-même (et c'est ce que vous ferez dans un premier temps), vous aurez moins de précautions à prendre, puisque les « images » (ou formules ou flashs) s'imposent à votre esprit. Mais vous devrez également en faire le TRI !

➢ Pour vos consultations personnelles, je vous suggère de prendre un cahier spécifique, où vous noterez par écrit les cartes que vous avez sélectionnées pour votre jeu.

➢ Inscrivez-y les *« prédictions que vous ressentez »*. Étudiez bien votre jeu, combien de personnages, combien de 7, de 8... faites les regroupements – quelle est la couleur majoritaire...

➢ Ne vous contentez pas des « formules toutes faites », des associations déjà citées. Essayez plutôt vos propres combinaisons, même si elles vous semblent ridicules, laissez parler votre intuition, écoutez cette petite voie intérieure, notez vos impressions et comparez dans le temps !

➢ Notez également, que dans certaines prédictions, tout ne vous concerne pas. Mais avec un peu de pratique et de psychologie, vous saurez très vite faire le tri de ce qui vous concerne personnellement et de ce qui s'applique plus spécialement à telle ou telle autre personne de votre entourage.

➢ Si le tirage ne « vous plait pas », ne dites pas *: je me suis trompé·e, ça n'a aucun sens...*

➢ Il est déconseillé de recommencer un deuxième tirage immédiatement ! Prenez note de celui effectué et datez-le. Attendez quelques jours... Vous en referez un autre pour la même question. Vous ne retirerez pas nécessairement les mêmes cartes, mais vous verrez bien si elles vous transmettent un message similaire.

➢ Tenez un cahier de vos tirages personnels. En n'oubliant pas de noter la question et d'indiquer la date ! Ainsi, au fil du temps, vous verrez se réaliser vos prédictions sous telle ou telle forme, et vous pourrez par cette occasion, les affiner, trouver ainsi vos propres énoncés.

➢ Cependant, même si vous avez moins de précautions à prendre pour vous-même que pour une tierce personne pour laquelle vous feriez un tirage, je vous conseille :

1/ d'utiliser TOUJOURS le même jeu (il s'imprègne de votre fluide) et vous verrez, quand il sera « usé », vous aurez bien du mal à vous en séparer, à en changer, car vous aurez la sensation qu'il fait partie de vous ! *(je n'ai jamais pu en jeter un seul, je les garde dans une petite boite en bois, comme porte-bonheur !)*

2/ ne JAMAIS vous servir de votre jeu pour une belote par exemple !

3/ ne le prêtez pas ! (il contient vos énergies.)

4/ pratiquer votre propre voyance dans un endroit calme, sans être dérangé·e.

5/ vous mettre en harmonie avec le COSMOS (prière, rituel) afin de mieux capter les messages des CARTES.

6/ TRAVAILLEZ dans l'ordre ; avant de feuilleter le chapitre suivant, faites les devoirs proposés... Même si vous connaissez déjà les cartes, ne cherchez pas à brûler les étapes...

6/ prenez le temps de relire vos réponses, les parfaire...

Je vous souhaite beaucoup de plaisir pour cet apprentissage.

Avec toute ma sympathie.
Cordialement

Martine.

☞ AVERTISSEMENT

A/ pour faciliter votre apprentissage en **CARTOMANCIE,** je vous propose d'utiliser un jeu de **TAROT À JOUER** que vous trouverez facilement dans un bureau de tabac, maison de presse, ou magasin de gadgets.

➢ Vous en utiliserez **que 37 soit :** les : 7 – 8 – 9 – 10 – VALETS – CAVALIERS – DAMES – ROIS – AS, de chaque «*couleur*»: ♣ ♦ ♠ ♥ + **le JOKER ou EXCUSE.**

<u>UN CONSEIL :</u> ne laissez personne d'autre que vous, manipuler votre jeu de cartes ! Il doit être strictement réservé à des fins divinatoires, se charger de vos vibrations, de vos pensées, de vos émotions, faire partie de vous-même.

– Aussi, je vous suggère de le ranger dans une petite boite en matière naturelle, <u>surtout pas</u> de plastique.

➢ <u>Par AILLEURS,</u> il est conseillé de tirer les CARTES sur une table en bois (matière naturelle) sur laquelle vous poserez un tapis blanc (nappe en coton) qui ne vous servira qu'à cet usage et permettra de délimiter vos tirages.

➢ Assurez-vous d'avoir une bougie allumée jusqu'à la fin de la consultation. Elle symbolise la lumière (INTUITION) et protège contre les ondes négatives, même si vous êtes seul·e et que vous pratiquez une voyance pour vous-même. Quand vous en aurez terminé, éteignez-la en la « mouchant » (la couvrir avec une petite cuillère par exemple), ne surtout pas la SOUFFLER !

➢ Il est nécessaire également d'établir avant chaque consultation, un petit rituel qui vous permettra de vous déconnecter du monde « temporel », du stress quotidien et de tout ce que vous avez vécu négativement au cours de votre journée et vous assurer, ainsi qu'à votre consultant (si vous tirez les cartes pour une autre personne) une réceptivité suffisante.

➢ Il n'existe pas de règle précise à ce sujet : le plus important est de se détendre et de prendre plaisir à ce que l'on fait. Sachez qu'un rituel ne sera efficace que s'il s'accompagne d'un certain état d'esprit.

– Si vous êtes fatigué·e, stressé·e, angoissé·e... Abstenez-vous pour le moment !

➢ Pour ma part, je pense qu'il est important de demander l'aide de notre « GUIDE INTÉRIEUR ou Ange GARDIEN... » *(en fonction de vos convictions religieuses).*

➤ Tout en mélangeant et en battant les cartes, videz votre esprit de tout ce qui peut vous troubler. Dites ce qui suit : (en pensées seulement).

« *Mon Guide INTÉRIEUR, ouvre mon esprit, Montre-moi la lumière, Apprends-moi ce que je désire savoir. Inspire mes paroles, et Donne-moi la sagesse et l'humilité. Merci* »

<u>**ÉGALEMENT cette autre possibilité :**</u>

– « *Je vous invoque et vous implore, ANGES, GÉNIES et PLANÈTES... dont les influx magiques et mystérieux régissent les créatures humaines et l'univers ; je vous invoque et vous implore : les 4 ÉLÉMENTS : la TERRE, l'EAU, le FEU, l'AIR, sans lesquels aucune vie ne serait possible, et DIEU symbole de l'UNIVERS pour que, par les attributs du TAROT, me soient révélés le PRÉSENT et le FUTUR. Que la prédiction soit simple et claire, sans crainte ni incertitude et que cette « connaissance » ne me soit ni fatale ni contraire. Merci* » (SE SIGNER.)

☞ Ces 2 invocations sont une PROTECTION
contre les ondes négatives...
Mais vous pouvez aussi dire toute prière qui vous vient à l'esprit
ou que vous avez l'habitude de formuler.

B/ La pratique de la voyance est un acte altruiste. Ce n'est pas une simple diversion, mais une démarche grave et magique qui vous implique entièrement. C'est également une action symbolique, une exploration de votre monde intérieur. Ouvrir son esprit à l'invisible, avoir foi en son sixième sens et apprendre à laisser son inconscient s'exprimer est indispensable. L'inconscient joue un rôle crucial dans le développement. Il permet l'expression de l'intuition, de la créativité, de l'imagination. L'écouter est la meilleure façon de le faire. Il est tout aussi essentiel d'avoir une profonde humilité et un amour inconditionnel envers autrui et envers la vérité.

C/ IMPORTANT : Quelle que soit la façon de penser, d'agir... de la personne pour qui vous tirez les cartes, vous devez rester neutre, vous ne devez ni juger, ni influencer de quelque façon que ce soit. Soyez honnête vis-à-vis de votre consultant·e et ne lui posez pas de questions indiscrètes ou insidieuses. Et ne cherchez pas non plus à l'effrayer !

➢ En utilisant le TAROT (des CARTES), vous devez le guider. Vous devez également faire preuve de discrétion absolue ! Une fois votre client·e parti·e, vous devez *« oublier »* ce qui vous a été révélé ou confié. De ce fait, en dépendra votre bonne image !

1/ LES CARTES ou le TAROT à JOUER ne sont pas des jeux de société, mais un outil de travail, et doivent être utilisés avec respect ! Conservez-les soigneusement et traitez-les avec déférence.

2/ ne laissez jamais une tierce personne toucher vos cartes (autre que pour les tirages). Vous avez établi un lien particulier avec elles… (vous verrez comme il est difficile d'en changer quand le jeu est usé !)

3/ Essayez de tirer les CARTES toujours au même endroit. Ce n'est pas tant le lieu en lui-même qui compte, mais plutôt de l'utiliser pour le même usage ; ainsi, dès que vous vous asseyez, vous vous préparez automatiquement et psychologiquement à entamer une interprétation. Personnellement, je ne fais JAMAIS de consultation chez autrui !

a) on peut être dérangé·e par une visite impromptue…

b) vous vous mettez en position de faiblesse…

4/ Refusez* systématiquement une tierce personne lors de la consultation sauf exception : (conjoint, mère, fille, père, fils) bien que je déconseille toutefois les 4 derniers.

*Même si le (la) consultant·e précise qu'il (qu'elle) n'a rien à cacher, que c'est son *(sa) confident·e,* etc. Vous pouvez dévoiler « un secret » oublié par le consultant ! De plus, ayant tendance à parler entre eux, ceci déstabilise voir influence et peut fausser l'interprétation !

D/ MISE EN GARDE :

a) ne proposez JAMAIS à quelqu'un de lui tirer les cartes ! Si une personne souhaite consulter les tarots et sait que vous pratiquez, à elle de décider ! On ne doit jamais imposer une lecture des TAROTS même si l'idée attire la personne ! Idem si vous avez des flashs ! Vous ne devez pas en informer directement la personne concernée sans être sûr·e qu'elle ait envie de savoir !

b) Consulter d'une manière futile (juste pour voir, pour s'amuser) ou obsessionnelle, le TAROT réagira par une incohérence ! La personne qui consulte doit être prête, demanderesse, croire en la CARTOMANCIE et avoir confiance en vous en tant qu'interprète !

➢ C'est justement pour mériter cette confiance et ne pas être cause de préjudices que les initiés à la CARTOMANCIE doivent assumer leur tâche consciencieusement sans prendre à la légère l'acte divinatoire qu'ils accomplissent.

– Si l'on vous dit : *« je consulte, mais je n'y crois pas ! »*, alors ne perdez pas votre temps et votre énergie, refusez la consultation !

c) soyez psychologue ! Les paroles prononcées au cours d'une interprétation peuvent bouleverser, voire traumatiser le (la) consultant·e ! Aussi veuillez soigneusement à ce que vos messages soient positifs ! *(positifs ne veut pas stipuler mentir !)* C'est-à-dire que si vous devez annoncer un événement désagréable :

– a) ne soyez pas catégorique *(vous pouvez vous tromper)*.

– b) vous devez laisser entrevoir la solution pour remédier au problème. *(cette pratique sera étudiée au cours des exercices.)* Vous aiderez ainsi votre consultant·e à garder espoir devant une passe difficile prévue. N'y a-t-il pas une solution à tout problème ?

– De plus, il existe toujours un risque d'erreur de votre part, donc, ne soyez pas catégorique !

– Bien sûr, il n'est pas question non plus de faire croire qu'il n'y a pas d'inquiétude à avoir si les difficultés sont bien présentes. Donc vous devez faire preuve également de tact et de diplomatie !

VOICI QUELQUES EXEMPLES :

➢ Un décès s'annonce dans le jeu ! Il n'est pas question d'être catégorique en présageant de quelle personne il s'agit : un parent (père, mère), un enfant... encore moins ! Le (la) consultant·e lui (elle)-même ! Car vous n'en avez pas la certitude *(ne jamais perdre de « VUE » qu'un très bon voyant lui-même, a une marge d'erreur en moyenne de 20 %)*.

➢ Si vous *« ressentez »* le décès du (de la) (la) consultant·e lui (elle)-même, par accident par exemple : vous devez simplement lui conseiller d'être très prudent·e sur la route, de rouler moins vite...

➢ Si sa santé venait à le (la) préoccuper, ou qu'il (elle) aurait des symptômes inhabituels, conseillez-le de consulter son médecin, car il pourrait être nécessaire de subir quelques examens approfondis. *(Mieux vaut prévenir que guérir)*. Mais ne JAMAIS prononcer un diagnostic grave tel que : CANCER, SIDA... Nous ne sommes pas médecins !

➢ Si vous lui prédisez son décès, même à une date éloignée,

non seulement il (elle) ne sera plus là pour vous dire que vous ne vous êtes pas trompé·e, mais vous risquez de le (la) traumatiser à vie et votre prédiction pourrait agir sur lui (elle) comme une MALÉDICTION ! Donc, soyez prudent·e !

➢ Certes, quand le tirage est très négatif, vous ne pouvez pas agir comme si les CARTES n'avaient pas été tirées, ni chercher à faire une interprétation trop positive.

➢ Toutefois, vous pouvez aider votre consultant·e dans son malheur en lui rappelant qu'un état d'esprit négatif ne ferait qu'empirer les choses. Nous sommes tous confrontés à des ennuis, mais c'est la manière dont nous parvenons à les régler qui compte, et non les problèmes eux-mêmes. Les difficultés peuvent être interprétées comme des défis à relever, plutôt que comme un désastre absolu. Ce genre de discours suscite une réaction positive de la part de la plupart des consultants.

➢ Psychologiquement, si l'on parle d'obstacles, de problèmes, on se sent tout de suite abattu·e, on a l'impression d'avoir devant soi une montagne infranchissable !

– En pensant **« DÉFI à RELEVER »,** on a envie de se battre, de se surpasser…

➢ Il ne faut pas oublier que les **CARTES prédisent ce qui risque** d'arriver, ce qui est probable ! Mais étant mis·e au courant, nous pouvons éviter (contourner) ces risques.

➢ Par exemple : si vous annoncez à votre consultant·e qu'il (qu'elle) risque une escroquerie, ou une grosse facture inattendue à régler, vous devez lui faire prendre conscience **qu'il (qu'elle) peut prévoir, anticiper !**

C'est-à-dire : ne rien signer avant d'avoir lu attentivement le contrat de vente *(pour le premier cas)* ou prévoir les dépenses *(deuxième cas)* et éviter pendant un certain temps tout achat superflu, surveiller son budget, avoir une gestion rigoureuse… Etant prévenu·e, il (elle) peut éviter ces désagréments !

➢ La VOYANCE SERT À PRÉVENIR, donc, on peut éviter, ou tout au moins, atténuer les problèmes énoncés. Sinon, à quoi servirait de pouvoir prédire l'avenir, si on ne peut pas se préparer à sa venue et subir les événements !

➢ LA VOYANCE est en quelque sorte « *une remise sur les rails* », qui aide à retrouver le bon chemin.

☞ TOUT LE MONDE PEUT-IL PRÉDIRE L'AVENIR ?

La réponse est : OUI !

➤ Avoir l'esprit ouvert, être attentif aux « *messages* » que nous recevons sous diverses formes, à nos rêves, endormis comme éveillés, à cette petite voix intérieure douce (l'intuition) qui nous parle…

➤ L'ART DE TIRER LES CARTES s'apprend comme l'on apprend à lire, à interpréter des notes de musique, à dessiner… La seule différence entre les « voyants·te·s », c'est de « voir » des messages dans des symboles, c'est d'écouter leur instinct, c'est le magnétisme, l'aura qu'ils dégagent.

➤ Vous pouvez devenir « voyant » à tout âge ! Cela peut se déclencher à la suite d'un choc important *(accident, maladie, coma, ou le décès d'un être cher)*… Ou tout simplement après l'étude de votre thème astral par exemple *(lequel vous informe de vos capacités latentes…)*

➤ Comme pour la musique, le dessin, le sport, l'écriture…, certaines personnes possèdent le don inné. Tout leur vient naturellement ! Pour d'autres, ce don est « *endormi* », il faut l'activer !

Vous allez maintenant voir si vous faites partie des personnes possédant quelques prédispositions pour la PARAPSYCHOLOGIE. Pour les autres : ne soyez pas déçus. Grâce a ce manuel, vous n'aurez aucune difficulté à interpréter les cartes.

NOTE : ici LE TERME « *PARAPSYCHOLOGIE* » englobe :
la VOYANCE avec ou sans support, l'ASTROLOGIE,
la NUMÉROLOGIE, la RADIESTHÉSIE,
le MAGNÉTISME, la TÉLÉPATHIE,
la CLAIRVOYANCE, CLAIRE AUDIENCE, PRÉCOGNITION,
les PERCEPTIONS Extra-sensorielles…
le TOUT : En faisant preuve de PSYCHOLOGIE !

Il existe la parapsychologie :
autre terme relatant la recherche de phénomènes paranormaux.

Pour connaître vos aptitudes, faites le TEST suivant :

☞ Avez-vous les capacités innées de MÉDIUMNITÉ ?

ಏಂಡ

– IL arrive parfois que l'on se passionne pour les arts divinatoires, les tarots… On s'exerce avec ses proches, ses amis. Et puis un jour on a envie de franchir le pas…

1/ Êtes-VOUS d'un signe D'EAU* (SIGNE ou ASCENDANT : cancer-poissons-scorpion).

2/ Êtes-vous proche de la nature ?

3/ Avez-vous ce qu'on appelle la « main VERTE » ?

4/ Cicatrisez-vous très vite ?

5/ Avez-vous toujours les mains chaudes ?

6/ En présence d'une personne que vous ne connaissez pas, vous arrive-t-il de ressentir d'emblée de la sympathie comme si vous vous « *retrouviez* » ou au contraire de l'antipathie (cette dernière vous met mal à l'aise)…

7/ Faites-vous régulièrement des rêves prémonitoires ?

8/ Avez-vous des souvenirs de votre petite enfance ! (entre 3 et 6 ans)

9/ Quand vous souhaitez RÉELLEMENT quelque chose, l'obtenez-vous ?

10/ Quand un problème vous semble insurmontable, que la situation est bloquée, trouvez-vous malgré tout une solution ?

11/ Vous arrive-t-il dans un lieu précis de ressentir de drôles de sensations : frissons, mal à l'aise, étourdissements, etc.

12/ Avez-vous souvent des impressions de « *déjà-vu* » ou « *déjà entendu* » ou encore, dire quelque chose comme si vous l'aviez appris par cœur et que vous répétez !

➤ Si vous avez répondu **OUI à au moins 2 cas de figures** cités ci-avant, <u>**vous avez certaines dispositions, ou en tout cas, une certaine sensibilité…**</u>

➤ Si **vous avez répondu au moins à 5 questions par l'affirmatif,** <u>**Vous avez un don qui ne demande qu'à être travaillé !**</u>

➤ **Si vous avez répondu OUI à toutes les questions !** <u>**Vous êtes à n'en pas douter, un excellent médium !**</u>

(Question 1 *Ceci ne sous-entend pas que les autres signes ne peuvent pas avoir le don !
Mais les signes d'EAU sont plus prédisposés…)
Vous pouvez être TAUREAU *(signe de terre)*
et avoir <u>grand nombre de planètes en signes d'eau</u> par exemple !)

➤ Si vous avez répondu NON à toutes les questions, vous avez sans doute une *« âme JEUNE »* qui ne demande qu'à évoluer ! Mais si le SECTEUR de la parapsychologie vous intéresse malgré tout, à vous de trouver la discipline qui vous conviendrait le mieux (magnétisme, astrologie, cartomancie…) et de mettre tout en pratique pour développer cet art ! TOUT le monde peut s'orienter vers ces diverses « activités » en hobby ou en tant que professionnel·le. Même les septiques peuvent y arriver si tel en est leur désir sincère.

➤ Si vous ne vous êtes pas reconnu·e dans ce test, ne désespérez pas ! C'est que vous n'êtes peut-être pas encore prêt·e ! Et si vos intentions sont de vraiment apprendre cette discipline, si vous prenez le temps de lire cet ouvrage, que vous mettez tout en pratique dans cet apprentissage, vous serez surpris·e d'obtenir des résultats, peut-être faibles au début, mais avec de la persévérance et de l'enthousiasme, sans vous laisser distraire ni influencer par autrui. Si vous mettez tous les atouts de votre côté, en travaillant votre nouvelle aptitude régulièrement, vous aussi, vous pourrez pratiquer la VOYANCE en amateur, et pourquoi pas en professionnel·le !

☞ RESTER VIGILANT·E !

— Même si le résultat est positif, qu'il vous indique que vous êtes un·e excellent·e médium et qu'il faut mettre votre don en pratique… Ne vous lancez pas dans l'aventure sans quelques précautions ! Un apprentissage est nécessaire pour connaître les bases principales de la pratique !

— Avoir un don *et « s'amuser »* avec les proches ou les copains, copines est une chose, mais se lancer dans une activité (HOBBY ou PRINCIPALE) en est une autre !

➤ La voyance doit être pratiquée avec PSYCHOLOGIE, car malheureusement, beaucoup veulent pratiquer cette SCIENCE mais commettent plus de dégâts que de bienfaits par manque de connaissances de l'esprit humain et des Forces COSMIQUES !

➤ La voyance peut être un ART merveilleux pour qui sait s'en servir, mais aussi être un désastre pour le consultant comme pour la personne qui interprète !

☞ ATTENTION au CHOC en RETOUR !

➤ La voyance est un DON DE SOI. Cependant, il est essentiel de ne pas se laisser « envahir » par les consultants. Il faut également être capable de percevoir l'état psychologique de la personne qui se trouve face à vous. Certaines vérités doivent être exprimées avec subtilité et bienveillance.

➤ Avec mes méthodes, vous n'apprenez pas seulement à « lire les cartes ». Je mets à votre service mes 33 années d'expérience pour vous apprendre à éviter les écueils, ainsi que les « attaques » malveillantes de certaines personnes de votre entourage ou même de confrères et consœurs.

➤ Mon objectif est que vous sachiez VOUS protéger et accueillir les bienfaits des FORCES COSMIQUES BIENVEILLANTES. Je vous explique également comment vous RESSOURCER.

➤ Enfin, n'oubliez pas que cette pratique demande une GRANDE FORCE DE CARACTÈRE, mais elle peut aussi être une véritable forme de thérapie. Et tout cela… s'apprend.

☞ Mais j'insiste : ATTENTION !

➢ Cela peut-être aussi épanouissant que dangereux ! **Alors bon choix !**

➢ Si vous vous lancez sans AIDE, bonne ROUTE !

➢ Un investissement dérisoire par rapport à ce que cela peut vous apporter, tant sur le plan personnel que professionnel (et en tous Secteurs !)

➢ Pour vous mettre en bonne condition de « *réception des messages* », détendez-vous, allumez une bougie et faites cette prière :

ఓంఙ

☞ Pour le DÉVELOPPEMENT DES DONS DIVINATOIRES

« Seigneur du Temps et de l'Univers,
Toi qui seul, conduis dans la voie de la connaissance,
Je me présente devant TOI, confiant·e et docile ;
J'ouvre mon cœur et mon esprit et je n'écoute que Toi.
À travers mon art, je veux transmette avec fidélité et compassion,
ce que Tu me dictes.
Conduis-moi de l'irréel au réel, de l'obscurité à la lumière,
et de la mort à la vie !
Apprends-moi ce que je désire savoir,
et Donne-moi la sagesse pour en faire bon usage.   MERCI»

Vous préparez ainsi votre esprit à se « connecter »
avec l'AU-DELÀ
et facilitez votre apprentissage.

℘℘

CHAPITRE 1

LES « BASES »

ESSENTIELLES
DE LA VOYANCE

☞ RÈGLES DE BASES INDISPENSABLES À RETENIR.

ೞಣ

a) ne prêtez JAMAIS votre jeu de TAROT ! Il est personnel et est imprégné de votre magnétisme !

b) ne vous servez JAMAIS de votre jeu de TAROT pour jouer (à la belote par exemple !)

c) prévoir une bougie allumée AVANT chaque consultation (qu'elle soit personnelle ou pour autrui).

d) pratiquer LE RITUEL (prière) pour vous mettre en relation directe avec le monde invisible.

e) savoir rester IMPARTIAL·E et ne pas vous projeter dans les préoccupations du consultant.

f) soyez à l'écoute du CONSULTANT et ne portez aucun jugement !

g) quel que soit le problème rencontré, toujours employer un vocabulaire APAISANT et RASSURANT.

h) respecter le SECRET PROFESSIONNEL.

i) ne PAS accepter DE TEMOIN à la consultation (sauf éventuellement conjoint).

j) ne JAMAIS proposer vous-même une séance.

k) n'annoncez JAMAIS sa mort au consultant ou celle d'un de ses enfants !

ೞಣ

☞ CE QUE LES CARTES VOUS DISENT…

ℬℭ

➢ Avant de passer en revue les diverses significations divinatoires attribuées à chacune des cartes, <u>une précision importante s'impose :</u>

➢ D'habitude, uns seule signification est à retenir par carte, celle qui paraît le mieux convenir au cas précis, se**lon la nature de la question, l'emplacement de la lame (carte)…**

➢ **Sa position : ENDROIT – RENVERSÉE(*)** et des considérations complémentaires avec lesquelles vous allez vous familiariser progressivement…

Avant de passer à la leçon
« SIGNIFICATION DE CHAQUE CARTE »
Nous allons reprendre pour débuter,
une petite révision des *« COULEURS »*.
Votre jeu de 36 CARTES **(+1)** est divisé
<u>en 4</u> **GROUPES DE 4 COULEURS.**
♥ **(CŒURS)** et ♦ **(CARREAUX)** pour la couleur **ROUGE**
♣ **(TRÈFLES)** et ♠ **(PIQUES)** pour la couleur *NOIRE*

SOUVENEZ-VOUS TOUJOURS DE CES BASES DE DÉPART !

1/ les cartes (*ou* **lames) de la famille des ♦ (CARREAUX)** parlent avant tout de la **vie PROFESSIONNELLE** et sont en général, bénéfiques. Elles correspondent aux CHANGEMENTS et aux NOUVELLES.

➢ Elles peuvent annoncer des déplacements liés à l'activité professionnelle, ou personnelle ; un changement de résidence, un voyage…

➢ Leur <u>influence est NEUTRE</u>, c'est-à-dire qu'elle peut être POSITIVE si les cartes sont bien entourées, et NÉGATIVE dans le sens contraire.

2/ les cartes (*ou* lames) de la famille des ♥ (CŒURS) se réfèrent essentiellement à la **vie AFFECTIVE** (amoureuse, amicale ou familiale).
> ➢ Leur influence est plutôt positive.

3/ les cartes (*ou* lames) de la famille des ♣ (TRÈFLES) sont en rapport surtout avec **le MATÉRIEL** (l'argent, situation financière, réussite, travail, héritage…)
> ➢ Leur influence peut être à la fois POSITIVE ou NÉGATIVE.

4/ les cartes (*ou* lames) de la famille des ♠ (PIQUES) constituent de mauvais présages, à de rares exceptions près…
> ➢ Elles correspondent à la **SANTÉ, aux DIFFICULTÉS et aux ÉPREUVES** relatives à tous les *Secteurs* de la vie.
> ➢ Elles peuvent annoncer des décès, des maladies, des ruptures de relations, des accidents…
> ➢ Généralement, leur influence est NÉGATIVE.

☞ LES PREMIÈRES BASES DE LA CARTOMANCIE

ℰℛ

A/ LA PRÉPARATION :
➤ Avant de vous lancer dans l'interprétation pour l'un des membres de votre entourage, entraînez-vous à mélanger, puis battre soigneusement les cartes. Cela les débarrasse de toute influence antérieure et facilite la mise en condition mentale indispensable à toute bonne explication.

B/ L'IMPORTANCE DE LA MAIN :
➤ Si la consultation est basée plus spécialement sur la vie SENTIMENTALE, faire couper et choisir les cartes de la main GAUCHE.

➤ Pour tout autre SECTEUR, selon la facilité du consultant.

C/ LA POSITION DES CARTES : ENDROIT ou RENVERSÉE(*)
➤ La position des CARTES ENDROIT ou RENVERSÉE(*) peut avoir pour certains cartomanciens (*ce qui est mon cas !*) une importance capitale basée sur la loi des contraires.

– Toutefois, certaines cartes, telle que le **8♦, les figures : DAMES, VALETS…** n'ont pas de sens précis : c'est à vous de leur donner.

➤ COMMENT ? C'est simple ! Il vous suffit de prendre un feutre indélébile et de faire sur chaque lame (carte) un astérisque (*). Ainsi, lors de vos tirages, lorsque le symbole (*) se présentera en BAS, votre carte sera ENDROIT, et lorsque le symbole (*) se présentera en HAUT, l'interprétation sera RENVERSÉE.

D/ CE QUE LES CARTES VOUS DISENT :
➤ L'art des TAROTS consiste à saisir de façon naturelle le symbolisme des images, à faire fonctionner votre intuition. « Les suggestions » qu'elles vous fournissent, essayez de les mémoriser du premier coup d'œil pour pouvoir ensuite les transmettre avec des mots.

➤ Ce n'est pas tant la mémorisation de chaque carte qui

importe, mais plutôt une bonne technique de la signification des cartes *(retenez les mots clés)*. Qu'elles soient considérées individuellement ou associées les unes aux autres, la pratique, l'esprit d'observation et l'intuition feront le reste.

CHAQUE CARTE SYMBOLISE QUELQUE CHOSE OU QUELQU'UN.
➢ La possibilité d'associer différentes cartes entre elles, apporte un éclairage plus net, des détails plus précis et permet de voir dans le passé, le présent et le futur.

E/ QUE REPRÉSENTENT LES CARTES ?

a) **le paquet de cartes se divise en 2 COULEURS** (*ROUGE* et *NOIRE*) reflétant la dualité même de la vie :
– Masculin – féminin
– Lumière – obscurité
– Positif – négatif
– Chaud – froid
– Sec – humide…

b) **le paquet se divise également en 4 COLLECTIONS** de même qu'il existe :
– 4 saisons
– 4 quartiers
– 4 éléments

➢ **LES 4 ÉLÉMENTS :**
Les couleurs sont associées aussi aux quatre éléments de la nature :
L'AIR – LE FEU – L'EAU – LA TERRE
Qui à leur tour, correspondent aux 4 dispositions fondamentales de la nature humaine.
- Pour les anciens philosophes, ces 4 caractéristiques appelés « HUMEURS » représentaient les tempéraments suivants :
**COLÉRIQUE – SANGUIN – FLEGMATIQUE
– MÉLANCOLIQUE**

➤ LES 4 COULEURS :

Les 4 couleurs ont chacune une caractéristique propre.
Elles se rapportent aux :
- **4 SAISONS**
- **4 parties DE LA VIE**
- **4 ÉLÉMENTS**
- **4 TEMPÉRAMENTS**

➤ QUE SYMBOLISENT LES 4 COULEURS ?

– Chaque couleur représente un : aspect PRÉCIS de la vie !
– Les cartes représentent des archétypes, des individus vivants et divers événements.

➤ LES CORRESPONDANCES DES 4 COULEURS

a) LES CARREAUX ♦

1ʳᵉ couleur du jeu : représente le côté **MATÉRIEL des CHOSES**.

➤ Ils symbolisent : LE PRINTEMPS, l'élément AIR, la première partie du jour, l'aube de la vie, le tempérament COLÉRIQUE.

➤ Ils concernent : **LE TRAVAIL** : ses objectifs et toutes les entreprises.

- LE ♦ est la couleur de l'intelligence, la carrière, mais aussi toute forme d'expression comme les LETTRES, le TÉLÉPHONE…

➤ **Côté personnages :** les individus pâles aux cheveux blonds ou blancs, aux yeux bleus ou gris ; Étrangers (pays de l'EST), les personnes sûres d'elles, sophistiquées, de bonne position sociale.

b) LES TRÈFLES ♣

2ᵉ couleur du jeu : met la lumière sur les questions
FINANCIÈRES et LA FORTUNE

➤ Ils symbolisent : l'ÉTÉ, l'élément FEU, le milieu du jour, l'ADOLESCENCE, le tempérament SANGUIN.

➤ Ils concernent les questions FINANCIÈRES et d'ordre MATÉRIEL.

➤ Le ♣ est la couleur de L'ARGENT.

➤ Ils nous renseignent sur notre avenir financier ; la richesse et la pauvreté, les rentrées d'argent inattendues et les dépenses imprévues.

➢ Empreints du désir de posséder les biens matériels : argent, propriétés et même les hommes. ILS annoncent aussi le MARIAGE.

➢ **Côté personnages :** les individus à la chevelure massive, brune ou rousse, aux yeux marron ou noisette. Une personnalité active et énergique ; un entrepreneur.

c) LES CŒURS ♥

3ᵉ couleur du jeu : régit les **SENTIMENTS et LA VIE INTÉRIEURE.**

➢ Ils symbolisent : L'AUTOMNE, l'élément EAU, le soir, la maturité, le tempérament FLEGMATIQUE.

➢ Ils évoquent : le bonheur, le plaisir et le réconfort, que chacun peut apporter à l'autre. La vie familiale et l'amour maternel prédominent. C'est le temps des récoltes, par l'expérience acquise, les ♥ ouvrent la compassion.

➢ **Côté personnages :** les individus aux cheveux châtain clair – blonds ou auburn, les yeux bleus ou noisette, les natures amicales, compatissantes... Les enfants.

d) LES PIQUES ♠

4ᵉ couleur du jeu, met l'accent sur les **OBSTACLES et LES ÉPREUVES DE LA VIE**, ainsi que sur **LA SANTÉ.**

➢ Ils symbolisent L'HIVER, l'élément TERRE, la NUIT ; la VIEILLESSE, le tempérament MÉLANCOLIQUE.

➢ Le ♠ est la couleur des événements désagréables qui nous permettent de nous fortifier et de grandir. Ce sont les leçons de la vie que nous avons à apprendre. À chaque difficulté qui se présente, nous avons quelque chose à retirer.

➢ Les problèmes de santé et les avertissements en font partie. En fait, le ♠ représente nos faiblesses. Il est important de les accepter.

➢ **Côté personnages :** Les individus au teint mat, aux yeux et cheveux foncés à noirs ; mais aussi : gris et blancs pour les personnes âgées... les personnalités puissantes ou influentes, les caractères forts, voir violents.

Ne pas se laisser impressionner par un jeu « NOIR »
- Un tirage sans PIQUES est une carte de ciel sans : ASPECTS négatifs ! La vie est faite d'épreuves ! Et ce qui « ne nous tue pas, nous rends plus forts ! »

– À nous de tirer profit des messages que nous transmettent les cartes. Nous avons le <u>libre arbitre</u> de nous en servir pour modifier notre destinée ou subir notre karma.

UNE PRÉCISION CONCERNANT CES CORRESPONDANCES :

➢ Il NE FAUT JAMAIS s'en tenir à la lecture pure et simple des cartes. Il est possible et même parfois indispensable de laisser courir son imagination et d'attribuer d'autres mots clés chaque fois que les circonstances l'exigent. L'essentiel est dans ce cas, de ne pas trop s'éloigner des significations traditionnelles de la LAME.

➢ <u>Par exemple</u> : la couleur des cheveux peut devenir secondaire ; le VALET ♥ pouvant à la rigueur, signifier le jeune HOMME BRUN qui consulte. Le consultant peut être BRUN tout en ayant le tempérament FLEGMATIQUE.

– Il est donc nécessaire de considérer les indications de base comme purement indicatives, destinées à faciliter notre propre démarche logique de CARTOMANCIE.

➢ En fait, dans la pratique, nous sommes toujours aidés par la personne qui consulte : sa physionomie, son comportement, ses éventuelles confidences nous permettent de saisir, l'intuition aidant, l'orientation la plus judicieuse de la démarche divinatoire.

L'important est de ne jamais négliger les symbolismes spécifiques de CHAQUE CARTE, mais d'y voir une base.

➢ Si une **suite** ou un **groupe de chiffres** occupe une **position dominante,** cela met en relief le **SECTEUR** de la vie du consultant qui le préoccupe actuellement ou qui est sur le point de prendre une direction différente.

– Ainsi un nombre important de ♥ nous informe que c'est le **SECTEUR sentimental** qui motive la consultation.

– Une prédominance de ♦ indiquera plutôt les préoccupations liées à la profession, aux activités…

➢ En règle générale, les CARTES les plus présentes sont les plus révélatrices.

➢ Une **prédominance de petits chiffres,** tant qu'à elle, suggérera que la vie du consultant à peu de chance de se modifier radicalement dans un futur proche. Toutefois :

➢ **Les AS** font exception à cette règle, car dans la mesure où ils symbolisent l'essentiel même de chaque suite, ils <u>marquent la fin d'un cycle et le début d'un nouveau.</u>

☞ *Pour approfondir ces BASES vous pouvez vous aussi vous reporter* **au CHAPITRE 6** *(pages 411…)*

☞**AINSI SE TERMINE ce 1er chapitre !**

Cette première approche peut vous sembler rébarbative, difficile…
PAS DE PANIQUE !

➢ Si vous suivez les étapes sans les « brûler », à votre rythme ;
➢ Si vous persévérez et que vous poursuivez votre apprentissage régulièrement,
vous verrez que cette **DISCIPLINE EST PASSIONNANTE !**
➢ Les prochains chapitres seront plus captivants
et votre véritable apprentissage va commencer !
➢ Vous vous familiariserez progressivement avec
votre jeu de TAROT (à jouer).

☞ Nous poursuivrons le 2ᵉ chapitre avec :
LES LAMES ♦ *CARREAU* (du 7 au 10)
Leur interprétation : **ENDROIT – RENVERSÉ(*)**
➢ Ce qu'elles représentent sur une question sentimentale, professionnelle, financière…

DEVOIR N° 01

À partir
de ce que vous avez appris
dans
ce chapitre 1

réalisez les exercices
du devoir 01.

les exercices imprimables de ce devoir 01
peuvent être téléchargés en version PDF
en cliquant sur le lien ci-dessous :

Télécharger la fiche d'exercices (PDF)

(Le fichier peut s'ouvrir ou se télécharger selon votre appareil.)

DEVOIR 01

ಬಂಡ

➢ **QUESTION 1 :** (Bien que la signification des cartes n'a pas été encore étudiée, d'après ce que vous avez appris dans ce premier chapitre, et en faisant travailler votre imagination ; *quelles lames du TAROT (à jouer) symbolisent le plus?*
 – Une infirmière =
 – Un banquier =
 – Un homme d'affaires =
 – Le facteur =
 – Une femme souffrant de solitude =
 – Un ami sincère =
 – La maison / le foyer =

➢ **QUESTION 2 :** Dans le jeu de votre consultant·e, qu'est-ce qui vous permettrait (quelles lames) de dire que son *futur proche est sur le point de changer RADICALEMENT* ?
 →

➢ **QUESTION 3 :** *Que représentent selon vous :*
  (Pour mémoire : * = renversé)
 – Roi♠ =
 – Valet♠ =
 – 9♠* =

➢ **QUESTION 4 :** Avec une majorité de ♣ dans le jeu, *quelle serait la préoccupation actuelle* de votre consultant·e ?
 →

➢ **QUESTION 5 : LES « AS »**
 a) que symbolisent-ils ?
  →

 b) que marquent-ils ?
  →

**(Questions ci-après facultatives
Si vous avez en votre possession la méthode de
TAROT DE MARSEILLE** « *Méthode 5 cartes* »**.**

➢ QUESTION 6 : (cocher)
– Vous voyez dans le jeu de votre consultant·e, un risque d'accident de voiture très grave qui peut lui coûter la vie :
que faites-vous ?
  ❏ Vous lui dites la vérité.
  ❏ Vous lui conseillez la prudence sur la route…
  ❏ Vous lui conseillez de laisser sa voiture au garage pendant quelque temps.

➢ QUESTION 7 :
– Il y a 2 semaines environ, vous avez reçu en consultation un homme. Aujourd'hui, vous recevez sa compagne. Elle a découvert que son mari est venu, et vous pose des questions sur ce que vous lui avez prédit… ***que faites-vous ?***
 ❏ Vous refusez la consultation et la mettez dehors.
 ❏ Vous lui faites comprendre que vous ne pouvez, ni ne voulez rien lui révéler de ce qui a été dit, et vous lui faites sa consultation…
 ❏ Vous lui révélez ce que vous avez dévoilé, après tout, c'est son conjoint.

Pour les lecteurs utilisant une tablette, liseuse, PC…

Les CORRIGÉS (D.01 & D.02) de ce CHAPITRE 1

peuvent être téléchargés en version PDF
en cliquant sur le lien ci-dessous

<u>Télécharger la fiche de corrigés (PDF)</u>

(Le fichier peut s'ouvrir ou se télécharger selon votre appareil.)

(lecteurs papier… retrouvez les corrigés au chapitre 7)

CHAPITRE 2

LES « CARREAUX » ♦

MÉMO CARTES À JOUER

MOTS CLÉS (utiles à la **COUPE**, *entre autres…*)
LES ♦ : le printemps – la ville – début de la journée – l'enfance

AS♦ = MOUVEMENT sous toutes les formes – RENOUVEAU...
 – Nouveautés & nouvelles positives – nouvel état – nouveau logement – nouveaux sentiments – nouvelle situation… documents – messages – lettres…

AS♦*= les choses bougent mais évoluent DÉFAVORABLEMENT.
 – Agir trop vite apportera des déceptions ! Cette position conseille de ne rien changer dans l'immédiat ! Les initiatives prises avec précipitation apportent contrariétés et regrets !
 – Les nouvelles sont mauvaises… rester prudent·e !

ROI♦ = personnage IMPORTANT
 – Relation – militaire – commerçant – gros client – homme influent, bienveillant et de bons conseils.

ROI♦* = Relation NUISIBLE
 – Malveillant – infidèle – rival – ennemi – égoïste – peu fiable…

DAME♦ = rivalité PUISSANTE
 – Jalousie – possessivité – influence négative sur autrui – ne pas faire de confidences !

DAME♦* = Conséquences ATTÉNUÉES
 – Rivale évincée. Votre nature méfiante vous évitera certains pièges.

CAVALIER♦ = ESPOIR RETROUVÉ
 – Persévérance – être tenace – croire en sa bonne étoile, votre force de caractère vous permettra de réaliser vos souhaits – rester confiant·e et optimiste…

CAVALIER♦* = VOUS MANQUEZ DE VOLONTÉ…

…et de persévérance pour vaincre les obstacles – la foi en vous-même vous fait défaut et vous vous laissez trop facilement aller à la déprime – votre indécision vous entraîne dans l'échec des souhaits. Votre impatience ou impulsivité vous causera préjudice.

VALET♦ = PÉRIODE FAVORABLE – bonnes nouvelles…

– Intelligence et habilité, vous savez user de tous vos atouts intellectuels et physiques pour arriver à vos fins. Vous savez tirer parti de tout ce qui se présente et ainsi obtenir satisfaction dans tous les Secteurs…

VALET♦*= PÉRIODE DÉFAVORABLE, mauvaises nouvelles…

– Manque d'ambition et d'habilité. Par manque de persévérance, vous passez à côté de la chance ! Votre négligence peut vous coûter cher. Il faut davantage vous prendre en charge. Vous ne faites pas suffisamment de démarches nécessaires pour sauver la situation…

10♦ = VOYAGES & DÉMARCHES FAVORABLES

– Grande ville – grands projets – amélioration d'état, de situation… – mutation souhaitée – une période propice pour entreprendre tout changement souhaité. La chance est présente, ne pas attendre !

10♦* = VOYAGES & DÉMARCHES DÉFAVORABLES

– Des changements non souhaités – voyage annulé – projets contrariés voire anéantis – démarches négatives – période de malchance. Il faudra retenter la chance plus tard…

9♦ = retards – obstacles – CONTRETEMPS de toutes sortes.

– Entraves dans le travail – difficultés dans conclusion d'affaires… – Les promesses ne sont pas tenues… Il faut savoir prendre son mal en patience ! Les projets sont retardés, pas forcément annulés. LE TEMPS TRAVAILLE *POUR* VOUS !

9♦* = AVERTISSEMENT PEU RASSURANT
– Obstacles majeurs – rupture de contrat – nouvelles pénibles – brouille prolongée entre parents ou amis – séparation…
LE TEMPS TRAVAILLE *CONTRE* VOUS !

8♦ = INVITATIONS & DÉMARCHES DIVERSES
– Les efforts porteront leurs fruits – changement positif (d'habitation, de travail, affectif…) – une visite agréable – une rencontre imprévue – une invitation sympathique – un avenir prometteur…

8♦* = INSTABILITÉ & INCERTITUDES
– Rendez-vous annulés – baisse d'énergie – manque de conviction et de motivation – visite ennuyeuse – dépenses ou frais imprévus – rencontre peu agréable – commérages faciles…

7♦ = PETITES NOUVELLES & PETITES JOIES
– Vous allez voir la vie sous de meilleurs auspices, et les espoirs ont de grandes chances d'être comblés. Votre attitude bienveillante et positive vous ouvrira de nouveaux horizons – esprit de décision – travail sérieux…

7♦* = PETITES NOUVELLES CONTRARIANTES – COLÈRE
– Vos sentiments d'envie et de jalousie vous jouent des tours ! Ne laissez pas votre colère vous dominer, soyez moins agressif.ve, moins négatif.ve, vous éviterez ainsi des ennuis de toutes sortes ! – manque de confiance en soi – travail bâclé – impatience – négligence… Toute imprudence aura des retombées désagréables !

1re PARTIE

Famille Des CARREAUX

♦

SIGNIFICATION de CHAQUE CARTE

AS – ROI – DAME – CAVALIER – VALET

Ils symbolisent :

- Le printemps
- Le matin
- Le travail
- La ville

❧ LES CARACTÉRISTIQUES DE l'AS♦ ❧
ENDROIT = POSITIF   RENVERSÉ(*) = NÉGATIF

AS♦ est la carte des nouvelles et de toutes les communications.
Régi par MERCURE, planète qui concrétise l'énergie du mental.

➢ **AS♦ présenté ENDROIT,** indique qu'il va se passer quelque chose ; il est le signe avant coureur, annonciateur d'un nouvel état, d'une nouvelle situation ou de nouveaux sentiments qui sont « programmés » par le destin et qui vont être dévoilés sous forme de lettres, de conversations, de propositions diverses…

➢ **AS♦∗ présenté RENVERSÉ(*)** est alors le signe de difficultés.
– Annonce retard dans le courrier ; une mauvaise nouvelle, une invitation qui déplaît, une déclaration écrite par un admirateur peu recommandable, une lettre anonyme…
Dans cette position, il dissuade de prendre des initiatives…

➢ **À RETENIR :** il détermine un mouvement rapide et généralement bénéfique s'il se **présente à l'ENDROIT**… il conseille de « se bouger »…

– **Si RENVERSÉ(*) :** conseille de garder son calme ! NE PAS AGIR ! Rien de bon dans le présent à espérer…

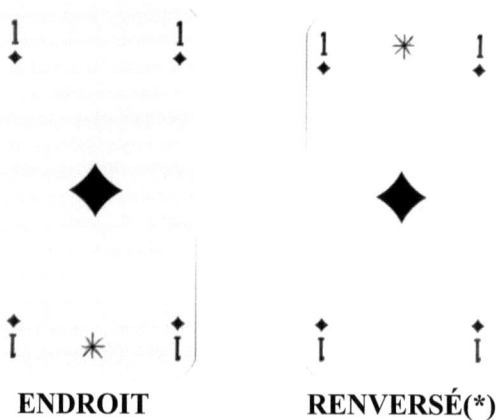

ENDROIT   RENVERSÉ(*)

LES MOTS CLÉS de AS♦ :

➢ **AS♦** = mouvement sous toutes les formes. RENOUVEAU…
NOUVEAUTÉS & NOUVELLES POSITIVES.
Nouvel état – nouveau logement
– nouveaux sentiments – nouvelle situation…
Documents – lettres – messages…

Ainsi que :

– Annonce de bonnes nouvelles sous forme de lettres, de documents importants, d'échanges téléphoniques, de visite, de voyage… Annonce également la possibilité d'un déménagement… Signe de nouveauté et de mouvement, il peut aussi prédire, en fonction du voisinage, une proposition financière, une demande en mariage… Il incite à prendre des initiatives, à avoir de l'ambition, à s'affirmer, être volontaire…

➢ **AS♦* = les choses bougent mais évoluent DÉFAVORABLEMENT…**

– Agir trop vite apportera des regrets ! Cette position conseille de ne rien changer dans l'immédiat ! Les initiatives prisent avec précipitation apportent contrariétés et remords !
Les nouvelles sont mauvaises… rester prudent·e !

INTERPRÉTATION DE AS♦ et AS♦*
en fonction du voisinage.
Rappelez-vous que les **cartes de DROITE** sont dites « *NEUTRES* »
ni endroit ni renversé(*)
Mais **symbolisent le SECTEUR** à analyser tel que :
a) avec à sa DROITE un ♥ = *secteur*   **AFFECTIF**
b) avec à sa DROITE un ♣ = ….   **FINANCIER/MATÉRIEL**
c) avec à sa DROITE un ♦ = ….   **PROFESSION/ÉTUDES**
d) avec à sa DROITE un ♠ = ….   **SANTÉ/ÉPREUVES**

a) AS♦ vers un ♥ : aspect AFFECTIF :

– De bonnes nouvelles sur le plan affectif s'annoncent (tant amicales, familiales ou au sein du foyer).
– On aime vous faire des confidences ; sachez mériter cette confiance et garder en vous les secrets que l'on vous confie, on vous en sera reconnaissant·e !

– Le blues vous envahi ? La solitude vous pèse ? Reprenez confiance, un changement s'annonce ! Une invitation à sortir pourrait vous remonter le moral, ne refusez pas, car vous êtes à un nouveau virage de votre existence ; toutefois contrôlez vos élans...

a) AS♦* un ♥ : aspect AFFECTIF :
– Vous allez certainement recevoir des nouvelles déplaisantes touchant la vie familiale, sentimentale ou amicale...
– Évitez les confidences, car les secrets seront vite divulgués. Des indiscrétions et des indélicatesses risquent de vous contrarier.
– Les amitiés ou les amours seront mis à rudes épreuves...

b) AS♦ vers un ♣ : aspect FINANCIER/MATÉRIEL :
– La chance vous accompagne ! Une progression dans la situation financière est à prévoir ; augmentation, promotion, avancements de toutes sortes permettent un accroissement matériel satisfaisant ; l'espérance de rentrées attendues est imminente ! Remboursements divers, règlements d'honoraires, régularisation...
– Si vous êtes joueur (joueuse), vous avez de bonnes chances de succès !

b) AS♦* vers un ♣ : aspect FINANCIER/MATÉRIEL :
– Des déboires, des contrôles fiscaux... sont à craindre. L'équilibre, par manque de gestion rigoureuse, est compromis et les embarras préoccupent. Apprenez à être vigilant·e dans vos dépenses.
– L'augmentation ou la promotion se fait attendre.
– Les rentrées (remboursements divers, régularisations) sont ajournées.

c) AS♦ vers un ♦ : aspect PROFESSIONNEL/ÉTUDES :
– De nouvelles informations sont données dans le cadre des activités professionnelles : changement de structure, avancement, une mutation souhaitée... Tout est possible !
– Il n'appartient qu'à vous de savoir saisir les opportunités qui vont se présenter.
– Vous pouvez rencontrer des personnes de qualité qui vous aideront dans vos projets.

– Si vous êtes dans l'attente d'un emploi, vous pourriez avoir la satisfaction d'une candidature retenue et vous accorder ainsi une nouvelle sécurité active. Le résultat devrait être satisfaisant !

c) AS♦* vers un ♦ : aspect PROFESSIONNEL/ÉTUDES :
– Des indiscrétions dans l'entourage professionnel risquent de nuire à l'avancement attendu et souhaité. Les informations qui circulent sont déstabilisantes car mal interprétées ou fausses. Il est préférable de ne pas en tenir compte.
– Par ailleurs, la prudence est vivement conseillée quand aux confidences irréfléchies.
– Les relations professionnelles ne sont guère sincères.
– Les projets divers pourraient être retardés.
– Si vous êtes dans l'expectative d'un emploi, votre candidature risque d'être rejetée.
– Dans l'attente d'un résultat d'examen, risque d'échec !

d) AS♦ vers un ♠ : aspect SANTÉ/ÉPREUVES :
– Aucun problème particulier concernant la santé. La circulation des énergies est régulière.
– Si vous êtes dans l'attente de résultats d'analyses, le bilan est satisfaisant.
– De bonnes nouvelles de malade en voie de guérison...
– Concernant des litiges ou une mésentente, des arrangements sont possibles.

d) AS♦* vers un ♠ : aspect SANTÉ/ÉPREUVES :
– Quelques inquiétudes passagères concernant la santé personnelle ou celle de proches.
– Concernant des litiges, mésentente, dans cette position, annonce des obstacles, des retards, des contretemps !
– Attention à certaines propositions qui peuvent cacher une tromperie.

✥ LES CARACTÉRISTIQUES du ROI♦ ✥
ENDROIT = POSITIF   RENVERSÉ(*) = NÉGATIF

ROI♦ est la carte des relations…

➢ **ROI♦ présenté à l'ENDROIT,** représente un homme digne de confiance ou qui voyage pour les affaires. Il annonce une aide ou un soutien qui apporte un conseil avisé.

➢ **ROI♦∗ présenté RENVERSÉ (*)** suggère un personnage masculin au caractère difficile, capable de méchancetés et de traîtrise.
— Il annonce de la malveillance, de l'agressivité et des emportements. Attention aux méchantes langues et aux vilains tours !

➢ **À RETENIR :** Cette lame apporte une aide loyale ; bien souvent, c'est lorsque l'on ne s'y attend plus, que le meilleur vient nous rend service, nous donne des conseils judicieux… Les amitiés sont désintéressées…
— Si elle se présente à **l'ENVERS (*)** elle invite à rester sur ses gardes, car l'aide proposée est intéressée… Attention à l'hypocrisie !

ENDROIT   **RENVERSÉ(*)**

LES MOTS CLÉS de :

➤ ROI♦ = relation – personnage IMPORTANT
Homme influent, bienveillant et de bons conseils.

Ainsi que :
– Il représente un homme entre 50 et 60 ans ; cheveux plutôt clairs. Bienveillant, juste, un militaire, un client important, un commerçant ou entrepreneur. L'employeur, l'associé en affaires ; personnage aisé. Il s'agit parfois d'un parent proche, un frère plus âgé, relation gravitant dans l'entourage… Son influence est positive.

➤ ROI♦* = Relation NUISIBLE
– malveillant – infidèle – rival – ennemi – égoïste – peu fiable...

Ainsi que :
– Les qualités de cet homme se transforment en méchanceté et en ruse. Il est avant tout préoccupé de son bien-être personnel et fait preuve d'égoïsme. C'est quelqu'un de peu fiable et déloyal. Son influence est négative ; il peut devenir un ennemi, interférer dans les affaires du consultant et contrecarrer les projets, les intérêts…
– Il aime attiser les conflits et recherche souvent les histoires...

INTERPRÉTATION du ROI♦ et ROI♦*
En fonction du voisinage.
Rappelez-vous que les **cartes de DROITE** sont dites « *NEUTRES* »
ni endroit ni renversé(*)
Mais **symbolisent le SECTEUR** à analyser tel que :
a) avec à sa DROITE un ♥ = *secteur*   AFFECTIF
b) avec à sa DROITE un ♣ = ….   FINANCIER/MATÉRIEL
c) avec à sa DROITE un ♦ = ….   PROFESSION/ÉTUDES
d) avec à sa DROITE un ♠ = ….   SANTÉ/ÉPREUVES

a) ROI♦ vers un ♥ : aspect AFFECTIF :
– Votre couple est sous de bons auspices. Dialogue, confiance mutuelle, apportent l'harmonie nécessaire à une longue vie à deux.
– Les relations familiales ou amicales sont également sincères, chaleureuses et harmonieuses.
– Services rendus, écoute et conseils… Tout pour assurer des jours heureux sous le signe de la tendresse et de la compréhension.

a) ROI♦* vers un ♥ : aspect AFFECTIF :
– Des désaccords conjugaux, des doutes concernant la fidélité du conjoint mettront le couple à l'épreuve.
– Les relations amicales ou familiales ne seront guère sincères et la tension régnera. Vous risquez d'être victime d'incompréhension et avoir des démêlés avec un membre de la famille.
– Méfiez-vous d'une nouvelle connaissance ou relation, son affection est intéressée !

b) ROI♦ vers un ♣ : aspect FINANCIER/MATÉRIEL :
– Votre gestion est rigoureuse et stable. Et si des difficultés devaient survenir, vous pourrez toujours compter sur l'appui d'un membre de votre entourage (amical, familial, professionnel, voir du banquier) pour vous sortir d'un mauvais pas. Vous saurez retrouver confiance en l'avenir.
– Peut se référer également à un employeur juste qui reconnaît vos mérites et sait se montrer généreux.

b) ROI♦* vers un ♣ : aspect FINANCIER/MATÉRIEL :
– Un homme peut être la cause de dépenses imprévues.
– Un commerçant peu scrupuleux, un gros client malhonnête, un employeur en faillite, un associé rusé qui falsifie les comptes…
– En cas de difficultés, aucun soutien, vous ne pourrez compter que sur vous-même pour redresser la situation.

c) ROI♦ vers un ♦ : aspect PROFESSIONNEL/ÉTUDES :
– Toutes les entreprises seront facilitées et la réussite, matérielle et sociale, est assurée.
– Les relations influentes vous apportent soutien et conseil, ce qui permet la réalisation des projets.
– Les ambitions sont satisfaites et l'avenir se fonde sur des bases solides. Ne vous faites aucun souci, en cas de retards possibles dans les activités, cet état est momentané.
– Un changement favorable intervient dans les affaires.

c) ROI♦* vers un ♦ : aspect PROFESSIONNEL/ÉTUDES :
    – La situation est dans une position incertaine en raison des blocages ou des difficultés diverses. Vous devez rester sur vos gardes concernant l'influence néfaste d'une relation qui gravite dans l'entourage professionnel (concurrent, voyageur de commerce, associé…), c'est un homme égoïste pour qui ses intérêts passent avant ceux d'autrui et qui peut contrecarrer les projets en répandant des calomnies dévastatrices.

d) ROI♦ vers un ♠ : aspect SANTÉ/ÉPREUVES :
    – Bon équilibre physique en général.
    – Un homme peut intervenir utilement dans des difficultés de toutes sortes, en apaisant les dissentiments familiaux et provoquant une réconciliation.

d) ROI♦* vers un ♠ : aspect SANTÉ/ÉPREUVES :
    – Un homme de votre entourage peut avoir des problèmes de santé.
    – Il intervient maladroitement dans les affaires d'autrui et attise les querelles de famille.
    – Une trahison d'un proche est possible.

🙢 LES CARACTÉRISTIQUES DE REINE♦ 🙠
ENDROIT = POSITIF   RENVERSÉE(*) = NÉGATIF

REINE♦ est la carte de la jalousie et de la possessivité...

➢ **REINE♦ présentée à l'ENDROIT,** est la carte incite à la méfiance vis-à-vis de votre entourage. Le trouble et la médisance peuvent empoisonner votre vie.

➢ **REINE♦∗ Présentée RENVERSÉE(*),** son influence néfaste ne vous atteint que peu. Son côté négatif est atténué !

➢ <u>**À RETENIR :**</u> Soyez prudent·e ! Vous êtes de nature trop confiante ! Des rivalités et des jalousies risquent de vous déstabiliser. Une femme « dangereuse ».

– Si elle se présente à **l'ENVERS (*),** votre nature méfiante vous permettra de déjouer certains vilains tours… Une femme « inoffensive ».

ENDROIT   **RENVERSÉE(*)**

LES MOTS CLÉS de :

➤ DAME ♦ = RIVALITÉ PUISSANTE

Jalousie – possessivité – influence négative sur autrui – ne pas faire de confidences !

Ainsi que :

– Représente en général une femme entre 50 et 60 ans qui se teint bien souvent les cheveux en roux ou acajou (ou dans une teinte contraire à celle d'origine), et porte des lunettes. Cette personne est dans la majorité des cas, malveillante, à ragots ; une intrigante, dangereuse et envieuse, capable de troubler l'harmonie familiale et amoureuse.

– Elle peut désigner une rivale, une ennemie, une femme fausse, hypocrite, perfide, de mœurs légères.

– Cette carte recommande la prudence, rivalités, jalousie et méchanceté risquent de vous atteindre, car vous êtes trop confiant·e voir naïf.ve. Elle représente également une femme d'affaires sans scrupules, personne de la campagne, mais aussi une étrangère de nature dangereuse.

– Elle peut être utile, mais fait passer ses intérêts avant les sentiments. Ne lui faites pas une confiance aveugle !

– Le monde est pour elle un terrain de jeu, et elle en use pour obtenir les meilleures positions à n'importe quel prix !

➤ DAME ♦ * = Conséquences atténuées

– rivale évincée. Votre nature méfiante vous évitera certains pièges.

Ainsi que :

– Cette carte recommande la prudence, mais vous saurez déjouer la ruse et la malveillance.

– Une femme cherche à vous nuire, mais vous pourrez contrecarrer ses manœuvres. Votre nature méfiante est votre alliée, ce qui vous permet de combattre la jalousie, la méchanceté et éventuellement une rivale.

INTERPRÉTATION DE DAME♦ et DAME♦*
En fonction du voisinage.
Rappelez-vous que les **cartes de DROITE** sont dites « *NEUTRES* »
ni endroit ni renversé(*)
Mais **symbolisent le SECTEUR** à analyser tel que :
a) avec à sa DROITE un ♥ = *secteur*   AFFECTIF
b) avec à sa DROITE un ♣ = ….   FINANCIER/MATÉRIEL
c) avec à sa DROITE un ♦ = ….   PROFESSION/ÉTUDES
d) avec à sa DROITE un ♠ = ….   SANTÉ/ÉPREUVES

a) DAME♦ vers un ♥ : aspect AFFECTIF :
– Rivalités, jalousies annoncées. Des brouilles, des désaccords sont épuisants et les « piques » vous atteignent et vous font mal. Méfiez-vous d'une femme de votre entourage qui a la réputation d'être autoritaire et envieuse. Ne lui faites pas de confidences sous peine de voir l'harmonie de votre famille se détériorer. Cette personne a la réputation d'attiser les querelles qui peuvent hélas, entraîner des ruptures ou des séparations…

a) DAME♦* vers un ♥ : aspect AFFECTIF :
– Malgré quelques difficultés avec l'entourage dues à des jalousies féminines, vous saurez vaincre toute rivalité et ainsi, la paix sera retrouvée dans les relations (amicales sentimentales ou familiales.) Les tentatives pour briser l'harmonie échoueront, et grâce à votre méfiance, vous saurez démasquer une fausse amie.

b) DAME♦ vers un ♣ : aspect FINANCIER/MATÉRIEL :
– Vos finances ne sont guère gérées avec sérieux, ce qui vous entraîne des tracasseries. Il se peut également que vous soyez victime d'une malhonnêteté de votre entourage… soyez plus prudent·e !
– On pourrait chercher à vous faire un emprunt. Méfiez-vous, car les remboursements seront très difficiles !

b) DAME♦* vers un ♣ : aspect FINANCIER/MATÉRIEL :
– La situation financière est délicate, mais votre vigilance dans la matière vous permettra de retrouver l'équilibre financier. Vous saurez également déjouer les manœuvres douteuses d'une personne de

votre entourage qui cherche à vous soustraire de l'argent. (Chantage ou autre...)

c) DAME♦ vers un ♦ : aspect PROFESSIONNEL/ÉTUDES :

– Le travail et les activités diverses se situent dans une très mauvaise ambiance et les adversaires deviennent de véritables ennemis. Beaucoup de médisance, de calomnies, de jalousie provoquent des brouilles et des conflits. Les rapports avec l'entourage sont très négatifs et agressifs. Il est possible qu'une collègue nuise à votre avancement.

c) DAME♦* vers un ♦ : aspect PROFESSIONNEL/ÉTUDES :

– Malgré la mauvaise ambiance qui règne au sein de l'entreprise, les calomnies et médisances n'ont pas de prise sur vous, et votre évolution professionnelle vous donne satisfaction. Les manœuvres d'une personne de votre entourage pour nuire à votre situation échouent et ainsi vous donnent un avantage sérieux sur les autres...

d) DAME♦ vers un ♠ : aspect SANTÉ/ÉPREUVES :

– La santé est vacillante, quelques problèmes d'ordre physique se présenteront.
– Une grave trahison dans l'entourage est possible, une personne joue un rôle néfaste dans la vie du consultant, répand des calomnies qui risquent de nuire...

d) DAME♦* vers un ♠ : aspect SANTÉ/ÉPREUVES :

– Quelques petits troubles sont à craindre mais sans gravité.
– La trahison qu'une femme prépare, sera déjouée ou sans conséquences.
– Ses médisances et calomnies se retournent contre elle.

❧ LES CARACTÉRISTIQUES du CAVALIER♦ ❧
ENDROIT = POSITIF   RENVERSÉ(*) = NÉGATIF

**CAVALIER♦ est la carte symbolisant
la patience, la ténacité, la réflexion profonde...**

➤ **CAVALIER♦ présenté à l'ENDROIT,** indique que vous pourrez atteindre vos objectifs grâce à votre persévérance.

➤ **CAVALIER♦* Présenté RENVERSÉ(*) :** Votre impatience risque de vous porter préjudices.

➤ **À RETENIR :** Vous devez prendre le temps de la réflexion avant d'agir et avoir confiance en l'avenir...

ENDROIT   **RENVERSÉ(*)**

LES MOTS CLÉS de :

➤ CAVALIER♦ = ESPOIR RETROUVÉ

– Persévérance – être tenace – croire en sa bonne étoile…
– Votre force de caractère vous permettra de réaliser vos souhaits. Rester confiant·e et optimiste.

Ainsi que :

– Il est la carte qui représente un homme âgé de 25 à 40 ans ; plutôt châtain à brun, non marié, pas d'enfant. Il peut être le banquier, un conseiller, un étranger... ainsi que symboliser un événement surgissant dans la vie du consultant (rentrées d'argent – un voyage – une visite – bonnes nouvelles…)

– Il annonce un changement positif, un imprévu plutôt avantageux. Avec patience et ténacité, vous atteindrez vos objectifs, vous verrez vos souhaits se réaliser.

➤CAVALIER♦* = VOUS MANQUEZ DE VOLONTÉ…

et de persévérance pour vaincre les obstacles.

– La foi en vous-même vous fait défaut. Vous vous laissez trop facilement aller à la déprime. Votre indécision vous entraîne dans l'échec des souhaits. Votre impatience ou impulsivité vous causera préjudice.

Ainsi que :

– Indécision – incertitude – rupture – malhonnêteté… Une visite inopportune, une attente… Il annonce un changement négatif. Votre impatience nuit à la concrétisation de vos projets.

– Vous rencontrez des obstacles et vous ne luttez pas suffisamment pour les vaincre.

INTERPRÉTATION du CAVALIER♦ et CAVALIER♦*

En fonction du voisinage.
Rappelez-vous que les **cartes de DROITE** sont dites « *NEUTRE*S »
ni endroit ni renversé(*)
Mais **symbolisent le SECTEUR** à analyser tel que :
a) avec à sa DROITE un ♥ = *secteur*   **AFFECTIF**
b) avec à sa DROITE un ♣ = ….   **FINANCIER/MATÉRIEL**
c) avec à sa DROITE un ♦ = ….   **PROFESSION/ÉTUDES**
d) avec à sa DROITE un ♠ = ….   **SANTÉ/ÉPREUVES**

a) CAVALIER♦ vers un ♥ : aspect AFFECTIF :

– Représente (pour une femme) l'arrivée ou le retour dans sa vie, d'un homme, vraisemblablement de l'étranger, d'un ancien ami que l'on attendait plus.

– Annonce le retour d'un fils, de bonnes nouvelles de la famille, d'un frère, une évolution favorable dans les projets affectifs.

a) CAVALIER♦* vers un ♥ : aspect AFFECTIF :

– Dans cette position, prolonge l'attente, annonce l'indécision, l'incertitude, voir une rupture affective.

– Averti d'une rivalité sentimentale.

– Analysez davantage vos sentiments ; il ne suffit pas de vouloir vaincre la solitude à n'importe quel prix !

– Présage des contrariétés familiales, des désaccords qui persistent.

b) CAVALIER♦ vers un ♣ : aspect FINANCIER/MATÉRIEL :

– Une augmentation de salaire, un secours financier, un gain au jeu, un héritage... Tout est possible !

– Si actuellement votre situation financière vous préoccupe, reprenez espoir, car de bonnes nouvelles dans ce SECTEUR s'annoncent sous forme de rentrées imprévues.

– Dans le cas d'une demande de prêt, vous aurez à faire à un banquier souple et avenant.

b) CAVALIER♦* vers un ♣ : aspect FINANCIER/MATÉRIEL :

– Vos finances sont à surveiller de près !
Si vous attendez une augmentation de salaire, une promotion, un remboursement... Ce ne sera pas pour de suite ; vous pourriez même, par votre manque de vigilance, perdre de l'argent. (Dossiers mal remplis ou incomplets, démarches non effectuées)...

– Tant qu'à une demande auprès de votre banquier, elle risque fort d'être refusée.

c) CAVALIER♦ vers un ♦ : aspect PROFESSIONNEL/ÉTUDES

– En faisant preuve de patience et de persévérance, vous vaincrez les obstacles et allez vers un changement positif dans le SECTEUR professionnel. Il peut s'agir d'une offre d'emploi si vous êtes au chômage, d'une promotion inattendue, d'un voyage d'affaires ou des démarches qui vous propulsent vers la réussite.

c) CAVALIER♦* vers un ♦ : aspect PROFESSIONNEL/ÉTUDES

– Attendez-vous à des nouvelles désagréables ; risque de licenciement ou promotion encore lointaine.

– Les démarches et voyages d'affaires déçoivent car sans suite.

– Si vous êtes à la recherche d'un emploi, les réponses sont négatives, et par votre manque d'enthousiasme et de persévérance, cette situation risque de durer...

d) CAVALIER♦ vers un ♠ : aspect SANTÉ/ÉPREUVES :

– De bonnes nouvelles concernant la santé ; nette amélioration grâce à la persévérance et au désir de guérir.

– Victoire sur les problèmes grâce à un élément extérieur survenant inopinément... (En cas de procès, un témoignage en votre faveur...)

d) CAVALIER♦* vers un ♠ : aspect SANTÉ/ÉPREUVES :

– Peut annoncer un accident (de voiture ou autre).

– La santé est bien précaire, car le moral est bas et vous manquez de volonté pour vous en sortir.

– En ce qui concerne les épreuves, votre faiblesse ne fait qu'aggraver la situation. (En cas de procès, un témoignage contre le consultant !)

✥ LES CARACTÉRISTIQUES du VALET♦ ✥
ENDROIT = POSITIF   RENVERSÉ(*) = NÉGATIF

**VALET♦ est la carte symbolisant un messager
Porteur de nouvelles, de lettres, de messages divers...**

➢ **VALET♦ présenté à l'ENDROIT,** les nouvelles seront bonnes...

➢ **VALET♦* Présenté RENVERSÉ(*)** les nouvelles risquent d'être désagréables...

➢ **À RETENIR :** il vous propose d'agir avec intelligence et habilité. Vous pouvez même utiliser la ruse dans certaines occasions ; toutefois le don de la diplomatie et l'esprit de collaboration sont de puissants alliés.

– S'il se **présente RENVERSÉ(*)** attention à la « poudre aux yeux », à des calculs trop individualistes et à des histoires à dormir debout !

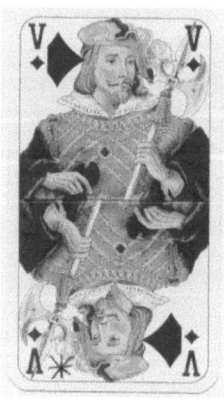   

ENDROIT   **RENVERSÉ(*)**

LES MOTS CLÉS de :

➢ **VALET♦ = PÉRIODE FAVORABLE** – bonnes nouvelles...

– Intelligence et habilité, vous savez user de tous vos atouts intellectuels et physiques pour arriver à vos fins. Vous savez tirer parti de tout ce qui se présente et ainsi obtenir satisfaction dans tous les SECTEURS...

Ainsi que :

– Représente un messager, de bonnes nouvelles, un jeune homme ambitieux qui a le sens du commerce, un élève studieux, un apprenti appliqué. Il désigne également un étranger. Un admirateur aux cheveux plutôt clairs, un adolescent entre 15 et 20 ans.

– Il rassure en ce qui concerne un danger évité, un permis accordé, un examen réussi. Il peut annoncer une période heureuse, une nouvelle agréable sur le plan sentimental : fiançailles, remariage pour une veuve. Un voyage, un faire-part de cérémonie...

➢ **VALET♦* = PÉRIODE DÉFAVORABLE**
– mauvaises nouvelles...

– Par manque d'ambition, d'habilité et de persévérance, vous passez à côté de la chance ! Votre négligence peut vous coûter cher. Il faut davantage vous prendre en charge, et faire les démarches nécessaires pour sauver la situation...

Ainsi que :

– De mauvaises nouvelles, une période défavorable, un échec aux examens, un licenciement, un élève désintéressé de ses études, un apprenti sans ambition, un faux ami, un jeune homme peu sincère, flatteur et arriviste, pas méchant mais infidèle, capable de parjure...

INTERPRÉTATION du VALET♦ et VALET♦*
En fonction du voisinage.
Rappelez-vous que les **cartes de DROITE** sont dites « *NEUTRES* »
ni endroit ni renversé(*)
Mais **symbolisent le SECTEUR** à analyser tel que :
a) avec à sa DROITE un ♥ = *secteur*   AFFECTIF
b) avec à sa DROITE un ♣ = ...   FINANCIER/MATÉRIEL
c) avec à sa DROITE un ♦ = ...   PROFESSION/ÉTUDES
d) avec à sa DROITE un ♠ = ...   SANTÉ/ÉPREUVES

a) VALET♦ vers un ♥ : aspect AFFECTIF :
– Vous êtes prêt·e à user de votre charme pour arriver à vos fins ! Timide… vous ?
– Vous savez persévérer jusqu'à l'obtention du résultat souhaité et il ne se fera pas attendre !
– Un mariage, une naissance peuvent être annoncés !

a) VALET♦* vers un ♥ : aspect AFFECTIF :
– Des déceptions sentimentales ou familiales sont à prévoir. Vous manquez de persévérance et d'habilité, et l'élu·e de votre cœur vous file entre les doigts. Vous devez vous montrer plus énergique et entreprenant·e si vous voulez arriver à vos fins. Le mariage risque d'être compromis si vous ne faites pas d'efforts.

b) VALET♦ vers un ♣ : aspect FINANCIER/MATÉRIEL :
– Opportuniste et habile, vous saurez tirer profit de tout ce qui se présente pour faire fructifier vos finances. Vous parvenez à en gagner plutôt facilement et sans fausse pudeur, simplement parce que vous en avez besoin ! Grâce à cette attitude, vous saurez maîtriser les éventuels soucis financiers et l'équilibre sera maintenu.
– Si des épreuves devaient intervenir, le problème sera résolu très rapidement par une aide inattendue.

b) VALET♦* vers un ♣ : aspect FINANCIER/MATÉRIEL :
– Des soucis financiers, des dépenses imprévues sont à craindre. Vous ne saisissez pas les opportunités qui se présentent et qui pourraient vous faire gagner de l'argent ! Et ceci, par fausse pudeur ou tout simplement par manque d'habilité ou de négligence. Avec une telle attitude, vous aurez du mal à maîtriser l'équilibre financier.
– En cas de tracasseries, vous ne pourrez compter sur autrui pour un dépannage.

c) VALET♦ vers un ♦ : aspect PROFESSIONNEL/ÉTUDES :

– Tous les éléments sont en votre possession pour vous permettre de concrétiser vos projets professionnels. Vous devez faire preuve de persévérance et d'ingéniosité pour atteindre votre but. Vous en récolterez les fruits de vos efforts. Usez de votre sens de la diplomatie et collaborez. Vous gagnerez ainsi des protections extérieures fortes et utiles au dénouement heureux de vos démarches.

– Si vous attendez des nouvelles concernant un emploi, elles devraient vous être favorables.

c) VALET♦* vers un ♦ : aspect PROFESSIONNEL/ÉTUDES :

– Vous n'avez pas en votre possession tous les éléments pour concrétiser vos projets professionnels.

– Vous manquez de persévérance et d'ingéniosité, ce qui entrave vos projets.

– Des obstacles dans la conclusion des affaires, des démarches qui apportent des déceptions...

– Les nouvelles concernant un emploi sont négatives...

d) VALET♦ vers un ♠ : aspect SANTÉ/ÉPREUVES :

– Légère nervosité ; la détente vous est recommandée. Toutefois des nouvelles attendues (bilan, examens...) concernant votre santé ou celles de personnes chères seront bonnes.

– Concernant les épreuves, une solution immédiate sera trouvée.

d) VALET♦* vers un ♠ : aspect SANTÉ/ÉPREUVES :

– Vos nerfs risquent d'être mis à rudes épreuves.

– Il peut annoncer dans cette position, la maladie d'un proche (dépression nerveuse entre autres) ou des résultats attendus qui causeront des inquiétudes.

– En ce qui concerne les épreuves, des obstacles, des retards aggraveront la situation présente.

SIGNIFICATION

DES CARTES

EN ASSOCIATION

LA FAMILLE DES « CARREAUX »

♦

AS – ROI – DAME – CAVALIER – VALET

AS♦ EN ASSOCIATION AVEC :

Avec un ♥ = *SECTEUR* **AFFECTIF**

Si ENDROIT :

AS♦ ➔ 7♥ ➔	☞Augure un bébé, nouvelle relation amicale...
AS♦ ➔ 8♥	☞Bonne nouvelle d'une amie...
AS♦ ➔ 9♥	☞Regain passionnel, mariage possible...
AS♦ ➔ 10♥	☞Bonne nouvelle (famille, pour une maison...
AS♦ ➔ VALET♥	☞Bonne nouvelle d'un fils...
AS♦ ➔ CAVAL.♥	☞Retrouvailles...
AS♦ ➔ DAME♥	☞Une déclaration d'amour (pour un homme).
AS♦ ➔ ROI♥	☞Une déclaration d'amour (pour une femme).
AS♦ ➔ AS ♥	☞Joie familiale ; naissance ; maison trouvée.

Si : RENVERSÉ(*)

AS♦* ➔ 7♥	☞Grossesse contrariante ; fin d'une amitié...
AS♦* ➔ 8♥	☞Trahison d'une amie...
AS♦* ➔ 9♥	☞Épreuve sentimentale.
AS♦* ➔ 10♥	☞Contrariétés familiales, départ non souhaité
AS♦* ➔ VALET♥	☞Trahison d'un ami...
AS♦* ➔ CAVAL.♥	☞Un admirateur peu recommandable...
AS♦* ➔ DAME♥	☞Contrariétés amoureuses… (Pour homme).
AS♦* ➔ ROI♥	☞Contrariétés amoureuses… (Pour femme).
AS♦* ➔ AS♥	☞Déceptions, tracasseries familiales...

❧ AS♦ EN ASSOCIATION AVEC : ❧

Avec un ♣ = *SECTEUR* **FINANCIER/MATÉRIEL**

Si ENDROIT :

AS♦ ➔ 7♣	☞nouvelles ambitions, nouveaux projets...
AS♦ ➔ 8♣	☞Une rentrée d'argent possible aux jeux...
AS♦ ➔ 9♣	☞Promotion, avancement, un crédit accepté...
AS♦ ➔ 10♣	☞Amélioration financière...
AS♦ ➔ VALET♣	☞Un bon commercial, un bon vendeur...
AS♦ ➔ CAVAL.♣	☞Période de chance, changement souhaité.
AS♦ ➔ DAME♣	☞Une amie vous tire de l'embarras !
AS♦ ➔ ROI♣	☞Un ami vous tire de l'embarras !
AS♦ ➔ AS♣	☞Triomphe financier, une chance insolente !

Si : RENVERSÉ(*)

AS♦* ➔ 7♣	☞Un projet tombe à l'eau.
AS♦* ➔ 8♣	☞Une facture imprévue...
AS♦* ➔ 9♣	☞Promotion ou avancement retardés...
AS♦* ➔ 10♣	☞Un crédit refusé.
AS♦* ➔ VALET♣	☞Un mauvais commercial ou vendeur...
AS♦* ➔ CAVAL.♣	☞Rien n'évolue comme souhaité...
AS♦* ➔ DAME♣	☞Mauvaise nouvelle relatif à femme brune…
AS♦* ➔ ROI♣	☞Mauvaise nouvelle relatif à homme brun...
AS♦* ➔ AS♣	☞Échec des affaires, mauvais investissement.

❧ AS♦.EN ASSOCIATION AVEC : ☙

Avec un ♦ = *SECTEUR* **PROFESSIONNEL/ÉTUDES**

Si ENDROIT :

AS♦ → 7♦	☞Bonne nouvelle par courrier.
AS♦ → 8♦	☞Annonce visite ou un déplacement agréable.
AS♦ → 9♦	☞Une offre d'emploi possible.
AS♦ → 10♦	☞Voyage agréable, départ pour grande ville.
AS♦ vers VALET♦	☞Réussite à un examen.
AS♦ vers CAVAL.♦	☞Mutation, changement désiré...
AS♦ vers DAME♦	☞Bonne nouvelle concernant une rivale.
AS♦ vers ROI♦	☞Entretien d'embauche positif...

Si : RENVERSÉ(*)

AS♦* →→ 7♦	☞Mauvaise nouvelle par courrier.
AS♦* → 8♦	☞visite malvenue, déplacement désagréable.
AS♦* → 9♦	☞Réponse négative concernant un emploi ...
AS♦* → 10♦	☞Déménagement ou mutation non souhaité.
AS♦* → VALET♦	☞Échec à un examen.
AS♦* → CAVAL.♦	☞Risque de perte emploi...
AS♦* → DAME♦	☞Lettre anonyme...
AS♦* → ROI♦	☞Entretien infructueux; mauvaises affaires

AS♦ EN ASSOCIATION AVEC :

Avec un ♠ = *SECTEUR* SANTÉ/ÉPREUVES

Si ENDROIT :

AS♦ → 7♠	☞Une solution trouvée à un problème.
AS♦ → 8♠	☞Un résultat d'examen médical satisfaisant.
AS♦ → 9♠	☞Gros soulagement ...
AS♦ → 10♠	☞Une bonne nouvelle IMMINENTE !
AS♦ → VALET♠	☞Arrangement de litiges.
AS♦ → CAVAL.♠	☞Bonne nouvelle d'un militaire.
AS♦ → DAME♠	☞Acceptation de son sort...
AS♦ → ROI♠	☞Bonnes nouvelles juridiques – officielles.
AS♦ → AS♠	☞Proposition très intéressante à étudier procès gagné...

Si : RENVERSÉ(*)

AS♦* → 7♠	☞Un problème difficile à résoudre.
AS♦* → 8♠	☞Quelques soucis de santé...
AS♦* → 9♠	☞décès ou maladie grave dans l'entourage.
AS♦* → 10♠	☞Mauvaise nouvelle dans l'immédiat.
AS♦* → VALET♠	☞Annonce une escroquerie.
AS♦* → CAVAL.♠	☞Des obstacles de toutes sortes.
AS♦* → DAME♠	☞Mauvaise nouvelle relative à femme seule.
AS♦* → ROI♠	☞ // nouvelle relative à homme seul ou âgé.
AS♦* →→ AS♠	☞Attention à une proposition malhonnête ; procès perdu...

🙠 ROI♦ EN ASSOCIATION AVEC : 🙢

Avec un ♥ = *SECTEUR* **AFFECTIF**

Si ENDROIT :

ROI♦ ➔ 7♥	☞Un ami – un parent bienveillant.
ROI♦ ➔ 8♥	☞Une déclaration d'amour.
ROI♦ ➔ 9♥	☞Vous demande en mariage.
ROI♦ ➔ 10♥	☞Un bon père de famille, un mari attentif.
ROI♦ ➔ VALET♥	☞Homme de bonnes intentions.
ROI♦ ➔ CAVAL.♥	☞Déclaration d'amour d'un étranger.
ROI♦ ➔ DAME♥	☞Un mariage d'amour, un couple uni.
ROI♦ ➔ ROI♥	☞Un homme au grand cœur.
ROI♦ ➔ AS♥	☞Harmonie familiale, fidélité.

Si : RENVERSÉ(*)

ROI♦* ➔ 7♥	☞Faux ami, parent malveillant et hypocrite.
ROI♦* ➔ 8♥	☞Ne recherche que l'aventure.
ROI♦* ➔ 9♥	☞Un amoureux dont il faut se défaire.
ROI♦* ➔➔ 10♥	☞Tensions familiales, père absent.
ROI♦* ➔ VALET♥	☞Ses intentions sont douteuses.
ROI♦* ➔ CAVAL.♥	☞Amour intéressé d'une nouvelle relation.
ROI♦* ➔ DAME ♥	☞Infidélité du conjoint.
ROI♦* ➔ ROI♥	☞Démêlés avec un membre de la famille.
ROI♦* ➔ AS♥	☞Épreuves familiale, amicale ou conjugale.

ROI♦ EN ASSOCIATION AVEC :

Avec un ♣ = *SECTEUR* **FINANCIER/MATÉRIEL**

Si ENDROIT :

ROI♦ → 7♣	☞Il envisage vous faire un petit cadeau.
ROI♦ → 8♣	☞Songe à vous envoyer argent ou cadeau.
ROI♦ → 9♣	☞Employeur juste et généreux.
ROI♦ → 10♣	☞Apporte aide financière – travail bien payé.
ROI♦ → VALET♣	☞Les biens sont gérés avec efficacité.
ROI♦ → CAVAL.♣	☞Amélioration financière assurée.
ROI♦ → DAME♣	☞Conjoint généreux et attentionné.
ROI♦ → ROI♣	☞ami sincère saura vous tirer d'embarras...
ROI♦ → AS♣	☞D'excellentes affaires pour lui.

Si : RENVERSÉ(*)

ROI♦* → 7♣	☞Vous laissera sans nouvelles.
ROI♦* → 8♣	☞Cause des dépenses imprévues.
ROI♦* → 9♣	☞Employeur malhonnête et dur.
ROI♦* → 10♣	☞Un associé malhonnête.
ROI♦* → VALET♣	☞Homme malhonnête fera perdre argent.
ROI♦* → CAVAL.♣	☞Mauvaise passe financière.
ROI♦* → DAME♣	☞Conjoint qui vous fera des dettes !
ROI♦* → ROI♣	☞N'attendez aucune aide financière d'autrui.
ROI♦* → AS♣	☞Il est au bord de la faillite.

ROI♦ EN ASSOCIATION AVEC :

Avec un ♦ = *SECTEUR* **PROFESSIONNEL/ÉTUDES**

Si ENDROIT :

ROI♦ ➔ 7♦	☞Bonnes nouvelles.
ROI♦ ➔ 8♦	☞Vous rend une visite agréable.
ROI♦ ➔ 9♦	☞Retards et blocages courts dans l'activité.
ROI♦ ➔ 10♦	☞Voyage à l'étranger.
ROI♦ ➔ VALET♦	☞Employeur ou prof. Doux, de bons conseils.
ROI♦ ➔ CAVAL.♦	☞Bonne évolution pro. pour un indépendant.
ROI♦ ➔ DAME♦	☞Les ambitions seront satisfaites, foncez !
ROI♦ ➔ AS♦	☞Vous recevrez des nouvelles de l'étranger.

Si : RENVERSÉ(*)

ROI♦* ➔ 7♦	☞Pas de nouvelles ou déplaisantes.
ROI♦* ➔ 8♦	☞Vous rend une visite inopportune.
ROI♦* ➔ 9♦	☞On vous met des bâtons dans les roues !
ROI♦* ➔ 10♦	☞Voyage à l'étranger annulé.
ROI♦* ➔ VALET♦	☞Répand des calomnies dévastatrices.
ROI♦* ➔ CAVAL.♦	☞vigilance ! on essaie de tirer parti de vous!
ROI♦* ➔ DAME♦	☞Annonce un divorce.
ROI♦* ➔ AS♦	☞Ses lettres vous causeront gêne et soucis.

ROI♦ EN ASSOCIATION AVEC :

Un ♠ = *SECTEUR* SANTÉ/ÉPREUVES

Si ENDROIT :

ROI♦ → 7♠	☞Projet confirmé.
ROI♦ → 8♠	☞Intervient utilement dans conflits familiaux.
ROI♦ → 9♠	☞Apporte aide utile dans affaires variées.
ROI♦ → 10♠	☞Son aide est imminente.
ROI♦ → VALET♠	☞L'horizon se débouche.
ROI♦ → CAVAL.♠	☞L'influence positive d'un militaire.
ROI♦ → DAME♠	☞Apporte son aide à femme esseulée.
ROI♦ → ROI♠	☞Quelqu'un qui a le bras long.
ROI♦ → AS♠	☞Vous fera une proposition avantageuse !

Si : RENVERSÉ(*)

ROI♦* → 7♠	☞Un projet qui tombe à l'eau.
ROI♦* → 8♠	☞Se mêle de ce qui ne le regarde pas.
ROI♦* → 9♠	☞A de gros problèmes de santé.
ROI♦* → 10♠	☞Prudence, surtout le soir ou la nuit.
ROI♦* → VALET♠	☞Un homme sans scrupules.
ROI♦* → CAVAL.♠	☞Un homme violent.
ROI♦* → DAME♠	☞Trahison de personnes chères.
ROI♦* → ROI♠	☞Se mêle gauchement des affaires d'autrui.
ROI♦* → AS♠	☞Attention à une proposition malhonnête.

❧ DAME♦ EN ASSOCIATION AVEC : ❧

Avec un ♥ = *SECTEUR* **AFFECTIF**

Si ENDROIT :

DAME♦ → 7♥	☞Se méfier d'une soi-disant amie.
DAME♦ → 8♥	☞On vous mettra des bâtons dans les roues.
DAME♦ → 9♥	☞Médisances sur vos liaisons sentimentales.
DAME♦ → 10♥	☞Destructrice de foyer heureux.
DAME♦ → VALET♥	☞Des ragots vous rendront triste.
DAME♦ → CAVAL.♥	☞Rencontre ou visite désagréable.
DAME♦ → DAME♥	☞Rivale d'amour sans scrupules.
DAME♦ → ROI♥	☞Cherchera à détourner votre conjoint.
DAME♦ → AS♥	☞Méfiez-vous de la brebis galeuse de votre entourage !

Si : RENVERSÉ(*)

DAME♦* → 7♥	☞Échoue dans ses manœuvres malsaines.
DAME♦* → 8♥	☞Insultes et ragots ne vous affecteront pas.
DAME♦* → 9♥	☞Ne parvient pas à détourner un proche.
DAME♦* → 10♥	☞Subit les effets de ses ragots et cancans.
DAME♦* → VALET♥	☞Vous abrégerez sa visite.
DAME♦* → CAVAL.♥	☞Échoue dans tentatives de briser union.
DAME♦* → DAME♥	☞Le conjoint ne réagira pas à ses avances.
DAME♦* → ROI♥	☞Habilité et méfiance seront vos alliées.
DAME♦* → AS♥	☞Fausse amie démasquée.

♣ DAME♦ EN ASSOCIATION AVEC : ♣

Avec un ♣ = *SECTEUR* FINANCIER/MATÉRIEL

Si ENDROIT :

DAME♦ → 7♣ ☞Choisissez vos amis, il y a des profiteurs !
DAME♦ → 8♣ ☞Difficultés dues à une mauvaise gestion.
DAME♦ → 9♣ ☞Méfiez-vous d'une femme peu honnête !
DAME♦ → 10♣ ☞Une voleuse sans scrupules !
DAME♦ → VALET♣ ☞Elle profitera de votre naïveté.
DAME♦ → CAVAL.♣ ☞Malveillante cherche à nuire dans projets.
DAME♦ → DAME♣ ☞Ragots répandus sur une femme.
DAME♦ → ROI♣ ☞Ragots répandus à l'encontre d'un homme.
DAME♦ → AS♣ ☞Abus de confiance qui peuvent entraîner des pertes.

Si : RENVERSÉ(*)

DAME♦* → 7♣ ☞Vous allez faire du tri dans les amis.
DAME♦* → 8♣ ☞Équilibre financier retrouvé.
DAME♦* → 9♣ ☞Ses manœuvres douteuses seront déjouées.
DAME♦* → 10♣ ☞On essaiera de vous escroquer.
DAME♦* → VALET♣ ☞Votre vigilance vous sauvera.
DAME♦* → CAVAL.♣ ☞Sera prise sur le fait !
DAME♦* → DAME♣ ☞Ses calomnies se retourneront contre elle.
DAME♦* → ROI♣ ☞Sera confrontée à ses propres mensonges.
DAME♦* → AS♣ ☞Les pièges tendus par femme, surmontés.

ও DAME♦ EN ASSOCIATION AVEC : ৬

Avec un ♦ = *SECTEUR* **PROFESSIONNEL/ÉTUDES**

Si ENDROIT :

DAME♦ ➜ 7♦	☛Fureur, irritation justifiée.
DAME♦ ➜ 8♦	☛Causera une série d'ennuis, de tracas.
DAME♦ ➜ 9♦	☛Une collègue nuit à votre avancement.
DAME♦ ➜ 10♦	☛S'éloigner d'une personne néfaste.
DAME♦ ➜ VALET♦	☛Écoute les ragots d'une collègue.
DAME♦ ➜ CAVAL.♦	☛Mettra tout en œuvre pour supplanter.
DAME♦ ➜ ROI♦	☛Mène la vie dure à son conjoint.
DAME♦ ➜ AS♦	☛Envoie lettre anonyme avec propos malveillants.

Si : RENVERSÉ(*)

DAME♦* ➜ 7♦	☛Garder votre calme, vous avantagera.
DAME♦* ➜ 8♦	☛Bavardages sans séquelles pour vous.
DAME♦* ➜ 9♦	☛Vous triompherez sur une rivalité profes.
DAME♦* ➜ 10♦	☛Une personne néfaste s'éloigne de vous.
DAME♦* ➜ VALET♦	☛Ses ragots n'ont pas de prise sur vous.
DAME♦* ➜ CAVAL.♦	☛Échouera dans manœuvres d'évincer.
DAME♦* ➜ ROI♦	☛Un divorce s'annonce.
DAME♦* ➜ AS♦	☛Ses manigances seront dévoilées.

✼ DAME♦ EN ASSOCIATION AVEC : ✼

Un ♠ = *SECTEUR* SANTÉ/ÉPREUVES

Si ENDROIT :

DAME♦ ➔ 7♠	☞ Joue un rôle néfaste dans la vie d'autrui.
DAME♦ ➔ 8♠	☞ Vous causera de la tristesse et du chagrin.
DAME♦ ➔ 9♠	☞ Un acte de vengeance.
DAME♦ ➔ 10♠	☞ Cherche à vous tendre un piège.
DAME♦ ➔ VALET♠	☞ Grave trahison dans l'entourage.
DAME♦ ➔ CAVAL.♠	☞ Une infidélité.
DAME♦ ➔ DAME♠	☞ Veuvage, douleur.
DAME♦ ➔ ROI♠	☞ H. en mauvaise posture à cause calomnies.
DAME♦ ➔ AS♠	☞ Rôle nuisible mais sans conséquences majeures.

Si : RENVERSÉ(*)

DAME♦* ➔ 7♠	☞ Une offre à ne pas accepter !
DAME♦* ➔ 8♠	☞ Ne parviendra pas à «casser» le moral.
DAME♦* ➔ 9♠	☞ Petits problèmes de santé sans gravité.
DAME♦* ➔ 10♠	☞ Vous saurez éviter le piège tendu.
DAME♦* ➔ VALET♠	☞ Trahison déjouée mais sans conséquences.
DAME♦* ➔ CAVAL.♠	☞ Une femme de mœurs légères.
DAME♦* ➔ DAME♠	☞ Vit seule, à cause de caractère exécrable…
DAME♦* ➔ ROI♠	☞ Potins et ragots se retournent contre elle.
DAME♦* ➔ AS♠	☞ Votre méfiance sera votre alliée.

❧ CAVALIER♦ EN ASSOCIATION AVEC : ❧

Avec un ♥ = *SECTEUR* **AFFECTIF**

Si ENDROIT :

CAVAL.♦ ➔ 7♥ ☞Bonnes nouvelles concernant un ami.
CAVAL.♦ ➔ 8♥ ☞Nouvelle rencontre sentimentale.
CAVAL.♦ ➔ 9♥ ☞Un mariage à l'horizon.
CAVAL.♦ ➔ 10♥ ☞Souhaite fonder une famille.
CAVAL.♦ ➔ VALET♥ ☞Bonnes nouvelles concernant un enfant.
CAVAL.♦ ➔ CAVAL.♥ ☞Un ami sincère, un confident.
CAVAL.♦ ➔ DAME♥ ☞Renouveau affectif pour femme.
CAVAL.♦ ➔ ROI♥ ☞Il sait faire face à ses obligations.
CAVAL.♦ vers AS♥ ☞Concrétisation des projets.

Si : RENVERSÉ(*)

CAVAL.♦* ➔ 7♥ ☞Un ami vous laissera sans nouvelles.
CAVAL.♦* ➔ 8♥ ☞Rencontre sans lendemain.
CAVAL.♦* ➔ 9♥ ☞Mariage compromis par incertitude.
CAVAL.♦* ➔ 10♥ ☞Ne souhaite pas fonder une famille.
CAVAL.♦* ➔ CAVAL.♥ ☞Ami faux, indifférent à vos problèmes.
CAVAL.♦* ➔ VALET♥ ☞Contrariétés liées à un fils.
CAVAL.♦* ➔ DAME♥ ☞Une rupture, un départ.
CAVAL.♦* ➔ ROI♥ ☞Refuse d'assumer ses responsabilités.
CAVAL.♦* ➔ AS♥ ☞Annulation de tous les projets affectifs.

❧ CAVALIER♦ EN ASSOCIATION AVEC : ❧

Avec un ♣ = *SECTEUR* **FINANCIER/MATÉRIEL**

Si ENDROIT :

CAVAL.♦ ➔ 7♣ ☞Bonnes nouvelles pour rentrée d'argent.
CAVAL.♦ ➔ 8♣ ☞Une augmentation de salaire possible.
CAVAL.♦ ➔ 9♣ ☞Tenter chance aux jeux ! Période faste !
CAVAL.♦ ➔ 10♣ ☞Si besoin est, un prêt vous sera accordé.
CAVAL.♦ ➔ VALET♣ ☞Un jeune homme bon gestionnaire.
CAVAL.♦ ➔ CAVAL.♣ ☞Mouvement d'argent, bon placement.
CAVAL.♦ ➔ DAME♣ ☞Un don d'argent venant d'une femme.
CAVAL.♦ ➔ ROI♣ ☞ Un don d'argent venant d'un homme.
CAVAL.♦ ➔AS♣ ☞Annonce richesse, par héritage ou jeux.

Si : RENVERSÉ(*)

CAVAL.♦* ➔ 7♣ ☞Colère pour remboursement retardé.
CAVAL.♦* ➔8♣ ☞Augmentation de salaire refusée.
CAVAL.♦* ➔ 9♣ ☞Période néfaste, abstenez-vous de jouer !
CAVAL.♦* ➔ 10♣ ☞Aucun prêt ne vous sera accordé !
CAVAL.♦* ➔ VALET♣ ☞J.homme négligent perd de l'argent.
CAVAL.♦* ➔ CAVAL.♣☞Méfiez-vous d'un mauvais placement.
CAVAL.♦* ➔ DAME♣ ☞Elle vous réclamera l'argent prêté.
CAVAL.♦* ➔ ROI♣ ☞Il vous réclamera l'argent prêté.
CAVAL.♦* ➔ AS♣ ☞Des pertes importantes d'argent…

❧ CAVALIER♦ EN ASSOCIATION AVEC : ❦

Avec un ♦ = *SECTEUR* PROFESSIONNEL/ÉTUDES

Si ENDROIT :

CAVAL.♦ ➔ 7♦	☛Bonnes nouvelles concernant l'activité.
CAVAL.♦ ➔ 8♦	☛Démarches professionnelles favorables.
CAVAL.♦ ➔ 9♦	☛Démarches qui se révéleront positives.
CAVAL.♦ ➔ 10♦	☛Fin d'une période difficile.
CAVAL.♦ ➔ VALET♦	☛De confiance, habile dans négociations.
CAVAL.♦ ➔ DAME♦	☛Intrigues d'une femme déjouées.
CAVAL.♦ ➔ ROI♦	☛Nouveau poste, changement positif.
CAVAL.♦ ➔ AS	☛La ténacité vous propulse vers la réussite

Si : RENVERSÉ(*)

CAVAL.♦* ➔ 7♦	☛Votre impatience est votre pire ennemie.
CAVAL.♦* ➔ 8♦	☛Les démarches déçoivent car sans suite.
CAVAL.♦* ➔ 9♦	☛Chômage qui dure – risque perte emploi.
CAVAL.♦* ➔ 10♦	☛Risque de saisie, dépôt bilan…
CAVAL.♦* ➔ VALET♦	☛inactivité, paresse et irresponsabilité.
CAVAL.♦* ➔ DAME♦	☛Se laisse manipuler par intrigante.
CAVAL.♦* ➔ ROI♦	☛Promotion lointaine, être + enthousiasme.
CAVAL.♦* ➔ AS♦	☛Le manque de ténacité conduira à l'échec.

❧ CAVALIER♦ EN ASSOCIATION AVEC : ❧

Avec un ♠ = *SECTEUR* **SANTÉ/ÉPREUVES**

Si ENDROIT :

CAVAL.♦ → 7♠ ☞Solution d'un problème trouvée.
CAVAL.♦ → 8♠ ☞Résultat de santé satisfaisant.
CAVAL.♦ → 9♠ ☞Vous sortirez vainqueur de la maladie.
CAVAL.♦ → 10♠ ☞Solution à problème, révélée par rêve.
CAVAL.♦ → VALET♠ ☞Victoire sur un rival.
CAVAL.♦ → CAVAL.♠ ☞Bonnes nouvelles d'un militaire.
CAVAL.♦ → DAME♠ ☞Témoignage en votre faveur si conflits.
CAVAL.♦ → ROI♠ ☞Homme de bons conseils et d'appuis.
CAVAL.♦ vers AS♠ ☞Victoire sur difficultés si procès.

Si : RENVERSÉ(*)

CAVAL.♦* → 7♠ ☞Votre moral est au plus bas.
CAVAL.♦* → 8♠ ☞Examen médical peu encourageant.
CAVAL.♦* → 9♠ ☞Sans volonté pour combattre la maladie.
CAVAL.♦* → 10♠ ☞Risque d'insomnies dues aux tracas.
CAVAL.♦* → VALET♠ ☞Risque d'être victime d'escrocs – vol.
CAVAL.♦* → CAVAL.♠ ☞Altercation avec un gendarme - policier.
CAVAL.♦* → DAME♠ ☞Un témoignage contre vous.
CAVAL.♦* → ROI♠ ☞Un homme de mauvais conseils.
CAVAL.♦* → AS♠ ☞Grosses tracasseries en perspectives.

✤ VALET♦ EN ASSOCIATION AVEC : ✤

Avec un ♥ = *SECTEUR* AFFECTIF

Si ENDROIT :

VALET♦ ➔ 7♥	☞Nouvelles amitiés
VALET♦ ➔ 8♥	☞Nouvelle rencontre se profile à l'horizon.
VALET♦ ➔ 9♥	☞Un bonheur en perspective.
VALET♦ ➔ 10♥	☞Vous serez convié·e à une soirée.
VALET♦ ➔ VALET♥	☞Nouvelle relation amicale agréable.
VALET♦ ➔ CAVAL.♥	☞Ténacité récompensée, vœux exaucés.
VALET♦ ➔ DAME♥	☞Bonnes nouvelles d'une femme.
VALET♦ ➔ ROI♥	☞Bonnes nouvelles d'une femme.
VALET♦ ➔ AS♥	☞Annonce un mariage une naissance...!

Si : RENVERSÉ(*)

VALET♦* ➔ 7♥	☞Déceptions amicales.
VALET♦* ➔ 8♥	☞relation trompeuse.
VALET♦* ➔ 9♥	☞Pour ne pas rester seul·e, agissez.
VALET♦* ➔10♥	☞Une soirée annulée.
VALET♦* ➔ VALET♥	☞Nouvelle relation amicale décevante.
VALET♦* ➔ CAVAL.♥	☞Montrez-vous plus entreprenant·e.
VALET♦* ➔ DAME♥	☞Femme aimée laissant sans nouvelles.
VALET♦* ➔ ROI♥	☞Homme aimé laissant sans nouvelles.
VALET♦* ➔ AS ♥	☞Mariage compromis, déceptions diverses.

❧ VALET♦ EN ASSOCIATION AVEC : ❦

Avec un ♣ = *SECTEUR* **FINANCIER/MATÉRIEL**

Si ENDROIT :

VALET♦ → 7♣	☞Un courrier attendu avec impatience.
VALET♦ → 8♣	☞Un présent agréable.
VALET♦ → 9♣	☞Démarches professionnelles aboutiront.
VALET♦ → 10♣	☞Possibilité d'héritage – gains aux jeux.
VALET♦ → VALET♣	☞Proposition financière avantageuse.
VALET♦ → CAVAL.♣	☞Bonne nouvelle pour un prêt accordé.
VALET♦ → DAME♣	☞Lettre venant d'une femme brune.
VALET♦ → ROI♣	☞ Courrier venant d'un homme brun.
VALET♦ → AS♣	☞Annonce meilleure période financière.

Si : RENVERSÉ(*)

VALET♦* → 7♣	☞Une lettre réclamant de l'argent.
VALET♦* → 8♣	☞De l'argent prêté vous sera réclamé.
VALET♦* → 9♣	☞Situation profes, difficile, chômage.
VALET♦* → 10♣	☞Ne pas investir, surveiller les finances !
VALET♦* → VALET♣	☞Proposition financière douteuse.
VALET♦* → CAVAL.♣	☞Un Crédit actuellement serait pure folie !
VALET♦* → DAME♣	☞Appel désagréable d'une femme.
VALET♦* → ROI♣	☞Appel désagréable d'un homme.
VALET♦* → AS♣	☞Tracasseries financières ; prudence !

❧ VALET♦ EN ASSOCIATION AVEC : ☙

Avec un ♦ = *SECTEUR* PROFESSIONNEL/ÉTUDES

Si ENDROIT :

VALET♦ ➔ 7♦	☞Événement heureux (naissance ou autre)
VALET♦ ➔ 8♦	☞ démarches diverses fructueuses.
VALET♦ ➔ 9♦	☞Bons résultats examens ou concours.
VALET♦ ➔10♦	☞Vous récolterez les fruits de vos efforts.
VALET♦ ➔ CAVAL.♦	☞Vous devriez concrétiser vos projets pro.
VALET♦ ➔ DAME♦	☞Protégé·e des agressions sournoises.
VALET♦ ➔ ROI♦	☞Bonnes nouvelles concernant un emploi.
VALET♦ ➔ AS♦	☞Bonne nouvelle confirmée par lettre.

Si : RENVERSÉ(*)

VALET♦* ➔ 7♦	☞Déception, grossesse non désirée...
VALET♦* ➔ 8♦	☞Démarches qui cause déceptions.
VALET♦* ➔ 9♦	☞Échec aux examens ; chômage prolongé.
VALET♦* ➔ 10♦	☞Projets entravés - manque de ténacité...
VALET♦* ➔ CAVAL.♦	☞manque éléments pour réussir projets.
VALET♦* ➔ DAME♦	☞Méfiez-vous d'une femme, sans foi ni loi.
VALET♦* ➔ ROI♦	☞Références professionnelles inadéquates.
VALET♦* ➔ AS♦	☞lettre annonçant mauvaise nouvelle.

✥ VALET♦ EN ASSOCIATION AVEC : ✥

Avec un ♠ = *SECTEUR* **SANTÉ/ÉPREUVES**

Si ENDROIT :

VALET♦ ➔ 7♠	☞Soyez confiant·e ! Tout s'arrangera...
VALET♦ ➔ 8♠	☞La santé de l'entourage s'améliore.
VALET♦ ➔ 9♠	☞Enfin une solution aux problèmes !
VALET♦ ➔ 10♠	☞Solution immédiate pour difficultés...
VALET♦ ➔ VALET♠	☞Méfiez-vous d'un homme de l'entourage
VALET♦ ➔ CAVAL.♠	☞Un avocat énergique.
VALET♦ ➔ DAME♠	☞Nouvelles noces pour veuve ou divorcée.
VALET♦ ➔ ROI♠	☞Entretien avec homme ayant le bras long.
VALET♦ ➔ AS♠	☞Une offre intéressante à saisir...

Si : RENVERSÉ(*)

VALET♦* ➔ 7♠	☞Nerfs risquent mis à rudes épreuves.
VALET♦* ➔ 8♠	☞Annonce la maladie d'un proche.
VALET♦* ➔ 9♠	☞Décès entourage (famille, amis, voisins)
VALET♦* ➔ 10♠	☞Retards/obstacles pour résoudre conflits.
VALET♦* ➔ VALET♠	☞Amant brutal et jaloux ; trahison en vue.
VALET♦* ➔ CAVAL.♠	☞Un avocat véreux.
VALET♦* ➔ DAME♠	☞Averti d'une infidélité ; déloyauté...
VALET♦* ➔ ROI♠	☞Un jugement défavorable.
VALET♦* ➔ AS♠	☞Transmet une proposition malhonnête.

DEVOIR N° 02

À partir de ce que vous avez appris dans la partie 01 du chapitre 2,

réalisez les exercices du devoir 02.

Pour les lecteurs utilisant une tablette, liseuse, PC…
les exercices imprimables de ce devoir 02
peuvent être téléchargés en version PDF
en cliquant sur le lien ci-dessous :

Télécharger la fiche d'exercices (PDF)

(Le fichier peut s'ouvrir ou se télécharger selon votre appareil.)

DEVOIR 02

➢ QUESTION 1 :
– Vous vous retrouvez entre amis, et l'on vous suggère :
   «*Et si tu nous faisais, histoire de passer le temps, et pour s'amuser, une démonstration de tes talents...*» :
   ☞ **Que faites-vous ?**

➢ QUESTION 2 :
– Un homme vous demande une consultation. Il est en divorce et il voudrait avoir des renseignements sur les agissements supposés de son épouse...
   ☞ **Que répondez-vous ?**

➢ QUESTION 3 :
– Vous recevez en consultation une femme très déprimée, car elle a de **gros soucis financiers...** Le jeu malheureusement semble confirmer que la situation ne va pas s'arranger, elle est au bord de la faillite, un problème quasiment insurmontable...
   1/ Comment allez-vous vous y prendre ?
   →

   2/ Qu'allez-vous lui dire ?
   →

➢ QUESTION 4 :

– Si vous avez bien suivi ces 2 premiers chapitres, il y a une carte qui symbolise **L'IMMÉDIAT,** ce qui va se passer dans très peu de temps !

1/ Quelle est cette carte?
→

2/ À quelle PARTIE DE LA JOURNEE correspond-elle ?
→

3/ À quelle SAISON se rapporte-t-elle ?
→

➢ QUESTION 5 :

– Quelle interprétation allez-vous donner à ces 2 possibilités d'association ?
(Essayez de donner une autre interprétation que celles déjà énoncées).

    DAME♦ + ROI♦*
→

    DAME♦ + ROI♦
→

➢ QUESTION 6 :

– Dans un tirage, vous avez une majorité de ♠* (renversés).
    Qu'allez-vous en déduire ?
→

2ᵉ PARTIE

Famille Des CARREAUX

SIGNIFICATION de CHAQUE CARTE

DIX – NEUF – HUIT – SEPT

♦

Ils symbolisent :

- Le printemps
- Le matin
- Le travail
- La ville

♣ LES CARACTÉRISTIQUES du 10♦ ♣
ENDROIT = POSITIF   RENVERSÉ(*) = NÉGATIF

10♦ est la carte symbolisant les voyages, les déplacements et les projets de toutes sortes…

➤ **10♦ présenté à l'ENDROIT,** promet un voyage agréable, une mutation dans grande ville, changement d'état. Quoi qu'il en soit, ceci aura des conséquences bénéfiques imprévues. Toutefois, un effort est nécessaire pour réaliser ces nouveaux projets. – Prenez soin de bien régler les affaires en cours avant d'en engager des nouvelles.

➤ **10♦* Présenté RENVERSÉ(*),** annonce un voyage annulé, retardé ou avec des péripéties contrariantes. Une mutation forcée, un déménagement non souhaité… Attentez-vous à des retards dans les démarches, ou des conséquences fâcheuses dues à tous ces changements. Malgré tous vos efforts, vous n'arriverez pas à réaliser vos projets, ce qui aggravera la situation.

➤ **A RETENIR :** dans tous les SECTEURS, vous pouvez vous préparer à agir. Les démarches porteront leurs fruits. Soyez attentif.ve et confiant·e.

– Si elle se **présente RENVERSÉE(*),** des blocages dans tous les SECTEURS s'annoncent, à moins que ce soit des changements non souhaités…

ENDROIT   **RENVERSÉ(*)**

LES MOTS CLÉS de :

➤10♦ = VOYAGES & DÉMARCHES FAVORABLES.

– Une période propice pour entreprendre tout changement souhaité. La chance est présente, ne pas attendre !

Ainsi que :

– Projets importants – mutation souhaitée – grande ville – changement d'état, de situation – Fortune – prospérité – choix faire – chance…

➤10♦* = VOYAGES & DÉMARCHES DÉFAVORABLES.

– Des changements non souhaités – voyage, projets… contrariés voire annulés – démarches négatives – période de malchance. Il faudra retenter la chance plus tard !

Ainsi que :

– Discussions familiales cause argent ou autres – poisse – voyage désagréable – perte financière – démarches négatives…

INTERPRÉTATION DE 10♦ et 10♦*

En fonction du voisinage.
Rappelez-vous que les **cartes de DROITE** sont dites « *NEUTRE*S »
ni endroit ni renversé(*)
Mais **symbolisent le SECTEUR** à analyser tel que :

a) avec à sa DROITE un ♥ = *secteur*   **AFFECTIF**
b) avec à sa DROITE un ♣ = ….   **FINANCIER/MATÉRIEL**
c) avec à sa DROITE un ♦ = ….   **PROFESSION/ÉTUDES**
d) avec à sa DROITE un ♠ = ….   **SANTÉ/ÉPREUVES**

a) 10♦ vers un ♥ : aspect AFFECTIF :

– La vie affective connaît des changements rapides et inattendus. Vous allez faire de nouvelles rencontres, et les relations que vous entretenez avec votre entourage actuel sont en amélioration constante. Des préparatifs pour des projets de mariage sont tout à fait possibles. Un voyage sentimental ou des vacances agréables avec des parents ou amis peuvent être envisagés.

a) 10♦* vers un ♥ : aspect AFFECTIF :

– Un voyage sentimental rétracté ou perturbé, des vacances désagréables ; mariage reporté ou annulé; risque de mésentente avec l'entourage ; période non propice aux projets quels qu'ils soient…

b) 10♦ vers un ♣ : aspect FINANCIER/MATÉRIEL :

– Vos finances évoluent favorablement. Votre esprit entrepreneur vous permet de contourner les difficultés que vous pouvez rencontrer. Vous savez faire preuve de rigueur et de patience, ce qui vous évite les mauvaises surprises.

– En ce qui concerne une éventuelle demande de crédit, les démarches seront facilitées…

b) 10♦* vers un ♣ : aspect FINANCIER/MATÉRIEL :

– Quelques difficultés financières vous rendent soucieux.se et ne vous incitent pas à réagir efficacement. En cas de tracas, la patience et la réflexion pourraient cependant vous permettre de redresser la situation. Vous devez veiller à votre gestion, la rigueur est de mise.

– Pour une demande éventuelle de crédit, attendez-vous à ce qu'elle soit rejetée.

c) 10♦ vers un ♦ : aspect PROFESSIONNEL/ÉTUDES :

– Si vous attendez une réponse concernant un nouveau poste, elle devrait arriver prochainement par courrier et vous être agréable.

– Si vous envisagez créer votre entreprise, la période vous est favorable. Vous avez là, l'énergie et la volonté nécessaires pour arriver à votre but. Toutefois, sachez vous accorder un temps de réflexion avant toute démarche importante et finissez tout travail commencé avant d'en effectuer un nouveau. La réussite passe aussi par l'autodiscipline. Terminez vos affaires en suspens avant de vous lancer dans de nouveaux projets, ainsi toutes les chances de réussite dans vos diverses activités vous seront accordées.

c) 10♦* vers un ♦ : aspect PROFESSIONNEL/ÉTUDES :

– Des doutes et un manque de confiance en vous bloqueront l'avancement et les ambitions ne seront pas satisfaites. Les démarches effectuées ne donnent pas dans l'immédiat de résultats satisfaisants.

– Vous agissez sans réfléchir aux conséquences et vous manquez de suivi dans vos affaires, ce qui compromet toutes vos chances de réussite.

d) 10♦ vers un ♠ : aspect SANTÉ/ÉPREUVES :
   – Bonne vitalité physique et intellectuelle.
   – Un voyage ou des démarches pour votre santé ou celle de vos proches apporteront un résultat favorable.
   – En ce qui concerne les épreuves, les formalités effectuées seront source de résultats heureux.

d) 10♦* vers un ♠ : aspect SANTÉ/ÉPREUVES :
   – Inquiétude concernant la santé personnelle ou celle de proches, ou un voyage déprimant.
   – En ce qui concerne les épreuves, les démarches effectuées à propos des difficultés de famille, seront plutôt déprimantes.

⋄ LES CARACTÉRISTIQUES du 9♦ ⋄
ENDROIT = POSITIF   RENVERSÉ(*) = NÉGATIF

9♦ est la carte symbolisant les malentendus, les retards et des empêchements de toutes sortes.

➢ **9♦ présenté à l'ENDROIT,** les caractéristiques sont semblables à RENVERSÉ(*), mais laissent supposer que vous affronterez plus facilement (sur le plan psychologique) les problèmes. Vous aurez plus tendance à les considérer comme des DÉFIS à relever plutôt que comme des problèmes insurmontables !

➢ **9♦* Présenté RENVERSÉ(*)**, est le présage de mauvaises nouvelles financières, professionnelles, des ennuis amoureux, des disputes conjugales, une séparation probable...

➢ <u>**A RETENIR :**</u> tout est dans la façon de **penser :**
– **En POSITIF, (ENDROIT)** un retard, un blocage... Vous l'appréhenderez avec philosophie et positivisme : Un congé forcé peut être vécu comme éducatif et relaxant... Un «creux» dans un aspect commercial, peut vous permettre de vous mettre à jour de travaux suspendus par manque de temps...

– Si vous **pensez en NÉGATIF (RENVERSÉ(*),** vous vivrez un «creux» commercial – manque à gagner ; congé forcé – une humiliation ; une absence de nouvelles comme un isolement...

ENDROIT   **RENVERSÉ(*)**

LES MOTS CLÉS de :

Les mêmes mots clés mais vécus différemment – avenir éloigné...

➢ 9♦ = RETARDS – OBSTACLES – CONTRETEMPS.

– Entraves dans le travail – difficultés dans conclusion d'affaires... Les promesses ne sont pas tenues... Il faut savoir prendre son mal en patience ! Les projets sont retardés, pas forcément annulés. LE TEMPS TRAVAILLE **POUR** VOUS !

➢ 9♦* = AVERTISSEMENT PEU RASSURANT.

– Obstacles majeurs – séparation – rupture de contrat – nouvelles pénibles – brouille prolongée entre parents ou amis... Illusions – escroquerie – sensation de ne pas pouvoir s'en sortir – Avenir éloigné – vaines espérances – perte d'emploi – maladie incurable – traitement médicamenteux à vie...
LE TEMPS TRAVAILLE **CONTRE** VOUS !

INTERPRÉTATION DE 9 ♦ et 9 ♦*
En fonction du voisinage.
Rappelez-vous que les **cartes de DROITE** sont dites « *NEUTRE*S »
ni endroit ni renversé(*)
Mais **symbolisent le SECTEUR** à analyser tel que :
a) avec à sa DROITE un ♥ = *secteur*   AFFECTIF
b) avec à sa DROITE un ♣ = ...   FINANCIER/MATÉRIEL
c) avec à sa DROITE un ♦ = ...   PROFESSION/ÉTUDES
d) avec à sa DROITE un ♠ = ...   SANTÉ/ÉPREUVES

a) 9♦ vers un ♥ : aspect AFFECTIF :
– Les liens avec l'entourage sont tendus et des petites contrariétés viennent troubler les échanges sentimentaux. Il faut savoir être patient·e et prendre du recul par rapport à ces contraintes. Vous n'avez pas d'autres solutions pour le moment. Soyez vigilant·e si vous voulez construire des relations harmonieuses. Prenez votre mal en patience, le temps travaille pour vous !

a) 9♦* vers un ♥ : aspect AFFECTIF :
– La vie affective ou sentimentale connait des changements non souhaités. Union difficile ou retardée par des incompréhensions,

voire menacée ! Brouille prolongée entre parents et amis ; vous devez prendre du recul et rester vigilant·e et discret·e dans vos confidences. Cessez de vous bercer d'illusions, acceptez la défaite et tournez la page... Vos espérances seront vaines...

b) 9♦ vers un ♣ : aspect FINANCIER/MATÉRIEL :
– Les rentrées d'argent sont retardées ou moins importantes qu'espérées, ce qui perturbe le bon fonctionnement de votre gestion. Les engagements ne sont pas respectés et cela vous oblige à redoubler d'efforts. Toute demande de crédit est vaine dans l'immédiat. C'est avec persévérance et foi que vous surmonterez cette passe difficile.

b) 9♦* vers un ♣ : aspect FINANCIER/MATÉRIEL :
– Les finances causent soucis. Le banquier se manifeste ! Les contraintes sont insurmontables et vous manquez d'énergie pour vous battre ; des pertes commerciales sont possibles, faillite, dépôt de bilan... Vous devez réagir ! Montez un dossier de surendettement avec la Banque de France plutôt que de faire l'autruche en attendant un miracle ! C'est en faisant face que vous sortirez de l'ornière !

c) 9♦ vers un ♦ : aspect PROFESSIONNEL/ÉTUDES :
– Des entraves, des embûches dans le travail, l'incompréhension des supérieurs, des difficultés dans la conclusion d'affaires, sont votre lot actuel. Mais votre esprit combatif et positif vous permettra de passer ce cap difficile. En faisant le dos rond et en étant patient·e, alliés à votre persévérance et votre volonté de réussir, vous supporterez ces incidents de parcours que la vie vous impose !

c) 9♦* vers un ♦ : aspect PROFESSIONNEL/ÉTUDES :
– Rien ne va plus dans ce SECTEUR ! Licenciement, dépôt de bilan, les activités ne donnent aucune satisfaction et vous voilà au bord de la dépression ! Vous n'arrivez plus à conclure les affaires, quelles qu'elles soient. Vous manquez de confiance en vous et vous êtes trop tributaire des autres !
– Ne vous entêtez pas dans une voie sans issue ! Faites marche arrière, acceptez la défaite, vous connaîtrez des jours meilleurs.

d) 9♦ vers un ♠ : aspect SANTÉ/ÉPREUVES :
– Des perturbations entraînent des troubles divers (nervosité, déprime...) Un alitement forcé...
– Une affaire manquée, une question juridique en suspens...

d) 9♦* vers un ♠ : aspect SANTÉ/ÉPREUVES :
– Nouvelles pénibles, paralysie, maladie incurable, décès...
– Un procès perdu, un retard préjudiciable, une rupture sentimentale, un divorce, un veuvage...

☙ LES CARACTÉRISTIQUES du 8♦ ☙
ENDROIT = POSITIF   RENVERSÉ(*) = NÉGATIF

8♦ est la carte des démarches diverses et invitations.

➢ **8♦ présenté à l'ENDROIT,** annonce une nouvelle position rassurante, une considération sociale, une promotion satisfaisante.
– Carte dynamique se référant aux démarches et aux communications en général, des actions sont à entreprendre, des petits déplacements sont utiles, des invitations, des réunions...

➢ **8♦* Présenté RENVERSÉ(*) :** Les démarches ou déplacements sont inutiles ou désagréables ; les rendez-vous annulés. Les décisions sont prises avec retard et manquent de convictions. Présage de brouilles et de tourments. Cette position représente l'instabilité et l'incertitude.

➢ **À RETENIR :** concentrez-vous sur le but fixé, vous en récolterez les fruits !

– Si elle se **présente RENVERSÉE(*),** votre manque de concentration et de conviction nuisent à votre évolution ! Recentrez-vous !

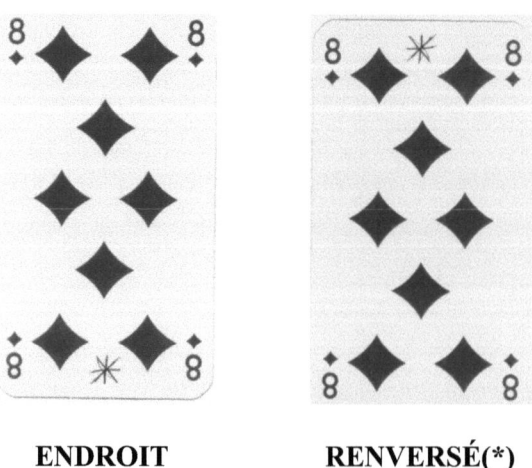

ENDROIT   RENVERSÉ(*)

LES MOTS CLÉS de :
➤ 8♦ = INVITATIONS & DÉMARCHES DIVERSES...
– Les efforts porteront leurs fruits – changement positif (d'habitation, de travail, affectif...)

Ainsi que :
– visite agréable – rencontre imprévue – invitation sympathique – avenir prometteur – facilités d'apprentissage – efforts personnels...

➤ 8♦* = INSTABILITÉ & INCERTITUDES...
– Rendez-vous annulés – baisse d'énergie – manque de conviction et de motivation – visite ennuyeuse – commérages faciles – rencontre peu agréable – dépenses ou frais imprévus...

Ainsi que :
– Vanité – avarice – mariage tardif – intrigues – erreurs...

INTERPRÉTATION DE 8♦ et 8♦*
En fonction du voisinage.
Rappelez-vous que les **cartes de DROITE** sont dites « *NEUTRES* »
ni endroit ni renversé(*)
Mais **symbolisent le SECTEUR** à analyser tel que :

a) avec à sa DROITE un ♥ = *secteur*   **AFFECTIF**
b) avec à sa DROITE un ♣ = ...   **FINANCIER/MATÉRIEL**
c) avec à sa DROITE un ♦ = ...   **PROFESSION/ÉTUDES**
d) avec à sa DROITE un ♠ = ...   **SANTÉ/ÉPREUVES**

a) 8♦ vers un ♥ : aspect AFFECTIF :
– La paix et le bonheur règnent dans toutes les relations (amicales, familiales ou sentimentales). De nouvelles rencontres s'annoncent avec beaucoup de sympathie et les échanges sont harmonieux. Les vœux affectifs seront comblés ! Le changement intervient dans un sens tout à fait positif !

a) 8♦* vers un ♥ : aspect AFFECTIF :
– Les attentes affectives ne sont pas réellement comblées de joie. Un manque d'assurance ou de confiance en soi ne permet pas un épanouissement relationnel. De nouvelles amitiés ou relations n'ont pas d'écho et ne sont que feu de paille. Les vœux affectifs ne seront pas comblés et laisseront le consultant dans un état de solitude pénible. Des commérages peuvent également être préjudiciables !

b) 8♦ vers un ♣ : aspect FINANCIER/MATÉRIEL :
  – En cas de soucis, une solution sera trouvée. Une aide amicale ou familiale permettra de rétablir la situation. Vous retrouverez votre sérénité, mais apprenez à l'avenir à être plus vigilant·e dans votre gestion, ce qui évitera des angoisses inutiles ; et vous ne pourrez pas toujours compter sur des aides providentielles...

b) 8♦* vers un ♣ : aspect FINANCIER/MATÉRIEL :
  – situation financière cause tracasseries dues à frais imprévus... Des pertes sont à craindre. Apprenez à gérer convenablement votre budget si vous ne voulez pas vous retrouver avec des dettes et finir chez votre banquier pour demander un découvert.

c) 8♦ vers un ♦ : aspect PROFESSIONNEL/ÉTUDES :
  – La situation prof. évolue favorablement grâce à aides et soutiens venant de l'extérieur. Un éclaircissement interviendra, accordant plus assurance dans le cadre des activités. Nouvelle position sociale peut être envisagée, car facilitée par une relation puissante.
  – Tous les efforts, la patience, la persévérance permettront d'atteindre les buts fixés et l'évolution est très encourageante.

c) 8♦* vers un ♦ : aspect PROFESSIONNEL/ÉTUDES :
  – La situation professionnelle n'évolue pas, ce qui vous met dans une position de faiblesse. Le manque de confiance en vous nuit à l'avancement. Ne compter sur aucune aide extérieure. Nécessité de remettre de l'ordre dans vos affaires. Démarches sont négatives...

d) 8♦ vers un ♠ : aspect SANTÉ/ÉPREUVES :
  – santé : une visite à un malade en bonne voie de guérison...
  – Concernant les épreuves : les démarches effectuées en vue de solutionner les difficultés actuelles seront couronnées de succès.

d) 8♦* vers un ♠ : aspect SANTÉ/ÉPREUVES :
  – Visite déprimante à un malade ou une personne triste.
  – En ce qui concerne les épreuves, les démarches en vue de solutionner les difficultés actuelles resteront sans résultat.
  – Attention aux commérages, médisances venant « d'amis »...

ꙮ LES CARACTÉRISTIQUES du 7♦ ꙮ
ENDROIT = POSITIF   RENVERSÉ(*) = NÉGATIF

7♦ est la carte symbolisant les petites nouvelles en général.

➤ **Présenté à l'ENDROIT, 7♦** apporte la réussite. Les actions de toutes sortes sont facilitées par une grande maîtrise dans le travail. Force, autorité et énergie sont autant d'atouts qui accompagnent un succès bien mérité. Vos projets doivent se traduire en objectifs clairement définis. La vie apparaît sous un nouvel angle et les espoirs ont de grandes chances d'être comblés.

➤ **Présenté RENVERSÉ(*), 7♦*** précise que toute imprudence aura des retombées désagréables et des ennuis de toutes sortes. N'oubliez pas qu'une mise en garde doit toujours être écoutée !

➤ **À RETENIR :** Cette carte est une mise en garde !
– **À l'ENDROIT** : il ne faut pas perdre, ni vos objectifs de vue, ni votre confiance en l'avenir, vous aurez de bonnes nouvelles !

– **RENVERSÉ(*):** Il faut mettre un frein à votre curiosité et aux sentiments d'envie ou de jalousie. Réfrénez votre colère !

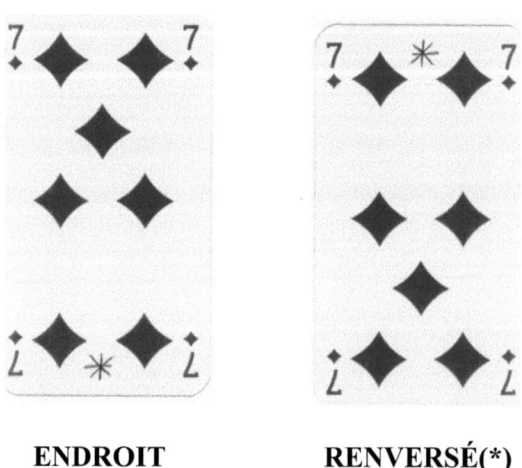

ENDROIT   **RENVERSÉ(*)**

LES MOTS CLÉS de :

➢ 7♦ = PETITES NOUVELLES & PETITES JOIES.

– Vous allez voir la vie sous de meilleurs auspices, et les espoirs ont de grandes chances d'être comblés. Votre attitude bienveillante et positive vous ouvrira de nouveaux horizons.

Ainsi que :

– symbolise l'esprit de décision – recouvrement – recette – obtention d'un prêt – changement positif dans l'entreprise – augmentation d'activité – travail sérieux…

➢ 7♦* = NOUVELLES CONTRARIANTES – COLÈRE.

– Vos sentiments d'envie et de jalousie vous jouent des tours ! Ne laissez pas votre colère vous dominer, soyez moins agressif.ve et négatif.ve, vous éviterez ainsi des ennuis de toutes sortes !

Ainsi que :

– Manque de confiance en soi – travail bâclé – impatience – négligence… Toute imprudence aura des retombées désagréables.

INTERPRÉTATION DE 7♦ et 7♦*
En fonction du voisinage.

Rappelez-vous que les **cartes de DROITE** sont dites « *NEUTRES* » *ni endroit ni renversé(*)*

Mais **symbolisent le SECTEUR** à analyser tel que :
a) avec à sa DROITE un ♥ = *secteur* **AFFECTIF**
b) avec à sa DROITE un ♣ = …. **FINANCIER/MATÉRIEL**
c) avec à sa DROITE un ♦ = …. **PROFESSION/ÉTUDES**
d) avec à sa DROITE un ♠ = …. **SANTÉ/ÉPREUVES**

a) 7♦ vers un ♥ : aspect AFFECTIF :

– La vie affective est marquée d'événements et joies de toutes sortes (nouveau flirt, naissance, amitié nouvelle…) Le bonheur et l'épanouissement affectif sont au rendez-vous. Des réconciliations sont envisageables. Vous savez, malgré les cachotteries du conjoint, accorder votre confiance, ce qui permet une entente et une relation stable…

a) 7♦* vers un ♥ : aspect AFFECTIF :
– Des petites contrariétés liées le plus souvent aux enfants. Des peines ; rien ne va en ce moment ! Votre caractère trop curieux vous joue des tours ! Ne cherchez pas à découvrir les petits secrets des personnes qui vous entourent, faites-leur confiance. Libérez-vous de votre jalousie et vivez les moments affectifs sous d'autres hospices !

b) 7♦ vers un ♣ : aspect FINANCIER/MATÉRIEL :
– Cadeau, petite rentrée inattendue ; la situation financière semble vous procurer de petites joies. La gestion parait sérieuse. L'équilibre est maintenu.

b) 7♦* vers un ♣ : aspect FINANCIER/MATÉRIEL :
– Des difficultés soudaines entraînent une crise matérielle assez sérieuse. Vous avez commis beaucoup d'erreurs par négligence ou manque de réflexion, ce qui a déséquilibré vos finances que vous aurez du mal à redresser. Vous devez envisager des restrictions si vous voulez vous en sortir !

c) 7♦ vers un ♦ : aspect PROFESSIONNEL/ÉTUDES :
– Le SECTEUR pro. est marqué de petites satisfactions d'amour propre. Les événements évoluent dans le sens souhaité. Vous pouvez concrétiser vos projets. Vous devriez pouvoir évincer une personne malveillante chez vos collègues.

c) 7♦* vers un ♦ : aspect PROFESSIONNEL/ÉTUDES :
– Le SECTEUR professionnel est marqué de déceptions et d'ennuis de toutes sortes. La réussite et le succès ne semblent pas possibles dans l'immédiat. Le travail risque d'être préoccupant pour l'avenir et les relations professionnelles ne sont guère encourageantes. Evitez de vous mêler de ce qui ne vous regarde pas !
– Les relations ne sont pas à votre avantage, alors évitez de faire des «vagues». Optez pour la patience et soyez neutre. Voici les seuls conseils qu'il convient de suivre pour éviter le pire !

d) 7♦ vers un ♠ : aspect SANTÉ/ÉPREUVES :
- De bonnes nouvelles concernant la santé.
- En ce qui concerne les épreuves, une réconciliation en cas de brouille... apaisement des différents.
- solution rapide et facile des petits embarras.

d) 7♦* vers un ♠ : aspect SANTÉ/ÉPREUVES :
- Des malaises physiques donneront quelques soucis.
- En ce qui concerne les épreuves : des obstacles, des contretemps, de la jalousie vous empêchent de solutionner les problèmes, ce qui entraîne une bonne colère.

SIGNIFICATION DES CARTES EN ASSOCIATION

LA FAMILLE DES «CARREAUX»

♦

DIX – NEUF – HUIT – SEPT

10♦ EN ASSOCIATION AVEC :

Avec un ♥ = *SECTEUR* **AFFECTIF**

Si ENDROIT :

10♦ ➔ 7♥	☞Changement souhaité ; un voyage espéré.
10♦ ➔ 8♥	☞Voyage sentimental ou vacances agréables.
10♦ ➔ 9♥	☞Retour de l'être aimé.
10♦ ➔ 10♥	☞Vacances en famille, pleines de joie de vivre.
10♦ ➔ VALET♥	☞Rencontre lors d'un voyage ou vacances.
10♦ ➔ CAVAL.♥	☞Rencontre en vue d'union…
10♦ ➔ DAME♥	☞La rencontre de la femme de votre vie.
10♦ ➔ ROI♥	☞La rencontre de l'homme de votre vie.
10♦ ➔ AS♥	☞Retrouvailles après une période de froid !

Si : RENVERSÉ(*) :

10♦* ➔ 7♥	☞Changement espéré en vain.
10♦* ➔ 8♥	☞Vacances sentimentales contrariantes.
10♦* ➔ 9♥	☞Ajournement d'une visite ou d'un retour.
10♦* ➔ 10♥	☞Vacances en famille, contrariantes.
10♦* ➔ VALET♥	☞Remise en question, incertitude.
10♦* ➔ CAVAL.♥	☞Projet de mariage qui n'aboutira pas.
10♦* ➔ DAME♥	☞Projets mariage, annulés ou retardés.
10♦* ➔ ROI♥	☞Projets mariage, annulés ou retardés.
10♦* ➔ AS♥	☞Démarches stériles en vue de réconciliation.

🍀 10♦ EN ASSOCIATION AVEC : 🍀

Avec un ♣ = *SECTEUR* **FINANCIER/MATÉRIEL**

Si ENDROIT :

10♦ ➔ 7♣	☞Amélioration financière.
10♦ ➔ 8♣	☞Voyage destiné à régler des affaires.
10♦ ➔ 9♣	☞Déplacement professionnel fructueux.
10♦ ➔ 10♣	☞Vous montez en grade !
10♦ ➔ VALET♣	☞Déplacement universitaire ou professionnel.
10♦ ➔ CAVAL.♣	☞Solution rapide pour d'éventuels tracas !
10♦ ➔ DAME♣	☞Réussite matérielle pour une femme.
10♦ ➔ ROI♣	☞Réussite matérielle pour un homme.
10♦ ➔ AS♣	☞Résultat heureux pour démarches argent.

Si : RENVERSÉ(*)

10♦* ➔ 7♣	☞N'envisagez aucune dépense superflue !
10♦* ➔ 8♣	☞Démarches décevantes question argent !
10♦* ➔ 9♣	☞Demande de crédit rejetée.
10♦* ➔ 10♣	☞Promotion prévue pas encore confirmée.
10♦* ➔ VALET♣	☞Déplacements difficiles, faute de moyens.
10♦* ➔ CAVAL.♣	☞Tracas financiers immédiats.
10♦* ➔ DAME♣	☞Gros tracas financiers pour une femme.
10♦* ➔ ROI♣	☞Il a Grosses tracasseries financières.
10♦* ➔ AS♣	☞Résultats décevants concernant finances.

10♦ EN ASSOCIATION AVEC :

Avec un ♦ = *SECTEUR* **PROFESSIONNEL/ÉTUDES**

Si ENDROIT :

10♦ ➔ 7♦	☞Des changements positifs s'annoncent.
10♦ ➔ 8♦	☞Déplacements professionnels satisfaisants.
10♦ ➔ 9♦	☞Réglez les affaires en cours avant autre chose.
10♦ ➔ VALET♦	☞Mutation souhaitée et rapide.
10♦ ➔ CAVAL.♦	☞Vos démarches seront couronnées de succès.
10♦ ➔ DAME♦	☞Vous serez débarrassé·e d'une malveillante.
10♦ ➔ ROI♦	☞Une rencontre importante en vue d'un emploi.
10♦ ➔ AS♦	☞Contrat important lors d'un voyage d'affaires.

Si : RENVERSÉ(*)

10♦* vers 7♦	☞Manquer de confiance en soi nuit à l'évolution.
10♦* ➔ 8♦	☞Déplacement professionnel contrariant.
10♦* ➔ 9♦	☞Retards, contretemps dans affaires - recherches
10♦* ➔ VALET♦	☞Déception pour une mutation.
10♦* ➔ CAVAL.♦	☞Soucis liés à un déménagement...
10♦* ➔ DAME♦	☞Vous serez harcelé·e par malveillante.
10♦* ➔ ROI♦	☞Sans résultat favorable en vue d'un emploi.
10♦* ➔ AS♦	☞Contrariétés dans les affaires, contrat annulé...

10♦ EN ASSOCIATION AVEC :

Avec un ♠ = *SECTEUR* **SANTÉ/ÉPREUVES**

Si ENDROIT :

10♦ → 7♠	☞Mutation acceptée.
10♦ → 8♠	☞trajets pour santé – bons résultats.
10♦ → 9♠	☞Rémission totale – maladie vaincue,
10♦ → 10♠	☞Signature contrat pro, décision favorable
10♦ → VALET♠	☞Arrangements des difficultés de famille.
10♦ → CAVAL.♠	☞Un militaire monte en grade.
10♦ → DAME♠	☞Weekend ou courtes vacances en solitaire.
10♦ → ROI♠	☞Succès lors d'un procès éventuel.
10♦ → AS♠	☞Projet de déplacement à l'étranger se précise.

Si : RENVERSÉ(*)

10♦* → 7♠	☞Demande de mutation refusée.
10♦* → 8♠	☞Voyage imposé par de gros ennuis.
10♦* → 9♠	☞Attention aux dangers de la route.
10♦* → 10♠	☞Rupture contrat prof, décision défavorable.
10♦* → VALET♠	☞Difficultés de famille dues à la jalousie.
10♦* → CAVAL.♠	☞Tracasseries concernant un militaire.
10♦* → DAME♠	☞Difficultés déprimantes de famille.
10♦* → ROI♠	☞Le résultat d'un procès vous rend triste.
10♦* → AS♠	☞Un projet de déplacement à l'étranger annulé.

9♦ EN ASSOCIATION AVEC :

Avec un ♥ = *SECTEUR* **AFFECTIF**

Si ENDROIT :

9♦ ➔ 7♥	☞Grossesse désirée qui se fait attendre.
9♦ ➔ 8♥	☞Restez calme, laissez le temps faire son effet.
9♦ ➔ 9♥	☞Problèmes amoureux, amitiés contrariées.
9♦ ➔ 10♥	☞Invitation ou soirée remise.
9♦ ➔ VALET♥	☞Ne comptez que sur vous-même !
9♦ ➔ CAVAL.♥	☞Un espoir trompeur, déception en vue.
9♦ ➔ DAME♥	☞Femme en qui vous aviez foi vous decevra.
9♦ ➔ ROI ♥	☞Homme en qui vous aviez foi se révèlera faux.
9♦ ➔ AS ♥	☞Ne vous fiez pas à autrui pour vous sortir d'une mauvaise passe.

Si : RENVERSÉ(*)

9♦*➔ 7♥	☞Risque de stérilité.
9♦*➔ 8♥	☞Cette relation est un échec !
9♦*➔ 9♥	☞Brouille prolongée entre parents et amis.
9♦*➔ 10♥	☞Invitation ou soirée annulée.
9♦*➔ VALET♥	☞Vous serez très déçu·e par nouvelle relation
9♦* ➔ CAVAL.♥	☞Vous vous sentirez trahi·e, abusé·e...
9♦*➔ DAME♥	☞Chagrin prolongé causée par femme.
9♦*➔ ROI♥	☞Chagrin prolongé causée par homme.
9♦*➔ AS♥	☞Situation peu harmonieuse, problèmes avec les proches.

❧ 9♦ EN ASSOCIATION AVEC : ❧

Avec un ♣ = *SECTEUR* **FINANCIER/MATÉRIEL**

Si ENDROIT :

9♦ ➔ 7♣	☞Rentrée d'argent difficile.
9♦ ➔ 8♣	☞Réalisation d'une affaire différée.
9♦ ➔ 9♣	☞Obstacles à obtenir la somme dont on a besoin.
9♦ ➔ 0♣	☞L'argent a du mal à rentrer... Affaires difficiles.
9♦ ➔ VALET♣	☞Passage difficile, tracasseries financières.
9♦ ➔ CAVAL.♣	☞Les promesses ne sont pas tenues.
9♦ ➔ DAME♣	☞Elle aura quelques incidents de parcours.
9♦ ➔ ROI♣	☞Il aura quelques incidents de parcours.
9♦ ➔ AS ♣	☞Avec de la persévérance, vous vaincrez !

Si : RENVERSÉ(*)

9♦*➔ 7♣	☞Difficultés financières.
9♦*➔ 8♣	☞Pertes commerciales.
9♦*➔ 9♣	☞Grosses tracasseries d'argent.
9♦*➔ 10♣	☞Chèques impayés, risque dépôt bilan, faillite...
9♦*➔ VALET♣	☞Vous aurez l'impression d'être dans une impasse.
9♦*➔ CAVAL.♣	☞Le budget est dangereusement déstabilisé.
9♦*➔ DAME♣	☞Elle aura du mal à faire face.
9♦*➔ ROI♣	☞Il aura du mal à faire face.
9♦*➔ AS♣	☞Malgré vos efforts, bout du tunnel encore loin.

9♦ EN ASSOCIATION AVEC :

Avec un ♦ = *SECTEUR* **PROFESSIONNEL/ÉTUDES**

Si ENDROIT :
- 9♦ ➔ 7♦   ☞ Colère, prise de bec, contretemps fâcheux.
- 9♦ ➔ 8♦   ☞ Entraves, embûches dans le travail.
- 9♦ ➔ 10♦   ☞ Difficultés pour finaliser des démarches.
- 9♦ ➔ VALET♦   ☞ Incertitude concernant nouvelle espérée.
- 9♦ ➔ CAVAL.♦   ☞ Rien n'évolue comme vous l'espériez !
- 9♦ ➔ DAME♦   ☞ Méfiez-vous des cancans…
- 9♦ ➔ ROI♦   ☞ Difficultés pour trouver un emploi.
- 9♦ ➔ AS♦   ☞ Une lettre égarée.

Si : RENVERSÉ(*)
- 9♦*➔ 7♦   ☞ Contrôlez vos paroles.
- 9♦*➔ 8♦   ☞ Candidature rejetée, risque de perte emploi.
- 9♦*➔ 10♦   ☞ Projet contrarié, voyage annulé, difficultés…
- 9♦*➔ VALET♦   ☞ Échec à un concours, un examen.
- 9♦*➔ CAVAL.♦   ☞ Toutes vos démarches sont bloquées.
- 9♦*➔ DAME♦   ☞ Bavardages entraînant répercussions...
- 9♦*➔ ROI♦   ☞ Obstacles majeurs dans job, gênent progrès.
- 9♦*➔ AS ♦   ☞ Gros soucis à cause d'un document perdu.

9♦ EN ASSOCIATION AVEC :

Avec un ♠ = *SECTEUR* **SANTÉ/ÉPREUVES**

Si ENDROIT :

9♦ → 7♠	☞Obstacles, contretemps.
9♦ → 8♠	☞Vous voyez tout en noir.
9♦ → 9♠	☞Séparation irréversible.
9♦ → 10♠	☞Il faut être patient·e.
9♦ → VALET♠	☞Séparation.
9♦ → CAVAL.♠	☞Un retard préjudiciable, perte de procès.
9♦ → DAME♠	☞Nouvelle d'une rupture.
9♦ → ROI♠	☞Problèmes de papiers, juridique/administratif
9♦ → AS♠	☞Les épreuves permettent parfois d'y voir plus clair !

Si : RENVERSÉ(*)

9♦*→ 7♠	☞Obstacles importants, voie sans issue.
9♦*→ 8♠	☞Dépression nerveuse, tentative de suicide...
9♦*→ 9♠	☞Maladie incurable, décès d'un proche.
9♦*→ 10♠	☞Une nouvelle pénible, un divorce mal vécu...
9♦*→ VALET♠	☞Séparation suivie d'un divorce.
9♦*→ CAVAL.♠	☞Gros problèmes avec la loi, emprisonnement...
9♦*→ DAME♠	☞Un divorce, un veuvage.
9♦*→ ROI♠	☞Justice contre vous, visite d'un huissier...
9♦*→ AS♠	☞Vous retombez dans les mêmes erreurs passées.

8♦ EN ASSOCIATION AVEC :

Avec un ♥ = SECTEUR **AFFECTIF**

Si ENDROIT :

8♦ ➔ 7♥	☞Baptême ou réunion familiale ou amicale.
8♦ ➔ 8♥	☞Rencontre affective pouvant porter ses fruits.
8♦ ➔ 9♥	☞Projets de famille.
8♦ ➔ 10♥	☞Un rendez-vous amoureux.
8♦ ➔ VALET♥	☞ Rencontre affective pouvant porter ses fruits.
8♦ ➔ CAVAL.♥	☞Aventures, nouvel amour, nouvelles amitiés.
8♦ ➔ DAME♥	☞Une liaison amoureuse.
8♦ ➔ ROI♥	☞Une liaison amoureuse.
8♦ ➔ AS♥	☞Bonne entente familiale.

Si : RENVERSÉ(*)

8♦* ➔ 7♥	☞Un de vos proches a des soucis.
8♦* ➔ 8♥	☞Vous n'arrivez pas à exprimer vos sentiments.
8♦* ➔ 9♥	☞Aventures à répétition.
8♦* ➔ 10♥	☞Projets familiaux annulés.
8♦* ➔ VALET♥	☞Vous n'arrivez pas à exprimer vos sentiments.
8♦* ➔ CAVAL.♥	☞Aventure sans suite, déception amoureuse.
8♦* ➔ DAME♥	☞Grain de sable dans une liaison amoureuse.
8♦* ➔ ROI♥	☞Grain de sable dans une liaison amoureuse.
8♦* ➔ AS♥	☞Terrain d'entente difficile à trouver.

8♦ EN ASSOCIATION AVEC :

Avec un ♣ = *SECTEUR* **FINANCIER/MATÉRIEL**

Si ENDROIT :

8♦ → 7♣	☞Petites rentrées d'argent, petits gains aux jeux.
8♦ → 8♣	☞Terrain d'accord trouvé.
8♦ → 9♣	☞Vous cherchez à évoluer professionnellement.
8♦ → 10♣	☞Bonne évolution financière, héritage possible.
8♦ → VALET♣	☞La gestion semble rigoureuse.
8♦ → CAVAL.♣	☞Tentez votre chance aux jeux.
8♦ → DAME♣	☞Apportera son aide, son soutien si besoin est.
8♦ → ROI♣	☞Apportera son aide, son soutien si besoin est.
8♦ → AS♣	☞Des jours meilleurs se profilent à l'horizon.

Si : RENVERSÉ(*)

8♦* → 7♣	☞ Pertes d'argent, ce n'est pas le moment de jouer.
8♦* → 8♣	☞Vous n'arrivez pas à trouver un accord.
8♦* → 9♣	☞Vous manquez de motivation.
8♦* → 10♣	☞Mauvaise gestion, les dettes s'amoncellent.
8♦* → VALET♣	☞Surveillez vos comptes de prés.
8♦* → CAVAL.♣	☞Fuyez les casinos et les terrains de jeux.
8♦* → DAME♣	☞Vous ne pourrez pas compter sur son aide …
8♦* → ROI♣	☞Vous ne pourrez pas compter sur son aide…
8♦* → AS♣	☞Encore des jours difficiles à prévoir.

8♦ EN ASSOCIATION AVEC :

Avec un ♦ = *SECTEUR* **PROFESSIONNEL/ÉTUDES**

Si ENDROIT :

- 8♦ ➔ 7♦ — ☞Bonnes nouvelles concernant un projet.
- 8♦ ➔ 9♦ — ☞Efforts et patience porteront leurs fruits.
- 8♦ ➔ 10♦ — ☞Voyage ou déménagement se profile…
- 8♦ ➔ VALET ♦ — ☞Candidat. retenue, succès examens, Concours.
- 8♦ ➔ CAVAL.♦ — ☞Aide et soutien venant de l'extérieur.
- 8♦ ➔ DAME♦ — ☞Rencontre imprévue.
- 8♦ ➔ ROI♦ — ☞Entretien positif en vue d'un emploi.
- 8♦ ➔ AS♦ — ☞L'arrivée d'une lettre qui vous fera plaisir.

Si : RENVERSÉ(*)

- 8♦* ➔ 7♦ — ☞Déception pour un projet qui n'aboutira pas.
- 8♦* ➔ 79♦ — ☞Requêtes stériles, démarches négatives.
- 8♦* ➔ 710♦ — ☞Vos projets de départ sont repoussés.
- 8♦* ➔ 7VALET♦ — ☞Candidature rejetée, examen à repasser…
- 8♦* ➔ 7CAVAL.♦ — ☞Aucune aide, ne comptez que sur vous-même !
- 8♦* ➔ 7DAME♦ — ☞Rencontre imprévue ou visite désagréable.
- 8♦* ➔ 7ROI♦ — ☞Entretien négatif en vue d'un emploi.
- 8♦* ➔ 7 AS♦ — ☞L'arrivée d'une lettre vous perturbera !

8♦ EN ASSOCIATION AVEC :

Avec un ♠ = *SECTEUR* **SANTÉ/ÉPREUVES**

Si ENDROIT :

8♦ → 7♠	☞Les choses s'arrangeront rapidement.
8♦ → 8♠	☞Bonnes nouvelles concernant la santé.
8♦ → 9♠	☞Solution trouvée à un gros problème !
8♦ → 10♠	☞Une solution immédiate.
8♦ → VALET♠	☞Triomphe, malgré les tentatives de nuisance!
8♦ → CAVAL.♠	☞Démarches réussies pour surmonter obstacles.
8♦ → DAME♠	☞Soutien avisé d'une femme de l'administration.
8♦ → ROI♠	☞Aide judicieuse d'un homme de Loi …
8♦ → AS♠	☞Bonnes nouvelles au sujet d'une affaire juridique...

Si : RENVERSÉ(*)

8♦* → 77♠	☞Rien ne s'arrange aussi vite qu'espéré.
8♦* → 78♠	☞Nouvelles contrariantes concernant la santé.
8♦* → 79♠	☞Grosses tracasseries sans solution immédiate.
8♦* → 710♠	☞Prenez votre mal en patience !
8♦* → 7VALET♠	☞ tout est mis en œuvre pour freiner vos projets.
8♦* → 7CAVAL.♠	☞Démarches sans résultat dans l'immédiat.
8♦* → 7DAME♠	☞N'attendez aucun secours, aucune aide.
8♦* → 7ROI♠	☞Tracas administratifs ou juridiques.
8♦* → 7AS♠	☞Rebondissements non souhaités dans une affaire de justice.

7♦ EN ASSOCIATION AVEC :

Avec un ♥ = *SECTEUR* **AFFECTIF**

Si ENDROIT :

7♦ → 7♥	☞Naissance annoncée (fille).
7♦ → 8♥	☞Amitiés nouvelles.
7♦ → 9♥	☞Un mieux se profile dans votre relation.
7♦ → 10♥	☞Réunion familiale joyeuse et harmonieuse.
*7♦ → VALET♥	☞Nouvelle rencontre amoureuse.
7♦ → CAVAL.♥	☞Il est décidé de vous mettre la bague au doigt.
7♦ → DAME♥	☞Consolidation du lien conjugal.
7♦ → ROI♥	☞Consolidation du lien conjugal..
7♦ → AS♥	☞Agrément concernant une nouvelle «arrivée» (famille).

Si : RENVERSÉ(*)

7♦* → 7♥	☞Imprévu, grossesse non désirée ou retardée...
7♦* → 8♥	☞Contrariétés amicales.
7♦* → 9♥	☞Orage dans votre relation amoureuse.
7♦* → 10♥	☞Querelle en pleine réunion familiale.
7♦* → VALET♥	☞Petits contretemps dans nouvelle rencontre.
7♦* → CAVAL.♥	☞Il revient sur sa décision.
7♦* → DAME♥	☞Une femme très irritée.
7♦* → ROI♥	☞un homme très irrité.
7♦* → AS♥	☞Il y a de l'eau dans le gaz à la maison.

♣ 7♦ EN ASSOCIATION AVEC : ♣

Avec un ♣ = *SECTEUR* **FINANCIER/MATÉRIEL**

Si ENDROIT :

7♦ ➔ 7♣	☛ Annonce une naissance (garçon).
7♦ ➔ 8♣	☛ Cadeau ou somme d'argent à recevoir.
7♦ ➔ 9♣	☛ Un accord financier sera trouvé.
7♦ ➔ 10♣	☛ Aide financière, obtention d'un prêt.
7♦ ➔ VALET♣	☛ Très sérieux dans sa gestion.
7♦ ➔ CAVAL.♣	☛ Une nette amélioration financière.
7♦ ➔ DAME♣	☛ Saura vous sortir d'embarras si besoin est…
7♦ ➔ ROI♣	☛ Saura vous sortir d'embarras si besoin est…
7♦ ➔ AS♣	☛ L'équilibre sera maintenu.

Si : RENVERSÉ(*)

7♦* ➔ 7♣	☛ Annonce contrariétés au sujet d'un enfant.
7♦* ➔ 8♣	☛ Cadeau à faire, argent à rembourser.
7♦* ➔ 9♣	☛ Tracas financiers, aucun accord possible.
7♦* ➔ 10♣	☛ Disputes à propos d'argent.
7♦* ➔ VALET♣	☛ Aura des tracasseries financières.
7♦* ➔ CAVAL.♣	☛ Une restriction financière est à prévoir.
7♦* ➔ DAME♣	☛ Prise de bec avec femme à cause d'argent.
7♦* ➔ ROI♣	☛ Prise de bec avec homme à cause d'argent.
7♦* ➔ AS♣	☛ Pour vous en sortir, il faut réfléchir davantage et réagir !

7♦ EN ASSOCIATION AVEC :

Un ♦ = *SECTEUR* PROFESSIONNEL/ÉTUDES

Si ENDROIT :

7♦ ➜ 8♦	☞Bonne nouvelle au sujet de démarche pro..
7♦ ➜ 9♦	☞Bonne évolution malgré les contretemps.
7♦ ➜ 10♦	☞Vous pourrez concrétiser vos projets divers.
7♦ ➜ VALET♦	☞Réussite examens, satisfaction dans travail.
7♦ ➜ CAVAL.♦	☞Bonne nouvelle pour changement souhaité.
7♦ ➜ DAME♦	☞Vous évincerez une personne malveillante.
7♦ ➜ ROI♦	☞Bonne nouvelle d'un parent éloigné.
7♦ ➜ AS♦	☞Joie à la suite d'une réception de lettre.

Si : RENVERSÉ(*)

7♦* ➜ 8♦	☞Déceptions pour démarches pro.
7♦* ➜ 9♦	☞Contretemps qui vous irriteront.
7♦* ➜ 10♦	☞Grosses tracasseries professionnelles.
7♦* ➜ VALET♦	☞contrainte liée à un examen, concours...
7♦* ➜ CAVAL.♦	☞Soyez patient·e et tolérant·e !
7♦* ➜ DAME♦	☞Cancans et ouï-dire qui vous irriteront !
7♦* ➜ ROI♦	☞Relations pro. sont décevantes.
7♦* ➜ AS♦	☞Réception d'un courrier préoccupant.

7♦ EN ASSOCIATION AVEC :

Avec un ♠ = *SECTEUR* SANTÉ/ÉPREUVES

Si ENDROIT :

7♦ → 7♠	☞Une bonne nouvelle, une issue à un problème.
7♦ → 8♠	☞Bonne nouvelle concernant la santé.
7♦ → 9♠	☞Réconciliation en cas de brouille.
7♦ → 10♠	☞Une bonne nouvelle dans l'immédiat.
7♦ → VALET♠	☞Apaisement de différents.
7♦ → CAVAL.♠	☞Homme en uniforme transmet b. nouvelles.
7♦ → DAME♠	☞Réconciliation, une bonne décision de prise.
7♦ → ROI♠	☞Bonne nouvelle pour affaire juridique.
7♦ → AS♠	☞Une joie suite à une proposition.

Si : RENVERSÉ(*)

7♦* → 7♠	☞Vous serez très irritable.
7♦* → 8♠	☞Quelques soucis liés à des malaises.
7♦* → 9♠	☞Une nouvelle désagréable.
7♦* → 10♠	☞Une nouvelle contrariante imminente.
7♦* → VALET♠	☞On dira de vilaines choses derrière votre dos.
7♦* → CAVAL.♠	☞Une colère violente venant d'un homme.
7♦* → DAME♠	☞Des doutes angoissants.
7♦* → ROI♠	☞Mauvaises nouvelles au sujet d'affaire en cours.
7♦* → AS♠	☞Colère concernant proposition sans suite ; fausse promesse...

DEVOIR N° 03

À partir de ce que vous avez appris dans la partie 02 du chapitre 2,

réalisez les exercices du devoir 03.

Pour les lecteurs utilisant une tablette, liseuse, PC…les exercices imprimables de ce devoir 03 peuvent être téléchargés en version PDF en cliquant sur le lien ci-dessous :

Télécharger la fiche d'exercices (PDF)

(Le fichier peut s'ouvrir ou se télécharger selon votre appareil.)

DEVOIR 03

❧❦

Essayez d'établir une voyance basée sur
➢ **LE SECTEUR PROFESSIONNEL UNIQUEMENT !**
A/ que faut-il envisager comme interprétation ?
B/ quels conseils leur donner ?
(* = cartes renversées)
<u>1ʳ cas :</u>
Un jeune homme brun 20/25 ans à la recherche d'un emploi...

➢ **RANGÉE <u>*PARLANTE*</u> :**   ➢ **RANGÉE <u>*NEUTRE*</u> :**

AS♥*	DAME♥
VALET♠	CAVALIER♦
10♠*	10♣
AS♦*	VALET♣*
7♦*	DAME♦
9♠	VALET♥*
ROI♣*	CAVALIER♣

136

2ᵉ cas
Un homme 30/35 ANS qui travaille depuis quelques années dans la même entreprise.

➢ RANGÉE *PARLANTE :*	➢ RANGÉE *NEUTRE :*
8♣*	9♥
VALET♣*	DAME♣*
8♦	VALET♠
7♦*	AS♦*
VALET♦	ROI♦*
10♣	7♥
DAME♥	CAVALIER♦

Pour les lecteurs utilisant une tablette, liseuse, PC…

Les CORRIGÉS (D.03 & D.04) de ce CHAPITRE 2

peuvent être téléchargés en version PDF
en cliquant sur le lien ci-dessous

Télécharger la fiche de corrigés (PDF)

(Le fichier peut s'ouvrir ou se télécharger selon votre appareil.)

***(Pour les lecteurs papier…
retrouvez les corrigés au chapitre 7)***

CHAPITRE 3

LES « TRÈFLES » ♣

MÉMO CARTES À JOUER

MOTS CLÉS (utiles à la **COUPE**, *entre autres…*)
**LES ♣ = l'été – la campagne – milieu de la journée
– l'adolescence.**

AS♣ = CHANCE & RÉUSSITE TOUS SECTEURS !
– Triomphe sur : rivalités, concurrences, événements négatifs... succès
– Déblocage d'une mauvaise situation – rapports harmonieux…

AS♣∗ = DEMI SUCCÈS – TRIOMPHE RETARDÉ ou MOINS IMPORTANT QU'ESPÉRÉ !
– Le manque de confiance en ses capacités ne permet pas d'obtenir une satisfaction totale sur les événements. Le but n'est pas atteint par faute de décision ou de réaction trop lente.

ROI♣ = SYMPATHIE – BONS CONSEILS.
– Soutiens – aide – personnage fidèle, généreux et de toute confiance.

ROI♣∗ = PEU FIABLE – PEU COURAGEUX.
– Ne pas compter sur son aide ou soutien. – Peut rencontrer des désagréments professionnels, financiers, affectifs... Facilement influençable.

DAME♣ = FEMME DE BONS CONSEILS & DYNAMIQUE.
– Sait garder sa place ; disponible en cas de besoin, sait écouter et guider. Personne dynamique, infirmière énergique...

DAME♣∗ = FEMME ÉGOÏSTE & HYPOCRITE.
– Calculatrice et intéressée. De mauvais conseils. – Peut rencontrer des difficultés familiales, professionnelles, financières...

CAVALIER♣ = CHANGEMENTS – ACTIONS FAVORABLES ou SOUHAITÉES.
– Changement de situation ou d'attitude – une mutation – une solution inattendue – un projet qui se concrétise – un déménagement – un voyage...

CAVALIER♣* = CHANGEMENTS
– MOUVEMENTS DÉFAVORABLES ou NON SOUHAITES.
– Bouleversements des projets – rupture – séparation – stagnation – un éloignement – un départ – une disparition...

VALET♣ = JEUNE HOMME DÉGOURDI & SÉRIEUX.
– Bonne nouvelle d'un parent proche – jeune homme de bonne famille – de bel avenir – collègue serviable et franc – collaborateur actif et sérieux – ami sûr et discret...

VALET♣* = JEUNE HOMME INDÉCIS & PRODIGUE.
– Manque de maturité – de loyauté – ami peu sûr et indiscret – collègue hypocrite... Jeune homme traversant une passe difficile en amour, travail, finances, santé...

10♣ = SOMME D'ARGENT IMPORTANTE À RECEVOIR.
– Donation – succès aux jeux – en affaires – héritage – procès gagné...
– Réussite grâce à la combativité et le courage de s'investir. Le succès est assuré grâce au désir de vaincre les obstacles. Changement positif si souhaité.

10♣* = SOMME D'ARGENT IMPORTANTE À DÉBOURSER.
– Perte en bourses, aux jeux, de procès. Déception pour héritage...
– Il faut oser affronter les rivalités, les obstacles avec obstination et sang-froid. Tout est encore possible mais à condition d'être fort. Un passage difficile à surmonter mais d'où on peut en sortir fortifié·e. COURAGE !

9♣ = SOMME D'ARGENT À RECEVOIR.
– Cadeau ou argent remis par la famille – petit héritage – avancement emploi – gain aux jeux ou à la suite d'un litige. Habitat à la campagne. Les obstacles peuvent être surmontés grâce au courage. Victoire sur les événements – capacité de résoudre les problèmes – le bout du tunnel n'est pas loin – la maison longtemps cherchée !

9♣* = SOMME D'ARGENT À DÉBOURSER.
– Cadeau de mariage ou autre à faire – perte aux jeux – de procès – déception pour promotion – débours pour santé – des obstacles à surmonter – quelques inconvénients financiers – épreuves, mais qui peuvent être surmontées – tromperies,

8♣ = BONNE PENSÉE D'UNE FEMME BRUNE.
– Toute forme d'union ou d'association sera favorable. Les attentes devraient être récompensées... Vie rurale ; à la ferme, un déménagement à la campagne...

8♣* = MAUVAISE PENSÉE D'UNE FEMME BRUNE.
– Personne intéressée – besoin d'argent – ne cherche qu'à vous exploiter... désillusions – chagrins.
– La chance n'est pas au RDV. Attention aux rencontres intéressées.
– Personne n'aimant pas vivre à la campagne.

7♣ = JEUNE ENFANT – 14 ANS – CADEAUX – PETITE SOMME D'ARGENT À RECEVOIR.
– Petits gains aux jeux – cadeaux – petite promotion – petits succès... Situation financière équilibrée – bonne évolution des affaires ou professionnelle. – Amitié nouvelle qui apporte réconfort – vacances prochaines...

7♣* = CADEAU À FAIRE – SOMME D'ARGENT À DONNER.
– Quelques difficultés pour faire face aux problèmes – quelques problèmes juridiques ou administratifs – commérages – désillusions conflits – doutes – un embarras – Un enfant illégitime.

1ʳᵉ PARTIE

Famille Des TRÈFLES

♣

SIGNIFICATION de CHAQUE CARTE

AS – ROI – DAME – CAVALIER – VALET

Ils symbolisent :

- L'été
- Le milieu de la journée
- La campagne
- L'adolescence

LES CARACTÉRISTIQUES de l'AS♣
ENDROIT = POSITIF   RENVERSÉ(*) = NÉGATIF

**AS♣ est la carte symbolisant
La chance et la réussite en tous SECTEURS.**

➢ **Présenté à l'ENDROIT, AS♣** symbolise un heureux présage de réussite, de chance, de joie. Il annonce des gains, un don inattendu, un héritage, la concrétisation d'une entreprise commerciale ou d'une spéculation bénéfique, ainsi que des rapports affectifs harmonieux. Il indique aussi de bonnes nouvelles à même de débloquer soudainement une situation stagnante.

➢ **Présenté RENVERSÉ, AS♣*** laisse craindre des difficultés et des retards qui seront toutefois de courte durée. Il peut faire référence également à une lettre déplaisante, à un plaisir contrarié, à une perte d'argent, à une dette, à un bonheur passager à saisir au vol.

➢ **À RETENIR :** Cette carte symbolise le SUCCÈS et le TRIOMPHE sur les événements ! Vous saurez vaincre tous les obstacles et atteindre votre objectif...

– <u>Si est représentée à **l'ENVERS(*)**,</u> le TRIOMPHE est différé, vous manquez de confiance en vos capacités, ce qui ne vous permet pas surmonter tous les obstacles ; vos réactions sont trop lentes et vous mènent à la défaite !

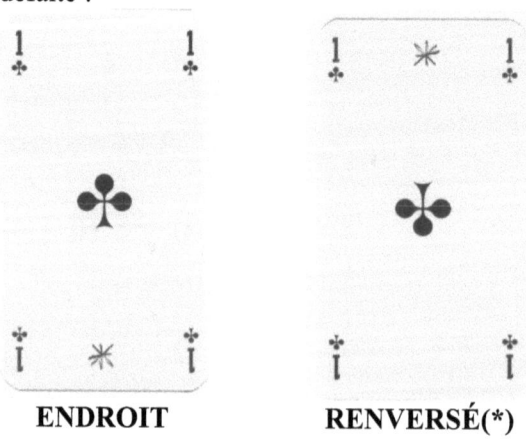

ENDROIT   **RENVERSÉ(*)**

LES MOTS CLÉS de :

➢ AS♣ = TRIOMPHE RAPIDE ET COMPLET.

– Réussite dans toutes les entreprises professionnelles – nouvelles idées – avantage matériel et moral – profits considérables – triomphe sur tout – commandement – aide sûre – affirmation – famille – fortune.

➢ AS♣* = TRIOMPHE RETARDE OU INCOMPLET.

– Obstacle – objectif non atteint – but difficile à atteindre – abandon d'un projet – faillite – chute – ruine – erreur – manque d'idées, de confiance en soi.

INTERPRÉTATION DE l'AS♣ et l'AS♣*
En fonction du voisinage.
Rappelez-vous que les **cartes de DROITE** sont dites « *NEUTRES* »
ni endroit ni renversé(*)
Mais **symbolisent le SECTEUR** à analyser tel que :
a) avec à sa DROITE un ♥ = *secteur*   AFFECTIF
b) avec à sa DROITE un ♣ = ….   FINANCIER/MATÉRIEL
c) avec à sa DROITE un ♦ = ….   PROFESSION/ÉTUDES
d) avec à sa DROITE un ♠ = ….   SANTÉ/ÉPREUVES

a) AS♣ vers un ♥ : aspect AFFECTIF :
– Les échanges affectifs sont marqués d'accord harmonieux, de bonne entente et de bien-être.
– Vous devriez trouver amour et bonheur. Toutes les relations (amicales, familiales, sentimentales) seront protégées. Si des préoccupations surgissent, elles seront balayées.
– De nouvelles rencontres sont possibles ainsi qu'un voyage en amoureux.

a) AS♣* vers un ♥ : aspect AFFECTIF :
– Les contraintes sont nombreuses et les contraintes un peu lourdes à vivre. Il ne faut pas oublier que le bonheur affectif passe par l'acceptation des concessions. Cela peut se manifester par des obligations qui ne vous réjouissent guère !

b) AS♣ vers un ♣ : aspect FINANCIER/MATÉRIEL :
– Les préoccupations financières deviennent inutiles, car la situation progresse rapidement. Des circonstances heureuses viendront vous rassurer et affirmer la sécurité matérielle.
– Des réalisations de grandes envergures peuvent être envisagées, car les capitaux sont sous protection bénéfique.

b) AS♣* vers un ♣ : aspect FINANCIER/MATÉRIEL :
– Des dépenses importantes peuvent mettre dans l'embarras. Beaucoup d'efforts vous seront demandés pour maintenir l'équilibre budgétaire, mais ces derniers seront salutaires.

c) AS♣ vers un ♦ : aspect PROFESSIONNEL/ÉTUDES :
– Vous êtes en bonne place pour tirer votre épingle du jeu et une belle réussite s'offre à vous. Les projets de grande envergure sont voués à la réussite. Tous les obstacles que vous rencontrerez seront vaincus.

c) AS♣* vers un ♦ : aspect PROFESSIONNEL/ÉTUDES :
– La réussite est retardée par des contraintes extérieures à la vie quotidienne.
– Certaines obligations envers l'entourage sont indispensables et nécessaires si vous souhaitez atteindre une bonne position sociale.

d) AS♣ vers un ♠ : aspect SANTÉ/ÉPREUVES :
– La santé est excellente et le moral au beau fixe. S'il y avait des problèmes, vous en triompherez.
– En ce qui concerne les épreuves, le triomphe s'annonce sur toutes les difficultés même sur le mauvais sort...

d) AS♣* vers un ♠ : aspect SANTÉ/ÉPREUVES :
– Petite baisse d'énergie avec petits coups de déprime sans gravité.
– En ce qui concerne les épreuves, le triomphe est retardé, par manque de foi.

LES CARACTÉRISTIQUES du ROI♣
ENDROIT = POSITIF   RENVERSÉ(*) = NÉGATIF

ROI♣ est la carte représentant un homme agréable, sympathique, de bons conseils...

➢ **ROI♣ Présenté à L'ENDROIT,** annonce des aides, des soutiens, des bons conseils qui vous aideront dans la réussite d'une entreprise, d'un projet. (Des appuis pour un prêt ou un changement de situation). La bonne conclusion d'une affaire, un procès gagné, une guérison longtemps attendue.

➢ **ROI♣ Présenté RENVERSÉ(*),** suggère un homme bon, bien disposé, mais qui a actuellement des problèmes (maladie ou autre), et qui ne vous sera d'aucune aide dans l'immédiat.

➢ <u>**À RETENIR**</u> : Un homme dans votre entourage est prêt à vous aider et vous prodiguer des conseils avisés.

– Si la carte est **RENVERSÉE(*),** ne prenez pas tous les conseils donnés à la lettre. N'attendez aucune aide de sa part !

ENDROIT   RENVERSÉ(*)

LES MOTS CLÉS DU :

➤ ROI♣ = SYMPATHIE – BONS CONSEILS.

– Représente un homme plutôt brun, + de 40 ans, souvent marié. Peut prendre les traits d'un mari, du père, du frère, du fils, d'un ami fidèle.

Ainsi que :
– Homme honnête – travailleur – bienveillant – un employeur indulgent – un banquier tolérant.

➤ ROI♣* = PEU FIABLE – PEU COURAGEUX.

– Un infidèle – pas très honnête – peu courageux – peu tolérant…

INTERPRÉTATION du ROI ♣ et du ROI ♣*

En fonction du voisinage.

Rappelez-vous que les **cartes de DROITE** sont dites « *NEUTRES* » *ni endroit ni renversé(*)*

Mais **symbolisent le SECTEUR** à analyser tel que :
a) avec à sa DROITE un ♥ = *secteur*   AFFECTIF
b) avec à sa DROITE un ♣ = ….   FINANCIER/MATÉRIEL
c) avec à sa DROITE un ♦ = ….   PROFESSION/ÉTUDES
d) avec à sa DROITE un ♠ = ….   SANTÉ/ÉPREUVES

a) ROI♣ = vers un ♥ : aspect AFFECTIF :

– Les marques de sympathie, d'amitié et d'amour sont claires, saines et sans la moindre ambiguïté en ce qui concerne l'avenir.

– Sentimentalement, la situation est rassurante et les promesses honorées. La confiance et la fidélité sont assurées.

a) ROI ♣* = vers un ♥ : aspect AFFECTIF :

– Les relations sont marquées de doutes, de craintes, d'incertitudes. Osez aller de l'avant et avouez vos sentiments.

b) ROI♣ vers un ♣ : aspect FINANCIER/MATÉRIEL :

– Le SECTEUR financier présente un profil stable et sécurisant. Vous gérez votre budget avec une grande efficacité et les conseils que l'on vous prodigue ne tombent pas dans l'oreille d'un sourd. Un appui bancaire, un prêt peut vous être accordé.

– Les difficultés financières devraient se trouver résolues.

b) ROI♣* vers un ♣ : aspect FINANCIER/MATÉRIEL :
– Un homme de votre entourage (mari, frère, fils...) si ce n'est vous-même, pourrait avoir momentanément des soucis financiers. Etre prudent avant tout engagement.
– Méfiez-vous des conseils donnés, et surtout en ce qui concerne les spéculations ou investissements divers.

c) ROI♣ vers un ♦ : aspect PROFESSIONNEL/ÉTUDES :
– Les réalisations et avancements sont certains grâce et à une force de caractère sans faille.
– De bons appuis ainsi que des conseils avisés seront efficaces pour les démarches et aideront considérablement à l'avancement, à une maîtrise professionnelle.

c) ROI♣* vers un ♦ : aspect PROFESSIONNEL/ÉTUDES :
– Si une opportunité se présente, ayez soin de l'étudier au préalable. Et prenez toutes les précautions nécessaires. Accordez-vous le temps de réfléchir et ne vous laissez pas influencer.

d) ROI♣ vers un ♠ : aspect SANTÉ/ÉPREUVES :
– La santé est au beau fixe !
– Un homme de votre entourage saura vous conseiller utilement dans toutes sortes de difficultés.

d) ROI♣* vers un ♠ : aspect SANTÉ/ÉPREUVES :
Un homme de votre entourage est souffrant, si ce n'est vous-même.
– Concernant les épreuves, ne pas compter sur son appui, car absorbé par ses propres soucis.

LES CARACTÉRISTIQUES de DAME♣
ENDROIT = POSITIF   RENVERSÉ(*) = NÉGATIF

DAME♣ représente une parente, une amie.

➤ **DAME♣ présentée à L'ENDROIT,** représente une femme de bons conseils et qui n'interviendra qu'à bon escient.
– Cette carte précise qu'il faut rester serviable, disponible tout en se préoccupant de l'avenir.

➤ **DAME♣* présentée RENVERSÉE(*),** peut représenter une personne jalouse, dont il vaut mieux se méfier. Mais également symboliser une femme qui rencontre des difficultés de toutes sortes.

➤ <u>**À RETENIR**</u> : une présence féminine ayant beaucoup d'esprit et de disponibilité. Elle sait écouter et servir vos intérêts.

– Si elle **est RENVERSÉE(*),** une femme hypocrite et égoïste qui ne pense qu'à ses propres intérêts, calculatrice et intéressée.

ENDROIT   **RENVERSÉ(*)**

LES MOTS CLÉS de :

➢ **DAME♣ = FEMME DE BONS CONSEILS & DYNAMIQUE.**
– Femme + de 30 ANS, généralement mariée, aux cheveux plutôt bruns. – Femme aimante – amie sincère et bonne conseillère – femme d'affaires – bonne épouse – une personne en qui l'on peut avoir confiance – cordiale et compréhensive – d'un grand sens pratique.

➢ **DAME♣* = FEMME ÉGOÏSTE & HYPOCRITE.**
– Fausse amie, mauvaise conseillère – infidèle – personne possessive – hostile – calculatrice – intéressée – femme méchante – une situation trompeuse.

INTERPRÉTATION DE DAME♣ et DAME♣*
En fonction du voisinage.
Rappelez-vous que les **cartes de DROITE** sont dites « *NEUTRES* »
ni endroit ni renversé(*)
Mais **symbolisent le SECTEUR** à analyser tel que :
a) avec à sa DROITE un ♥ = *secteur*   **AFFECTIF**
b) avec à sa DROITE un ♣ = ….   **FINANCIER/MATÉRIEL**
c) avec à sa DROITE un ♦ = ….   **PROFESSION/ÉTUDES**
d) avec à sa DROITE un ♠ = ….   **SANTÉ/ÉPREUVES**

a) **DAME♣ vers un ♥ : aspect AFFECTIF :**
– La vie sentimentale est heureuse et calme. Une totale sérénité s'installe dans votre couple et avec vos amis. Une amitié féminine dans l'entourage apporte toute sa sympathie et sa disponibilité.

a) **DAME♣* vers un ♥ : aspect AFFECTIF :**
– Les relations sont en générales agréables et sympathiques mais totalement superficielles. La frivolité domine dans les communications, et les échanges en restent par conséquent très éphémères. Attention aux apparences souvent trompeuses !

b) DAME♣ vers un ♣ : aspect FINANCIER/MATÉRIEL :
– Vous pouvez avoir à faire à une femme généreuse et de bons appuis pour des questions d'argent.
– Le SECTEUR financier bénéficie d'une protection appréciable mais une tendance à la dépense doit être modérée. Un peu de rigueur s'impose si vous voulez maintenir l'équilibre budgétaire.

b) DAME♣* vers un ♣ : aspect FINANCIER/MATÉRIEL :
– Une femme de votre entourage peut avoir de sérieuses difficultés financières si ce n'est vous-même !
– Les dépenses dépassent souvent les possibilités. Une trop grande légèreté dans la gestion financière entraîne des tracasseries et une sérieuse instabilité matérielle qu'il sera difficile de redresser.
– Méfiez-vous de certaines relations, elles sont plutôt intéressées !

c) DAME♣ vers un ♦ : aspect PROFESSIONNEL/ÉTUDES :
– La vie professionnelle est facilitée par de bons rapports qui s'établissent avec facilité.
– Vous êtes appréciée par vos qualités d'équilibre et votre sens des responsabilités.
– Toutes les activités ayant lien avec l'art, la beauté, l'esthétique sont favorisées.
– La position sociale est également en nette amélioration. Vous pouvez compter sur l'influence positive d'une femme de votre entourage professionnelle.

c) DAME♣* vers un ♦ : aspect PROFESSIONNEL/ÉTUDES :
– Le travail n'est pas suffisamment pris au sérieux et vous risquez de gâcher vos chances par paresse ou distraction.
– Les promesses d'avancement ne seront pas tenues et la situation restera peu sécurisante. Les rapports sont quelquefois houleux. Méfiez-vous d'une collègue professionnelle, hypocrite et jalouse.

d) DAME♣ vers un ♠ : aspect SANTÉ/ÉPREUVES :
   – Bon équilibre en général, mais malgré tout, des petits coups de déprimes.
   – Une femme saura vous tirer d'embarras (infirmière, avocate, assistante sociale…)

d) DAME♣* vers un ♠ : aspect SANTÉ/ÉPREUVES :
– Une femme de votre entourage est souffrante.
– Concernant les épreuves, ne pas compter sur une amie.
– Une avocate, assistante sociale… peu efficace !

LES CARACTÉRISTIQUES du CAVALIER♣
ENDROIT = POSITIF   RENVERSÉ(*) = NÉGATIF

CAVALIER♣ est la carte qui annonce des changements.

➢ **Présenté à l'ENDROIT, CAVALIER♣** annonce un changement positif, une nouvelle qui peut tout changer.

➢ **Présenté RENVERSÉ(*) CAVALIER♣*** annonce un changement négatif, une mauvaise nouvelle.

➢ **À RETENIR :** À CONSIDÉRER plus comme ÉVÉNEMENT qui se présente (bon ou mauvais) suivant la position – une nouvelle qui peut tout changer – un départ, un éloignement, une disparition…

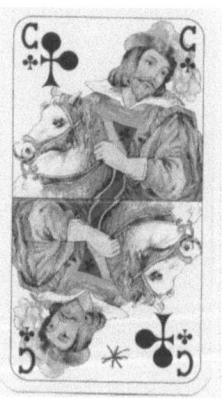 

ENDROIT   **RENVERSÉ(*)**

LES MOTS CLÉS de :

➤ CAVALIER♣ = CHANGEMENTS AGRÉABLES – actions FAVORABLES & SOUHAITÉES.

– Homme cheveux plutôt foncés entre 25 et 40 ANS, célibataire, plein d'énergie – déménagement – transfert – changement professionnel ou autre – voyage en perspective. – C'est la carte des réformes, des mutations, des déplacements. Il amène des solutions inattendues, des changements d'attitude, des projets qui se concrétisent...

➤ CAVALIER♣* = CHANGEMENTS DÉSAGRÉABLES – actions DÉFAVORABLES & NON SOUHAITES.

– Disputes avec des personnes inconnues – incertitude – mariage en danger – séparation – malhonnêteté – rupture. Dans cette position, il représente les bouleversements, changements non désirés – l'abandon d'un projet – insatisfactions – stagnations – voyage désagréable.

INTERPRÉTATION DU CAVALIER♣ et CAVALIER ♣*
En fonction du voisinage.

Rappelez-vous que les **cartes de DROITE** sont dites « *NEUTRES* »
ni endroit ni renversé(*)
Mais **symbolisent le SECTEUR** à analyser tel que :
a) avec à sa DROITE un ♥ = *secteur*   AFFECTIF
b) avec à sa DROITE un ♣ = ...   FINANCIER/MATÉRIEL
c) avec à sa DROITE un ♦ = ...   PROFESSION/ÉTUDES
d) avec à sa DROITE un ♠ = ...   SANTÉ/ÉPREUVES

a) CAVALIER♣ vers un ♥ : aspect AFFECTIF :
– Les nouvelles ou événements que vous attendiez arrivent ! Vos projets se concrétisent. Un voyage sentimental – un changement de résidence – un mariage – une naissance…
– Avec le CAVALIER♣, symbole de mouvement, tout arrive à son terme !

a) CAVALIER♣* vers un ♥ : aspect AFFECTIF :
– Dans cette position, il symbolise une séparation, une rupture, un éloignement ; le départ d'un être cher. Des projets de mariage seront annulés. Un changement de résidence non souhaité ou un projet d'achat de maison (ou construction) devra être abandonné.

– Des difficultés pour concevoir un enfant ou mener une grossesse à terme ; un voyage avec de la famille ou amis risque de se révéler désagréable ou annulé.

b) CAVALIER♣ vers un ♣ : aspect FINANCIER/MATÉRIEL :
– Dans le cas de difficultés, des solutions inattendues seront trouvées...
– Période de chance pour les joueurs. Vous sortez d'une mauvaise passe financière ; ce qui vous redonne un regain d'énergie et plein de projets en tête.

b) CAVALIER♣* vers un ♣ : aspect FINANCIER/MATÉRIEL :
– Une négligence de gestion entraîne des désagréments financiers.
– Vous n'arrivez plus à faire face aux dépenses. Abus de crédits faciles, ce qui implique plus de remboursements que de rentrées. Vous devez reprendre la situation en main et si nécessaire demander un plan de surendettement pour faire face.
– Ne jouez pas ! La chance n'est pas présente.

c) CAVALIER♣ vers un ♦ : aspect PROFESSIONNEL/ÉTUDES :
– Changements positifs dans le SECTEUR professionnel s'annoncent (mutation si désirée).
– Les affaires évoluent favorablement.
– Si vous êtes à la recherche d'un emploi, vos démarches porteront leurs fruits.
– Si vous envisagez vous mettre à votre compte, les circonstances vous sont favorables. Allez de l'avant !

c) CAVALIER♣*➔ un ♦ : aspect PROFESSIONNEL/ÉTUDES :
– Des changements négatifs dans le travail sont à prévoir ; mutation non désirée ; licenciement économique... Les affaires stagnent.
– Si vous êtes à votre compte, un dépôt de bilan ou liquidation sont à craindre.
– Dans le cas d'une recherche d'emploi, les réponses restent négatives.

d) CAVALIER♣ vers un ♠ : aspect SANTÉ/ÉPREUVES :
– En cas de mauvaise santé, un net changement dû à l'optimisme fera des miracles.
– Des solutions inattendues concernant toute forme de litige, procès, conflits seront trouvées.

d) CAVALIER♣* vers un ♠ : aspect SANTÉ/ÉPREUVES :
– Attention aux accidents !
– des contrariétés sont à craindre ; perte de procès, conflits.

LES CARACTÉRISTIQUES du VALET♣
ENDROIT = POSITIF   RENVERSÉ(*) = NÉGATIF

VALET♣ symbolise en général un jeune homme dégourdi.
Pour **CONSULTANTE** : un fils, frère, ami, soupirant.
Pour **CONSULTANT** : un fils, frère, ami, camarade.

➢ Présenté à l'ENDROIT, VALET♣ fait couramment allusion à un jeune homme plutôt brun, gai, gentil, presque toujours issue de bonne famille, souvent un ami, un parent ou un adolescent faisant la cour.

– S'il est tiré par une jeune fille, il peut se référer au fiancé ; pour un jeune homme, il peut représenter le consultant si l'âge le permet, ou un fils ou un jeune ami bien disposé, entreprenant et dynamique.

➢ Présenté RENVERSÉ(*) VALET♣* peut symboliser un jeune homme brun aimable, mais triste et peut-être malade.

– S'il est tiré par une jeune fille, il se réfère à un fiancé peu sincère, aimant les flatteries, qui est indécis, prodigue.

– Pour un homme, si celui-ci est marié, un désordre est à craindre ; ou une cour qui ne portera pas ses fruits.

➢ **À RETENIR :** Jeune HOMME débrouillard et avisé ou maladroit et irréfléchi suivant sa position !

ENDROIT   **RENVERSÉ(*)**

LES MOTS CLÉS de :

➢ **VALET♣ = JEUNE HOMME DÉGOURDI & SÉRIEUX.**
– Jeune homme aux cheveux plutôt foncés entre 15 et 25 ANS – doué pour les affaires, prédestiné à une belle carrière message agréable – informations importantes – communication téléphonique – petits déplacements – bonnes nouvelles de parents proches.

➢ **VALET♣* = JEUNE HOMME INDÉCIS & PRODIGUE.**
– Mauvaise nouvelle – séparation – manque de loyauté – peur de l'avenir – méfiance – personne nuisible – discorde – disputes avec des personnes inconnues.

INTERPRÉTATION DE VALET♣ et VALET♣*
En fonction du voisinage.
Rappelez-vous que les **cartes de DROITE** sont dites « *NEUTRES* »
ni endroit ni renversé(*)
Mais **symbolisent le SECTEUR** à analyser tel que :
a) avec à sa DROITE un ♥ = *secteur*   AFFECTIF
b) avec à sa DROITE un ♣ = ….   FINANCIER/MATÉRIEL
c) avec à sa DROITE un ♦ = ….   PROFESSION/ÉTUDES
d) avec à sa DROITE un ♠ = ….   SANTÉ/ÉPREUVES

a) VALET♣ vers un ♥ : aspect AFFECTIF :
– Vous pouvez compter sur un ami sûr, un confident discret.
– Les sentiments sont empreints de douceur, de charme et de fidélité. La persévérance est ici bonne conseillère puisqu'elle permet d'atteindre la réalisation des vœux. Les échanges sont sincères et harmonieux.

a) VALET♣* vers un ♥ : aspect AFFECTIF :
– Un jeune homme *(si ce n'est le consultant lui-même)*, est déçu dans ses amours ou amitiés ; car beaucoup de promesses, mais peu de concrétisations. Il est prudent de se méfier des trop belles paroles bien flatteuses mais pas réellement sincères...
– Méfiez-vous du manque de bases solides de vos relations.
– Les sentiments sont superficiels et éphémères.
– Laisse craindre la rupture d'une relation amicale.

b) VALET♣ vers un ♣ : aspect FINANCIER/MATÉRIEL :
– Bon gestionnaire ; la situation financière ne devrait pas donner trop de soucis. Toutefois, vous aimez les belles choses. Ne vous laissez pas tenter !
– Attention également à votre générosité trop débordante quelquefois !
– Jeune homme de bel avenir.

b) VALET♣* vers un ♣ : aspect FINANCIER/MATÉRIEL :
– PRUDENCE ! Renseignez-vous avant d'investir dans une "*super affaire*".
– Attention également de ne pas vous laisser abuser par intérêt.
– Ne vous laissez pas emporter par l'appât du gain et l'obsession matérielle. Soyez rigoureux dans votre gestion et apprenez à ne pas vivre au-dessus de vos moyens.
(le "VOUS" ici correspond au consultant si son âge le permet. Sinon il faudra interpréter dans le sens d'un FILS).

c) VALET♣ vers un ♦ : aspect PROFESSIONNEL/ÉTUDES :
– Tous les éléments sont en votre (sa) possession pour parvenir à la réalisation des projets professionnels. La patience, la volonté et la persévérance conduisent à un aboutissement bénéfique et pleinement satisfaisant. Nouveau contrat – nouvel emploi, nouvelle affection... Tout ce qui débute est très favorisé aujourd'hui.

c) VALET♣* vers un ♦ : aspect PROFESSIONNEL/ÉTUDES :
– Vous semblez découragé, déçu et votre manque de volonté et de persévérance risque de nuire à votre avancement. Ne vous laissez pas influencer par des personnes néfastes.
– Soyez prudent et ne tenez pas compte des propositions éventuelles qui ne seraient que des promesses illusoires.

d) VALET♣ vers un ♠ : aspect SANTÉ/ÉPREUVES :
   – Bonne circulation des énergies, toutefois, ne surmenez pas votre foie.
   – En cas d'épreuves, vous pouvez compter sur le secours et l'appui d'un jeune homme.

d) VALET♣* vers un ♠ : aspect SANTÉ/ÉPREUVES :
   – Petits problèmes de santé pour un jeune homme de l'entourage.
   – Problèmes possibles liés à l'alcool.
   – En ce qui concerne les épreuves, il se peut qu'un jeune homme de l'entourage traverse une période difficile.

SIGNIFICATION

DES CARTES

EN ASSOCIATION

LA FAMILLE DES « TRÈFLES »

♣

AS – ROI – DAME
– CAVALIER – VALET

AS♣ EN ASSOCIATION AVEC :

Avec un ♥ = *SECTEUR* **AFFECTIF**

Si ENDROIT :

AS♣ ➔ 7♥ ☞Vœux seront exaucés.
AS♣ ➔ 8♥ ☞Avances qui seront faites seront sincères.
AS♣ ➔ 9♥ ☞Amour et bonheur assurés pour longtemps !
AS♣ ➔ 10♥ ☞Harmonie, entente, bien-être familial.
AS♣ ➔ VALET♥ ☞Votre sincérité sera payante.
AS♣ ➔ CAVAL.♥ ☞Nouvelle rencontre – promesse de mariage.
AS♣ ➔ DAME♥ ☞Réussite en amour pour un homme.
AS♣ ➔ ROI♥ ☞Réussite en amour pour une femme.
AS♣ ➔ AS ♥ ☞Réussite grâce à vos parents ou vos amis.

Si : RENVERSÉ(*)

AS♣* ➔ 7♥ ☞Naissance peu attendue possible.
AS♣* ➔ 8♥ ☞Bonheur passager à se contenter.
AS♣* ➔ 9♥ ☞Apprenez à faire des concessions.
AS♣* ➔ 10♥ ☞Contraintes et obligations familiales …
AS♣* ➔ VALET♥ ☞Rien n'est encore gagné !
AS♣* ➔ CAVAL.♥ ☞Vivre cette relation au jour le jour…
AS♣* ➔ DAME♥ ☞Doutes sur une relation pour un homme.
AS♣* ➔ ROI♥ ☞Doutes sur une relation pour une femme.
AS♣* ➔ AS♥ ☞Vous ne pourrez guère compter sur l'entourage proche.

♣ AS♣   EN ASSOCIATION AVEC : ♣

Avec un ♣ = *SECTEUR* **FINANCIER/MATÉRIEL**

Si ENDROIT :

AS♣ ➔ 7♣	☞Faites preuve de créativité.
AS♣ ➔ 8♣	☞Association fructueuse possible…
AS♣ ➔ 9♣	☞La réussite vous sourit (affaires ou travail).
AS♣ ➔ 10♣	☞Triomphe sur les soucis financiers.
AS♣ ➔ VALET♣	☞Il faudra affermir votre réussite.
AS♣ ➔ CAVAL.♣	☞ Changement financier à votre avantage.
AS♣ ➔ DAME♣	☞Succès, avancement pour femme brune.
AS♣ ➔ ROI♣	☞Succès, avancement pour homme brun.

Si : RENVERSÉ(*)

AS♣* ➔ 7♣	☞Vos idées ne seront pas assez productives.
AS♣* ➔ 8♣	☞Une association n'est guère conseillée.
AS♣* ➔ 9♣	☞Réussite moins complète qu'espérée.
AS♣* ➔ 10♣	☞ Trop de dépenses entrainent difficultés.
AS♣* ➔ CAVAL.♣	☞Votre réussite n'est pas encore assurée.
AS♣* ➔ VALET♣	☞Tracasseries financières à prévoir.
AS♣* ➔ DAME♣	☞Vous ne pourrez pas compter sur son aide
AS♣* ➔ ROI♣	☞Vous ne pourrez pas compter sur son aide.

♣ AS♣ EN ASSOCIATION AVEC : ♣

Avec un ♦ = *SECTEUR* **PROFESSIONNEL/ÉTUDES**

Si ENDROIT :

AS♣ ➜ 7♦	☞Votre tempérament aura le dernier mot.
AS♣ ➜ 8♦	☞Vos requêtes se réaliseront.
AS♣ ➜ 9♦	☞Patience, le temps travaille pour vous.
AS♣ ➜ 10♦	☞les démarches connaitront un grand succès.
AS♣ ➜ VALET♦	☞Les changements souhaités se réaliseront.
AS♣ ➜ CAVAL.♦	☞Succès études, examens, concours...
AS♣ ➜ DAME♦	☞Victoire totale dans démarches diverses.
AS♣ ➜ ROI♦	☞Vous saurez déjouer les mauvais tours.
AS♣ ➜ AS♦	☞Victoire éclatante sur rivaux et concurrents. Nouvelle heureuse.

Si : RENVERSÉ(*)

AS♣* ➜ 7♦	☞succès mitigé dans petits projets.
AS♣* ➜ 8♦	☞Pas de franc succès dans vos démarches.
AS♣* ➜ 9♦	☞Le manque de patience, l'impulsivité nuit.
AS♣* ➜ 10♦	☞Stagnation dans la situation.
AS♣* ➜ VALET♦	☞Demi-succès.
AS♣* ➜ CAVAL.♦	☞Carrière moins brillante que prévue.
AS♣* ➜ DAME♦	☞Vous aurez affaire à plus forte que vous.
AS♣* ➜ ROI♦	☞Rivalités, concurrents déloyaux.
AS♣* ➜ AS♦	☞Réception d'une lettre qui vous souciera.

♣ AS♣   EN ASSOCIATION AVEC : ♣

Avec un ♠ = *SECTEUR* SANTÉ/ÉPREUVES

Si ENDROIT :

AS♣ ➔ 7♠	☞La ténacité fini toujours par être payante !
AS♣ ➔ 8♠	☞Le tonus est de retour !
AS♣ ➔ 9♠	☞Triomphe sur la maladie et le mauvais sort.
AS♣ ➔ 10♠	☞Vous sortirez d'une impasse.
AS♣ ➔ VALET♠	☞Vous triompherez sur toutes les rivalités..
AS♣ ➔ CAVAL.♠	☞Vous finirez par arriver à vos fins.
AS♣ ➔ DAME♠	☞Vous gagnerez sans l'aide de personne.
AS♣ ➔ ROI♠	☞Tracas adminis., menace de procès annulés.
AS♣ ➔ AS♠	☞Triomphe complet sur toutes les difficultés.

Si : RENVERSÉ(*)

AS♣* ➔ 7♠	☞Vous manquerez d'énergie, secouez-vous !
AS♣* ➔ 8♠	☞Rechute de maladie.
AS♣* ➔ 9♠	☞La guérison est encore loin.
AS♣* ➔ 10♠	☞Vous aurez l'impression de tourner en rond.
AS♣* ➔ VALET♠	☞Problème fiscal possible, soyez vigilant.e
AS♣* ➔ CAVAL.♠	☞Difficultés difficiles à résoudre.
AS♣* ➔ DAME♠	☞Vous aurez besoin d'un bon avocat…
AS♣* ➔ ROI♠	☞Tracas administratifs, risque procès...
AS♣* ➔ AS♠	☞Méfiez-vous des soi-disant bonnes affaires !

ROI♣ EN ASSOCIATION AVEC :

Avec un ♥ = *SECTEUR* **AFFECTIF**

Si ENDROIT :

ROI♣ ➔ 7♥	☞Connaîtra la joie de la paternité.
ROI♣ ➔ 8♥	☞Une relation avec une femme plus jeune.
ROI♣ ➔ 9♥	☞Il se trouve avec un de ses proches.
ROI♣ ➔ 10♥	☞Nouvelle relation. Aura coup de foudre.
ROI♣ ➔ VALET♥	☞Il recevra une aimable convocation.
ROI♣ ➔ CAVAL.♥	☞Il est avec un homme plus jeune que lui.
ROI♣ ➔ DAME♥	☞Il est avec une femme sympathique.
ROI♣ ➔ ROI♥	☞Il est avec un homme de son âge.
ROI♣ ➔ AS♥	☞Il recevra une visite agréable.

Si : RENVERSÉ(*)

ROI♣* ➔ 7♥	☞Est stérile ou refuse sa paternité.
ROI♣* ➔ 8♥	☞Nouvelle relation de courte durée.
ROI♣* ➔ 9♥	☞Il souffre dans ses amours et amitiés.
ROI♣* ➔ 10♥	☞Sera évincé d'une réunion familiale.
ROI♣* ➔ VALET♥	☞Il est mal dans sa peau.
ROI♣* ➔ CAVAL.♥	☞Il sera victime d'une infidélité.
ROI♣* ➔ DAME♥	☞Il est avec une femme hypocrite.
ROI♣* ➔ ROI♥	☞N'assume pas son homosexualité.
ROI♣* ➔ AS♥	☞Il recevra une visite désagréable.

♣ ROI♣   EN ASSOCIATION AVEC : ♣

Avec un ♣ = *SECTEUR* **FINANCIER/MATÉRIEL**

Si ENDROIT :

ROI♣ ➔ 7♣   ☞Une jeune fille songe à lui.
ROI♣ ➔ 8♣   ☞Il recevra un présent.
ROI♣ ➔ 9♣   ☞Un tournant prometteur dans son métier.
ROI♣ ➔ 10♣   ☞Grande réussite matérielle.
ROI♣ ➔ VALET♣   ☞Il aidera un jeune.
ROI♣ ➔ CAVAL.♣   ☞Sa situation financière évolue.
ROI♣ ➔ DAME♣   ☞Mariage en vue ou bonne entente couple.
ROI♣ ➔ AS♣   ☞Ses vœux aboutiront.

Si : RENVERSÉ(*)

ROI♣* ➔ 7♣   ☞Difficultés à cause d'une jeune personne.
ROI♣* ➔ 8♣   ☞Il devra faire un présent.
ROI♣* ➔ 9♣   ☞Il a momentanément des soucis d'argent.
ROI♣* ➔ 10♣   ☞Grosse somme d'argent à débourser.
ROI♣* ➔ VALET♣   ☞Ne sera d'aucun secours pour un jeune.
ROI♣* ➔ CAVAL.♣   ☞Il va à la banqueroute !
ROI♣* ➔ DAME♣   ☞Difficultés dans le couple, projets ajournés
ROI♣* ➔ AS♣   ☞Il ne réalisera pas tous ses vœux.

♣ ROI♣ EN ASSOCIATION AVEC : ♣

Avec ♦ = *SECTEUR* PROFESSIONNEL/ÉTUDES

Si ENDROIT :

ROI♣ ➔ 7♦   ☞Homme influent, sévère mais juste.
ROI♣ ➔ 8♦   ☞Visite plaisante d'un homme brun.
ROI♣ ➔ 9♦   ☞Vaincra les obstacles qui se présentent.
ROI♣ ➔ 10♦   ☞Mutation importante dans sa vie.
ROI♣ ➔ VALET♦   ☞Recevra un message très satisfaisant.
ROI♣ ➔ CAVAL.♦   ☞Arrivée d'une visite longtemps attendue.
ROI♣ ➔ DAME♦   ☞Se trouve auprès d'une intrigante.
ROI♣ ➔ ROI♦   ☞Homme d'af. honnête, patron généreux.
ROI♣ ➔ AS♦   ☞Liaisons nouvelles sans doute milieu professionnel.

Si : RENVERSÉ(*)

ROI♣* ➔ 7♦   ☞Il « piquera » une bonne grosse colère.
ROI♣* ➔ 8♦   ☞Visite déplaisante d'un homme brun.
ROI♣* ➔ 9♦   ☞Obstacles qu'il estimera insurmontables.
ROI♣* ➔ 10♦   ☞La mutation tant attendue est repoussée.
ROI♣* ➔ VALET♦   ☞Appel téléphonique le mettra en colère.
ROI♣* ➔ CAVAL.♦   ☞La visite espérée ne se fera pas.
ROI♣* ➔ DAME♦   ☞Il se laisse influencer par une intrigante.
ROI♣* ➔ ROI♦   ☞Supérieur très austère et injuste.
ROI♣* ➔ AS♦   ☞Une nouvelle liaison qui risque de porter préjudice.

ROI♣ EN ASSOCIATION AVEC :

Avec un ♠ = *SECTEUR* SANTÉ/ÉPREUVES

Si ENDROIT :

ROI♣ → 7♠	☞Il fait preuve d'assurance et de fermeté.
ROI♣ → 8♠	☞Un bon médecin ou chirurgien.
ROI♣ → 9♠	☞Son aide sera puissante.
ROI♣ → 10♠	☞Vous fera une belle surprise.
ROI♣ → VALET♠	☞Qu'il se méfie des coups sournois.
ROI♣ → CAVAL.♠	☞Homme de robe (avocat, juge, prêtre…)
ROI♣ → DAME♠	☞Relation nouvelle avec veuve ou divorcée.
ROI♣ → ROI♠	☞Un débat animé et profond.
ROI♣ → AS♠	☞Il vous fera (vous ferez) une déclaration.

Si : RENVERSÉ(*)

ROI♣* → 7♠	☞Il manque d'assurance et de fermeté.
ROI♣* → 8♠	☞Un médecin peu compétent.
ROI♣* → 9♠	☞Il a de sérieux problèmes de santé.
ROI♣* → 10♠	☞Vous réserve un sale tour.
ROI♣* → VALET♠	☞agression possible pour un homme.
ROI♣* → CAVAL.♠	☞ homme de robe de mauvaise renommée.
ROI♣* → DAME♠	☞Commettra un adultère.
ROI♣* → ROI♠	☞Débat qui pourrait finir dans la violence.
ROI♣* → AS♠	☞Trop timide pour se déclarer.

DAME♣ EN ASSOCIATION AVEC :

Avec un ♥ = *SECTEUR* **AFFECTIF**

Si ENDROIT :

DAME♣ → 7♥	☞Connaîtra la joie de la maternité.
DAME♣ → 8♥	☞Relation avec femme plus jeune qu'elle.
DAME♣ → 9♥	☞Nouvelle relation, coup de foudre.
DAME♣ → 10♥	☞Elle recevra une invitation fort agréable.
DAME♣ → VALET♥	☞Est avec un homme plus jeune qu'elle.
DAME♣ → CAVAL.♥	☞Elle se trouve avec un de ses proches.
DAME♣ → DAME♥	☞Elle est avec une femme de son âge.
DAME♣ → ROI♥	☞Elle est avec un homme sympathique.
DAME♣ → AS♥	☞Elle recevra une visite agréable.

Si : RENVERSÉ(*)

DAME ♣* → 7♥	☞Souffre de stérilité ou refuse sa grossesse.
DAME ♣* → 8♥	☞Elle est mal dans sa peau.
DAME ♣* → 9♥	☞Elle souffre dans ses amours ou amitiés.
DAME ♣* → 10♥	☞Invitée à une réunion familiale.
DAME ♣* → VALET♥	☞Nouvelle relation de courte durée.
DAME ♣* → CAVAL.♥	☞Elle commettra une infidélité.
DAME ♣* → DAME♥	☞Elle n'assume pas son homosexualité.
DAME ♣* → ROI♥	☞Elle est avec un homme hypocrite.
DAME ♣* → AS♥	☞Elle recevra une visite désagréable.

❧ DAME♣ EN ASSOCIATION AVEC : ❧

Avec un ♣ = *SECTEUR* **FINANCIER/MATÉRIEL**

Si ENDROIT :

DAME♣ ➜ 7♣ ☞ Une jeune personne songe à elle.
DAME♣ ➜ 8♣ ☞ Elle recevra un présent.
DAME♣ ➜ 9♣ ☞ Un tournant prometteur dans son métier.
DAME♣ ➜ 10♣ ☞ Grande réussite matérielle.
DAME♣ ➜ VALET♣ ☞ Elle aidera un jeune.
DAME♣ ➜ CAVAL.♣ ☞ Sa situation financière avantageuse.
DAME♣ ➜ ROI♣ ☞ Mariage en vue ou bonne entente couple.
DAME♣ ➜ AS♣ ☞ Ses vœux aboutiront.

Si : RENVERSÉ(*)

DAME♣* ➜ 7♣ ☞ Difficultés à cause d'une jeune personne.
DAME♣* ➜ 8♣ ☞ Elle devra faire un présent.
DAME♣* ➜ 9♣ ☞ Elle a actuellement des soucis d'argent.
DAME♣* ➜ 10♣ ☞ Aura grosse somme d'argent à débourser.
DAME♣* ➜ VALET♣ ☞ Ne sera d'aucun secours pour un jeune.
DAME♣* ➜ CAVAL.♣ ☞ Elle va à la banqueroute !
DAME♣* ➜ ROI♣ ☞ Difficultés de couple, projets ajournés.
DAME♣* ➜ AS♣ ☞ Elle ne réalisera pas ses vœux.

DAME♣ EN ASSOCIATION AVEC :

Avec un ♦ = *SECTEUR* **PROFESSIONNEL/ÉTUDES**

Si ENDROIT :

DAME♣ ➔ 7♦	☞Protectrice influente, sévère mais juste.
DAME♣ ➔ 8♦	☞Visite plaisante d'une femme brune.
DAME♣ ➔ 9♦	☞Surmontera les obstacles qui se présentent
DAME♣ ➔ 10♦	☞Mutation importante dans sa vie.
DAME♣ vers VALET♦	☞Recevra un message très satisfaisant.
DAME♣ ➔ CAVAL.♦	☞Arrivée prochaine d'une visite attendue.
DAME♣ ➔ DAME♦	☞Se méfier d'une femme sans scrupules.
DAME♣ ➔ ROI♦	☞Femme honnête, patronne généreuse.
DAME♣ ➔ AS♦	☞Liaisons nouvelles… milieu professionnel.

Si : RENVERSÉ(*)

DAME♣* ➔ 7♦	☞Elle « piquera » une grosse colère.
DAME♣* ➔ 8♦	☞Visite déplaisante d'une femme brune.
DAME♣* ➔ 9♦	☞Obstacles qui lui sembleront difficiles.
DAME♣* ➔ 10♦	☞La mutation tant attendue est repoussée.
DAME♣* ➔ VALET♦	☞Appel téléphonique la mettra en colère.
DAME♣* ➔ CAVAL.♦	☞La visite espérée ne se fera pas.
DAME♣* ➔ DAME♦	☞Elle aura affaire à une rivale.
DAME♣* ➔ ROI♦	☞Supérieure très austère et injuste.
DAME♣* ➔ AS♦	☞Liaison qui risque de porter préjudice.

❧ DAME♣ EN ASSOCIATION AVEC : ❧

Avec un ♠ = *SECTEUR* SANTÉ/ÉPREUVES

Si ENDROIT :

DAME♣ ➔ 7♠	☞Elle fait preuve d'assurance et de fermeté.
DAME♣ ➔ 8♠	☞Une infirmière énergique.
DAME♣ ➔ 9♠	☞Saura vous tirer d'embarras.
DAME♣ ➔ 10♠	☞Vous fera une belle surprise.
DAME♣ ➔ VALET♠	☞Qu'elle se méfie des coups sournois.
DAME♣ ➔ CAVAL.♠	☞Une relation nouvelle avec un militaire.
DAME♣ ➔ DAME♠	☞Femme en habit (avocate, juge, nonne...).
DAME♣ ➔ ROI♠	☞Relation nouvelle avec un veuf ou divorcé
DAME♣ ➔ AS♠	☞Vous fera (ou vous ferez) une déclaration.

Si : RENVERSÉ(*)

DAME♣* ➔ 7♠	☞Manque d'assurance et de fermeté.
DAME♣* ➔ 8♠	☞Une infirmière sans grande efficience.
DAME♣* ➔ 9♠	☞Elle a des problèmes de santé.
DAME♣* ➔ 10♠	☞Vous réserve un vilain tour.
DAME♣* ➔ VALET♠	☞Agression possible pour femme.
DAME♣* ➔ CAVAL.♠	☞Une femme en habit peu fiable.
DAME♣* ➔ DAME♠	☞Désaccords entre femmes
DAME♣* ➔ ROI♠	☞Commettra un adultère.
DAME♣* ➔ AS♠	☞Trop timide pour se déclarer.

☙ CAVALIER♣   EN ASSOCIATION AVEC : ☙

Avec un ♥ = *SECTEUR* **AFFECTIF**

Si ENDROIT :

CAVAL ♣ ➔ 7♥	☞	Annonce une naissance.
CAVAL ♣ ➔ 8♥	☞	Rencontre affective pour **un** célibataire.
CAVAL ♣ ➔ 9♥	☞	La réalisation d'un vœu (mariage...)
CAVAL ♣ ➔ 10♥	☞	Un changement de résidence si souhaité.
CAVAL ♣ ➔ VALET♥	☞	Quittera prochainement le nid familial.
CAVAL ♣ ➔ CAVAL.♥	☞	Rencontre affective pour **une** célibataire.
CAVAL ♣ ➔ DAME♥	☞	Rencontre sérieuse pour femme.
CAVAL ♣ ➔ ROI ♥	☞	Rencontre sérieuse pour homme
CAVAL ♣ ➔ AS ♥	☞	Un voyage sentimental longtemps attendu !

Si : RENVERSÉ(*)

CAVAL♣∗ ➔ 7♥	☞	Difficultés pour concevoir un enfant.
CAVAL♣∗ ➔ 8♥	☞	Aucune rencontre sérieuse.
CAVAL♣∗ ➔ 9♥	☞	Une séparation, une rupture...
CAVAL♣∗ ➔ 10♥	☞	Départ d'un être cher : conjoint, parent...
CAVAL♣∗ ➔ VALET♥	☞	Départ d'un fils après une dispute.
CAVAL♣∗ ➔ CAVAL.♥	☞	Séparation d'un couple cause d'infidélité.
CAVAL♣∗ ➔ DAME♥	☞	Verra s'éloigner l'élue de son cœur.
CAVAL♣∗ ➔ ROI♥	☞	Verra s'éloigner l'élu de son cœur.
CAVAL♣∗ ➔ AS♥	☞	Un voyage annulé ou désagréable

♣ **CAVALIER♣** <u>**EN ASSOCIATION AVEC :**</u> ♣

Avec un ♣ = *SECTEUR* **FINANCIER/MATÉRIEL**

<u>Si ENDROIT :</u>

CAVAL♣ ➜ 7♣ ☞Plein de projets en tête qui se réaliseront.
CAVAL♣ ➜ 8♣ ☞Gains aux jeux.
CAVAL♣ ➜ 9♣ ☞Rentrée d'argent inattendue.
CAVAL♣ ➜ 10♣ ☞Fin d'une mauvaise passe financière.
CAVAL♣ ➜ VALET♣ ☞Très matérialiste !
CAVAL♣ ➜ DAME♣ ☞La rencontre d'une femme riche.
CAVAL♣ ➜ ROI♣ ☞La rencontre d'un homme riche.
CAVAL♣ ➜ AS♣ ☞La sortie d'une mauvaise passe assurée.

<u>Si : RENVERSÉ(*)</u>

CAVAL♣* ➜ 7♣ ☞Contrôlez vos envies de dépenses.
CAVAL♣* ➜ 8♣ ☞La chance n'est pas au rendez-vous !
CAVAL♣* ➜ 9♣ ☞Facture imprévue (garagiste, électromé…
CAVAL♣* ➜ 10♣ ☞Grosse déception d'un héritage attendu.
CAVAL♣* ➜ VALET♣ ☞Risque sérieux problèmes bancaires.
CAVAL♣* ➜ DAME♣ ☞Elle risque de vous faire des dettes.
CAVAL♣* ➜ ROI♣ ☞Il risque de vous faire des dettes.
CAVAL♣* ➜ AS♣ ☞Revers de fortune/ manque de vigilance

🦋 CAVALIER♣ EN ASSOCIATION AVEC : 🦋

Avec un ♦ = *SECTEUR* **PROFESSIONNEL/ÉTUDES**

Si ENDROIT :

CAVAL♣ ➔ 7♦	☞ Vos idées sont bonnes, appliquez-les.
CAVAL♣ ➔ 8♦	☞ Votre persévérance sera payante.
CAVAL♣ ➔ 9♦	☞ Fin d'une longue période de chômage !
CAVAL♣ ➔ 10♦	☞ Osez demander votre mutation !
CAVAL♣ ➔ VALET♦	☞ Bonne nouvelle concours ou examen
CAVAL♣ ➔ CAVAL.♦	☞ Devenir indépendant.e ? Foncez !
CAVAL♣ ➔ DAME♦	☞ Victoire sur les rivalités professionnelles.
CAVAL♣ ➔ ROI♦	☞ Vous pouvez envisager une promotion !
CAVAL♣ ➔ AS♦	☞ Une lettre annonce un grand changement.

Si : RENVERSÉ(*)

CAVAL♣* ➔ 7♦	☞ Vos idées sont floues, n'agissez pas !
CAVAL♣* ➔ 8♦	☞ Malgré efforts, démarches restent vaines.
CAVAL♣* ➔ 9♦	☞ Pas de motivation dans recherche emploi.
CAVAL♣* ➔ 10♦	☞ Mutation non désirée.
CAVAL♣* ➔ VALET♦	☞ Échec à un concours ou examen.
CAVAL♣* ➔ CAVAL.♦	☞ Dépôt de bilan ou liquidation …
CAVAL♣* ➔ DAME♦	☞ Vous servez de bouc émissaire.
CAVAL♣* ➔ ROI♦	☞ Un licenciement à craindre.
CAVAL♣* ➔ AS♦	☞ Une lettre de licenciement.

CAVALIER♣ EN ASSOCIATION AVEC :

Avec un ♠ = *SECTEUR* **SANTÉ/ÉPREUVES**

Si ENDROIT :

CAVAL♣ → 7♠	☞Idée lumineuse !
CAVAL♣ → 8♠	☞Vous sortez d'une grosse déprime.
CAVAL♣ → 9♠	☞La volonté de guérir fera des miracles.
CAVAL♣ → 10♠	☞ Bonne surprise très proche.
CAVAL♣ → VALET♠	☞Jeune homme devient responsable.
CAVAL♣ → CAVAL.♠	☞Vous êtes attiré·e par le monde occulte
CAVAL♣ → DAME♠	☞Amélioration pour veuve ou divorcée.
CAVAL♣ → ROI	☞Amélioration pour veuf ou divorcé.
CAVAL♣ → AS♠	☞Solution en cas de litiges ou procès !

Si : RENVERSÉ(*)

CAVAL♣* → 7♠	☞Ne confiez vos secrets à personne !
CAVAL♣* → 8♠	☞État dépressif, "mauvaises idées".
CAVAL♣* → 9♠	☞N'a plus foi en l'avenir.
CAVAL♣* → 10♠	☞Attention aux accidents, surtout la nuit
CAVAL♣* → VALET♠	☞Il risque la prison.
CAVAL♣* → CAVAL.♠	☞Ne tentez pas la magie noire !
CAVAL♣* → DAME♠	☞Malveillante à ne pas fréquenter.
CAVAL♣* → ROI♠	☞Malveillant à ne pas fréquenter.
CAVAL♣* → AS♠	☞Contrariétés, perte de procès...

♣ VALET♣ EN ASSOCIATION AVEC : ♣

Avec un ♥ = *SECTEUR* AFFECTIF

Si ENDROIT :

VALET♣ ➔ 7♥	☞Ami bien intentionné, confident discret...
VALET♣ ➔ 8♥	☞La rencontre d'une jeune fille.
VALET♣ ➔ 9♥	☞Rencontre amoureuse devenant sérieuse.
VALET♣ ➔ 10♥	☞Une soirée sympa où tout peu arriver !
VALET♣ ➔ VALET♥	☞Les copains d'abord !
VALET♣ ➔ CAVAL.♥	☞Très proche d'un grand frère.
VALET♣ ➔ DAME♥	☞La rencontre d'une femme plus âgée.
VALET♣ ➔ ROI♥	☞Attirance pour un homme plus âgé.
VALET♣ ➔ AS♥	☞Le retour du fils prodigue.

Si : RENVERSÉ(*)

VALET♣* ➔ 7♥	☞Confident indiscret, un faux ami.
VALET♣* ➔ 8♥	☞Un feu de paille.
VALET♣* ➔ 9♥	☞Déçu dans ses amours ou amitiés.
VALET♣* ➔ 10♥	☞Une soirée perturbée !
VALET♣* ➔ VALET♥	☞Les copains vous laissent tomber !
VALET♣* ➔ CAVAL.♥	☞Frères ennemis.
VALET♣* ➔ DAME♥	☞Déçu dans ses projets.
VALET♣* ➔ ROI♥	☞Doit se méfier d'un homme douteux.
VALET♣* ➔ AS♥	☞Vous causera beaucoup de soucis.

♣ VALET♣ EN ASSOCIATION AVEC :

Avec un ♣ = *SECTEUR* **FINANCIER/MATÉRIEL**

Si ENDROIT :

VALET♣ ➔ 7♣   ☞Jeune homme doué, écrivain, peintre...
VALET♣ ➔ 8♣   ☞Rencontre d'une jeune fille brune.
VALET♣ ➔ 9♣   ☞Généreux, jeune homme de bel avenir
VALET♣ ➔ 10♣   ☞Beau succès financier, avenir assuré.
VALET♣ ➔ CAVAL.♣ ☞Pourrait faire carrière dans la finance.
VALET♣ ➔ DAME♣ ☞Jeune infirmier dynamique et ambitieux.
VALET♣ ➔ ROI♣ ☞Pourparlers de promotion.
VALET♣ ➔ AS♣   ☞La chance tournera dans le bon sens.

Si : RENVERSÉ(*)

VALET♣* ➔ 7♣   ☞Dons qu'il ne développe pas !
VALET♣* ➔ 8♣   ☞Relation intéressée.
VALET♣* ➔ 9♣   ☞Matérialiste, flambeur, instable.
VALET♣* ➔ 10♣   ☞Ses belles promesses sont des pièges.
VALET♣* ➔ CAVAL.♣ ☞Vit au-dessus de ses moyens…
VALET♣* ➔ DAME♣ ☞Jeune homme prodigue.
VALET♣* ➔ ROI♣ ☞N'est avec cette femme que par intérêt.
VALET♣* ➔ AS♣   ☞Accro aux jeux (casinos, courses …)

♣ VALET♣ EN ASSOCIATION AVEC : ♣

Avec un ♦ = *SECTEUR* **PROFESSIONNEL/ÉTUDES**

Si ENDROIT :

VALET♣ ➜ 7♦	☞ Un jeune homme plutôt doué.
VALET♣ ➜ 8♦	☞ Nouveau contrat, nouvel emploi...
VALET♣ ➜ 9♦	☞ Sa persévérance portera ses fruits.
VALET♣ ➜ 10♦	☞ Une mutation professionnelle souhaitée.
VALET♣ ➜ VALET♦	☞ Donnera prochainement de ses nouvelles.
VALET♣ ➜ CAVAL.♦	☞ succès aux examens...
VALET♣ ➜ DAME♦	☞ Stratégies de séduction envers collègues
VALET♣ ➜ ROI♦	☞ Une carrière prometteuse en vue.
VALET♣ ➜ AS♦	☞ Tout lui sourit !

Si : RENVERSÉ(*)

VALET♣∗ ➜ 7♦	☞ Un caractère un peu trop impulsif.
VALET♣∗ ➜ 8♦	☞ Difficultés pour trouver un emploi.
VALET♣∗ ➜ 9♦	☞ Manque de volonté, se laisse aller.
VALET♣∗ ➜ 10♦	☞ Devra renoncer à un voyage ou mutation.
VALET♣∗ ➜ VALET♦	☞ Laisse dans l'attente de ses nouvelles.
VALET♣∗ ➜ CAVAL.♦	☞ Manque de compétence, d'expérience.
VALET♣∗ ➜ DAME♦	☞ Se laisse influencer par femme perfide.
VALET♣∗ ➜ ROI♦	☞ Promesses non tenues, manipulation.
VALET♣∗ ➜ AS♦	☞ Candidature non retenue, échec examens.

♣ VALET♣ EN ASSOCIATION AVEC : ♣

Avec un ♠ = *SECTEUR* SANTÉ/ÉPREUVES

Si ENDROIT :

VALET♣ ➔ 7♠   ☞ Un jeune homme qui sait ce qu'il veut.
VALET♣ ➔ 8♠   ☞ Sortira d'un problème de santé.
VALET♣ ➔ 9♠   ☞ Son aide n'est pas à négliger.
VALET♣ ➔ 10♠   ☞ Excellentes nouvelles imminentes.
VALET♣ ➔ VALET♠   ☞ Saura se sortir de situation épineuse.
VALET♣ ➔ CAVAL.♠   ☞ Un jeune homme comme il faut.
VALET♣ ➔ DAME♠   ☞ Il est très proche d'une personne âgée.
VALET♣ ➔ ROI♠   ☞ Pourrait faire une carrière juridique.
VALET♣ ➔ AS♠   ☞ Jeune homme vous fera des avances.

Si : RENVERSÉ(*)

VALET♣* ➔ 7♠   ☞ Jeune homme sans ambition.
VALET♣* ➔ 8♠   ☞ Malade imaginaire.
VALET♣* ➔ 9♠   ☞ Un confident montre son vrai visage.
VALET♣* ➔ 10♠   ☞ Mauvaises nouvelles imminentes.
VALET♣* ➔ VALET♠   ☞ Vous posera des questions gênantes…
VALET♣* ➔ CAVAL.♠   ☞ jeune homme violent.
VALET♣* ➔ DAME♠   ☞ Il cause des soucis à une personne âgée.
VALET♣* ➔ ROI♠   ☞ Pourrait avoir des démêlés la justice…
VALET♣* ➔ AS♠   ☞ Une approche intéressée.

DEVOIR N° 04

À partir de ce que vous avez appris dans la partie 01 du chapitre 3,

réalisez les exercices du devoir 04.

Pour les lecteurs utilisant une tablette, liseuse, PC…
les exercices imprimables de ce devoir 04
peuvent être téléchargés en version PDF
en cliquant sur le lien ci-dessous :

[Télécharger la fiche d'exercices (PDF)](#)

(Le fichier peut s'ouvrir ou se télécharger selon votre appareil.)

DEVOIR 04

➢ **QUESTION 1 :**
   a) *A quelle CARTE du TAROT à jouer correspondent selon vous ces personnages ?*
   b) *Pourquoi cette déduction ?*
– **1/** une femme 25/30 ans, cheveux châtains, très dynamique et qui s'emporte facilement...
   a) →
   b) →

– **2/** Un homme 40 ans environ, aux yeux et cheveux clairs, qui ne sourit guère, qu'il vaut mieux avoir comme ami qu'ennemi...
   a) →
   b) →

– **3/** Une femme sans âge défini qui change souvent de couleurs de cheveux, qui est souriante, mais fausse et hypocrite...
   a) →
   b) →

– **4/** Un enfant aux cheveux blonds et aux yeux bleu, très timide…
   a) →
   b) →

– **5/** Un homme 40/45 ans cheveux grisonnants qui n'apporte son soutien que par intérêts et dont les conseils sont peu fiables…
   a) →
   b) →

➢ QUESTION 2 :

Quelle interprétation allez-vous donner à cet ensemble de CARTES...
Établissez une synthèse du tout.

    10♦ + 9♦   →

    Dame♣* + 8♦ →

    7♦ + Valet♣ →

    As♦ + As♣ →

    Dame♦* + Roi♣ →

➢ QUESTION 3 :

– Une femme mariée 60 ans environ, prend rendez-vous. Elle déprime et a besoin de réconfort (*vous dit-elle lors de la prise de R.D.V.*)
– Son mari a fait 3 infarctus, il y a 6 mois, et elle a peur !
Le jeu ne laisse présager rien de bon, un veuvage possible, ou tout au moins, nouvelle attaque qui peut laisser des séquelles ! *Que faites-vous ?*

    ❏ *Vous lui annoncez qu'elle risque d'être veuve prochainement, qu'un grave problème s'annonce...*

    ❏ *Vous ne lui dites rien, vous minimisez la situation...*

2ᵉ PARTIE
Famille
Des TRÈFLES

SIGNIFICATION de CHAQUE CARTE

DIX – NEUF – HUIT – SEPT

♣

Ils symbolisent :

- L'été
- Le milieu de la journée
- La campagne
- L'adolescence

LES CARACTÉRISTIQUES du 10♣
ENDROIT = POSITIF   RENVERSÉ(*) = NÉGATIF

10♣ est la carte des GROSSES SOMMES D'ARGENT !

➤ **Présenté à l'ENDROIT, 10♣** annonce une grosse somme d'ARGENT à RECEVOIR ainsi que le désir de vaincre les obstacles, donnera au consultant l'énergie. La combativité et le courage de s'investir pleinement dans une situation.

➤ **Présenté RENVERSÉ(*), 10♣*** annonce une grosse somme d'ARGENT à DÉBOURSER ... conseille de ne pas baisser les bras face aux obstacles ; que la lutte sera dure mais grâce à l'obstination, des possibilités de sortir vainqueur.

➤ <u>**À RETENIR :**</u> **ENDROIT** indique une chance imprévue ! (gros gain ou triomphe sur les événements).

– **RENVERSÉ(*):** Mauvaises passe ! Affronter les rivalités et les obstacles avec obstination et sang-froid.

   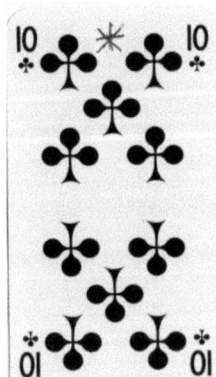

      ENDROIT   RENVERSÉ(*)

LES MOTS CLÉS de :

➢ **10♣ = SOMME D'ARGENT IMPORTANTE À RECEVOIR.**

– Changement heureux – excellent sens des affaires – fortune à recevoir – chance – succès sur le plan professionnel – somme d'argent importante – amour.

– Cette carte annonce un gain financier imprévu grâce à un héritage, une assurance, une exonération d'impôt.

– Un voyage à l'étranger apparaît profitable et vous ouvre peut-être les portes de l'amour.

➢ La 10ᵉ carte de cette *couleur* annonce La fin d'une phase et le début d'une autre.

– <u>Peut faire allusion à un changement</u> : de situation, de logement, de profession, à un voyage, à des fiançailles...

➢ **10♣* = SOMME D'ARGENT IMPORTANTE A DÉBOURSER.**

– Obstacles – peines – situation instable – litiges – mauvaises langues – somme d'argent importante à débourser – trahisons – affaires douteuses – contrariétés – malchance –.

– Dans cette position, il annonce un passage difficile, tant professionnel, financier, que sentimental. – Des déceptions apportent une grande tristesse.

– Une certaine agressivité de l'entourage occasionne des conflits auxquels il faudra se confronter. Seule votre obstination et votre sang-froid vous permettront de surmonter les obstacles.

INTERPRÉTATION DE 10♣ et 10♣*
En fonction du voisinage.

Rappelez-vous que les **cartes de DROITE** sont dites « *NEUTRES* » *ni endroit ni renversé(*)*

Mais **symbolisent le SECTEUR** à analyser tel que :
a) avec à sa DROITE un ♥ = *secteur*   **AFFECTIF**
b) avec à sa DROITE un ♣ = ….   **FINANCIER/MATÉRIEL**
c) avec à sa DROITE un ♦ = ….   **PROFESSION/ÉTUDES**
d) avec à sa DROITE un ♠ = ….   **SANTÉ/ÉPREUVES**

a) 10♣ vers un ♥ : aspect AFFECTIF :
– Une donation inattendue procurera un grand soulagement, à moins que ce soit un cadeau de valeur d'une personne chère.
– Les sentiments sont stables et profonds. L'entente crée une force et donne une belle énergie pour construire un avenir affectif sur des bases solides et sécurisantes. Les déceptions sont oubliées et les relations amicales évoluent dans un climat calme et apaisant.

a) 10♣* vers un ♥ : aspect AFFECTIF :
– Alors que l'on peut espérer filer la parfaite romance, une déception affective remet tout en cause et apporte une grande tristesse. Les réactions deviennent excessives et entraînent des conflits.

b) 10♣ = vers un ♣ : aspect FINANCIER/MATÉRIEL :
– Les déboires matériels sont surmontés. Un gain en bourse ou à la loterie est possible. La chance et la providence s'accordent pour permettre un équilibre financier très satisfaisant en accordant des revenus en augmentation. Les doutes, les difficultés, les épreuves sont maîtrisées.

b) 10♣* vers un ♣ : aspect FINANCIER/MATÉRIEL :
– Une gestion rigoureuse s'impose afin de surmonter ce passage difficile. La chance n'est pas au rendez-vous ; ne prêtez pas de l'argent, évitez les grosses dépenses, ainsi que les jeux ou la bourse.

c) 10♣ = vers un ♦ : aspect PROFESSIONNEL/ÉTUDES :
– La détermination de réussir dans une entreprise professionnelle donne une obstination et une volonté inébranlable qui conduiront à la victoire. Une force intérieure est accordée pour neutraliser les obstacles et de puissants moyens seront donnés pour résoudre les problèmes.

c) 10♣* vers un ♦ : aspect PROFESSIONNEL/ÉTUDES :
– Alors que le but professionnel semble être atteint, un choc vient tout remettre en question. Efforts et investissements personnels ne sont pas récompensés et la déception domine (risque perte emploi, rentrées difficiles en affaires, dépenses imprévues dans le travail...)

d) 10 ♣ vers un ♠ : aspect SANTÉ/ÉPREUVES :
– Apporte une solution heureuse de litiges, de procès, de conflits.
– Héritage important possible.

d) 10♣* vers un ♠ : aspect SANTÉ/ÉPREUVES :
– Dépenses pour la santé.
– Dépenses occasionnées par procès, litiges…
– Perte d'héritage.

LES CARACTÉRISTIQUES du 9♣
ENDROIT = POSITIF   RENVERSÉ(*) = NÉGATIF

**9♣ est la carte de l'argent et des activités.
Il annonce la réussite de toutes les entreprises
malgré les obstacles...**

➤ **Présenté à l'ENDROIT, 9♣** parle de réalisation de vœux... Heureux présage de victoires de toutes sortes... Espoir et capacité de résoudre au mieux les problèmes. Un état satisfaisant de stabilité.

➤ **Présenté RENVERSÉ, 9♣*** annonce des épreuves à affronter et à surmonter – des tromperies – des problèmes d'ordre affectif ou matériel – des inquiétudes professionnelles.
C'est avec ardeur et courage que vous surmonterez les obstacles.

➤ **À RETENIR :** Tout peut vous réussir (*plus ou moins facilement en fonction de sa position*), si vous avez le courage d'affronter de face les épreuves, les obstacles ou les jalousies. C'est votre volonté et votre détermination qui permettent d'obtenir le succès dans tous les SECTEURS...

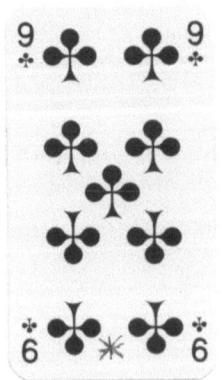   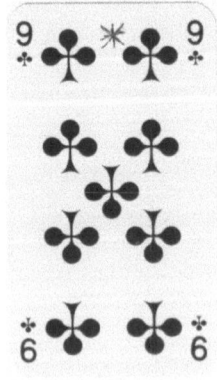

ENDROIT   RENVERSÉ(*)

LES MOTS CLÉS de :

➢ 9♣ = SOMME D'ARGENT À RECEVOIR

– Changement positif – mariage possible – découverte de la maison longtemps cherchée – contrat avec l'étranger – héritage – études supérieures – naissance …

➢9♣* = SOMME D'ARGENT À DÉBOURSER

– Obstacles à surmonter – ennuis de santé passagers – dépenses liée à un divorce – retards humiliants – insuccès financier – mauvaise surprise – inconvénients…

INTERPRÉTATION DE 9♣ et 9♣*
En fonction du voisinage.
Rappelez-vous que les **cartes de DROITE** sont dites « *NEUTRES* »
ni endroit ni renversé(*)
Mais **symbolisent le SECTEUR** à analyser tel que :

a) avec à sa DROITE un ♥ = *secteur* AFFECTIF
b) avec à sa DROITE un ♣ = …. FINANCIER/MATÉRIEL
c) avec à sa DROITE un ♦ = …. PROFESSION/ÉTUDES
d) avec à sa DROITE un ♠ = …. SANTÉ/ÉPREUVES

a) 9♣ vers un ♥ : aspect AFFECTIF :

– Amitiés ou amour sont empreints de sincérité ! Vous vous sentez des ailes et prêt·e à surmonter toutes les difficultés ! Les conseils d'une personne avisée vous seront bénéfiques.

– Prenez du recul avant tout engagement ; ainsi vos décisions seront prises justement.

a) 9♣* vers un ♥ : aspect AFFECTIF :

– Méfiez-vous de votre entêtement, des frictions pourraient surgir si vous ne tenez pas compte des désirs d'autrui.

– Le trouble est semé par un entourage jaloux ou hostile. Passez outre, la situation s'améliorera.

– Par ailleurs, cadeau de mariage à faire ou dépenses pour un événement familial.

b) 9♣ vers un ♣ : aspect FINANCIER/MATÉRIEL :
– Grâce à une volonté courageuse, les difficultés et tracas seront surmontés.
– De nouvelles possibilités de gains s'annoncent, l'assurance d'un succès financier est confirmée et le triomphe matériel s'impose rapidement et pour longtemps !

b) 9 ♣* vers un ♣ : aspect FINANCIER/MATÉRIEL :
– Ne sous-estimez pas vos difficultés financières ! Vous serez sans doute dans l'obligation d'emprunter pour faire face aux échéances.
– N'hésitez pas à vous faire aider pour que vos démarches aboutissent favorablement.
– Ce n'est guère le moment de jouer aux jeux de hasard.

c) 9♣ vers un ♦ : aspect PROFESSIONNEL/ÉTUDES :
– En travaillant avec ardeur, vous atteindrez vos objectifs. Vos efforts seront récompensés et l'avenir se construit sur des bases solides. Des profits non négligeables seront accordés.

c) 9♣* vers un ♦ : aspect PROFESSIONNEL/ÉTUDES :
– Ne comptez pas que sur vos compétences ! C'est grâce aux conseils éclairés de l'entourage que vous obtiendrez un avantage notable. Sachez les écouter !
– Les affaires sont difficiles et sans grand profit immédiat.
– Augmentation de salaire moins importante que prévue.

d) 9♣ vers un ♠ : aspect SANTÉ/ÉPREUVES :
– Un moral d'acier triomphe de tous les petits malaises. Une victoire dans un procès...

d) 9♣* vers un ♠ : aspect SANTÉ/ÉPREUVES :
– Débours pour la santé, moral en baisse…
– Une perte de procès, héritage insignifiant…

LES CARACTÉRISTIQUES du 8♣
ENDROIT = POSITIF   RENVERSÉ(*) = NÉGATIF

8♣ est la carte représentant en général une jeune femme brune
Moins de 30 ANS.
La consultante elle-même si l'âge le permet,
La fille de la consultante ou du consultant, ou une fiancée...

➤ **Présenté à l'ENDROIT, 8♣**, annonce une bonne entente affective et l'amour apportant le mariage.

➤ **Présenté RENVERSÉ, 8♣***, annonce une crise financière et des tracasseries. La chance n'est pas au rendez-vous actuellement. Attention aux rencontres intéressées.

➤ **À RETENIR :** Toutes les formes d'unions ou d'associations vous sont favorables. Vos attentes devraient être récompensées.

– **Si RENVERSÉE(*) :** La vigilance et la prudence sont conseillées en tous SECTEURS.

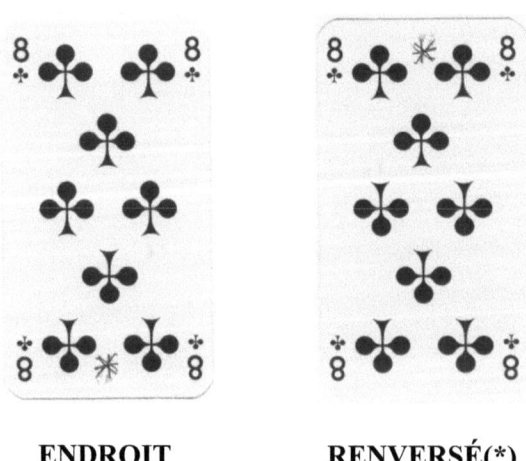

ENDROIT   RENVERSÉ(*)

LES MOTS CLÉS de :

➤ 8♣ = BONNES PENSÉES D'UNE JEUNE FEMME BRUNE.

– Vie campagnarde – excursion agréable – ferme – déménagement – initiative bien accueillie... Annonce un succès – un gain – un travail.

    – Symbolise une jeune fille brune dynamique que vous venez de rencontrer (*si consultant masculin*), qui peut déboucher sur une union intéressante.

    – Carte également de la chance, des cadeaux, des donations, de réalisation des espoirs, d'une bonne nouvelle familiale.

➤ 8♣* = MAUVAISES PENSÉES D'UNE JEUNE FEMME BRUNE.

– Disputes familiales – désaccords – doutes – chagrins – changements non souhaités – malheurs – désillusions – solitude – moments critiques.

    – Personnifie une jeune femme plutôt brune qui a des difficultés financières mais peut aussi constituer un avertissement en ce qui concerne des liens néfastes... Personne intéressée plus que sincère.

    – Annonce une séparation, une crise affective, une question juridique...

    – Des tromperies, des pièges. Conseille la vigilance.

INTERPRÉTATION DE 8♣ et 8♣*

En fonction du voisinage.

Rappelez-vous que les **cartes de DROITE** sont dites « *NEUTRES* »
ni endroit ni renversé(*)

Mais **symbolisent le SECTEUR** à analyser tel que :
a) avec à sa DROITE un ♥ = *secteur*   **AFFECTIF**
b) avec à sa DROITE un ♣ = ...   **FINANCIER/MATÉRIEL**
c) avec à sa DROITE un ♦ = ...   **PROFESSION/ÉTUDES**
d) avec à sa DROITE un ♠ = ...   **SANTÉ/ÉPREUVES**

a) 8♣ vers un ♥ : aspect AFFECTIF :

– Doux climat pour vos amours ; la sincérité règne, la joie éclaire votre relation. La réalisation des vœux affectifs est proche.
SI CONSULTANT EST MASCULIN : peut-être rassuré sur les sentiments d'une jeune personne. En cas de tension, la réconciliation est certaine.

a) 8♣* vers un ♥ : aspect AFFECTIF :

– Annonce une crise affective, les échanges sont semés de doutes.
– Vous pourriez avoir à faire à un entourage hostile et jaloux qui peut mettre votre relation en péril.
SI CONSULTANT MASCULIN : L'affection d'une jeune personne est peut-être plus intéressée que sincère ; il faut remettre les "pendules à l'heure" et ne pas se laisser abuser.

b) 8♣ vers un ♣ : aspect FINANCIER/MATÉRIEL :

– De nouvelles possibilités de gains s'annoncent. Les difficultés et tracas se trouvent surmontés. Une augmentation de salaire est possible. Toute transaction ou spéculation devrait donner des résultats positifs.

b) 8♣* vers un ♣ : aspect FINANCIER/MATÉRIEL :

– La prudence dans ce SECTEUR reste d'actualité et une gestion rigoureuse est recommandée. Des conflits de famille peuvent entraîner des préoccupations matérielles.
– Il est tout à fait possible que vous soyez contraint.e de contracter un emprunt pour faire face à un projet ou à un problème financier.

c) 8♣ vers un ♦ : aspect PROFESSIONNEL/ÉTUDES :

– La chance est au rendez-vous ! Votre tempérament énergique est votre atout. Vous verrez vos efforts récompensés. Les aides de l'entourage amical ou professionnel ainsi que leurs conseils avisés, seront d'une grande utilité pour votre progression.
– Sachez être à l'écoute ; vous irez vers la réussite !

c) 8♣* vers un ♦ : aspect PROFESSIONNEL/ÉTUDES :
— Des contrariétés dans l'activité mettent vos nerfs à rude épreuve. Vous devez rester vigilant·e ! Et ne pas faire preuve de faiblesse. Vous pourriez être victime d'une personne sans scrupules qui ne cherche qu'à vous exploiter ou user de votre influence pour ses ambitions personnelles.

d) 8♣ vers un ♠ : aspect SANTÉ/ÉPREUVES :
— Bonne santé en général.
— Une jeune femme brune envisage intervenir pour vous aider à résoudre vos difficultés.

d) 8♣* vers un ♠ : aspect SANTÉ/ÉPREUVES :
— Une jeune femme brune malade.
— Ne pas compter sur son aide pour résoudre les problèmes.

LES CARACTÉRISTIQUES de 7♣
ENDROIT = POSITIF   RENVERSÉ(*) = NÉGATIF

LE 7♣ est la carte symbolisant un jeune enfant moins de 13 ans.

➢ **Présenté à l'ENDROIT, 7♣** annonce de petites joies, de petites rentrées financières, bonnes affinités et complicité avec un jeune enfant.

➢ **Présenté RENVERSÉ 7♣*** annonce des petites contrariétés, des petites pertes d'argent, des soucis liés à un jeune garçon…

➢ <u>**À RETENIR :**</u> Carte des petits agréments, de la séduction et du charme… peut annoncer des actions audacieuses portant leurs fruits.

– Mais **si RENVERSÉE(*)**, carte de la sévérité, les retombées peuvent comporter certains désagréments. Agissez en douceur et avec prudence !

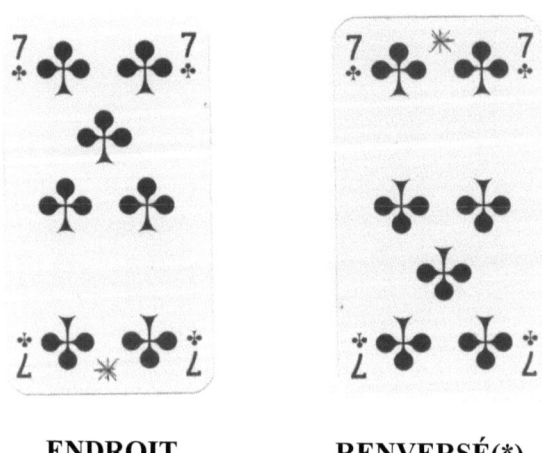

ENDROIT   RENVERSÉ(*)

LES MOTS CLÉS de :

7♣ = JEUNE ENFANT moins de 13 ANS
CADEAU ou PETITE SOMME D'ARGENT À RECEVOIR.

➤7♣ = Une certaine aisance financière – réalisations des souhaits – obstacles surmontés – une rentrée d'argent modeste mais qui fera plaisir – un cadeau de valeur sentimentale – une amitié nouvelle qui apporte un réconfort …
– Peut symboliser également un bébé, un petit garçon…

➤7♣* = …. CADEAU A FAIRE ou PETITE SOMME D'ARGENT A DÉBOURSER.
– Difficultés à faire face aux problèmes – commérages – discussions inutiles – malentendus – conflits – doutes –.retards en toute réalisation – chagrins – désillusions.
– Il indique une inquiétude ; un embarras, une gêne, une question juridique ennuyeuse, un enfant illégitime… De l'argent à rembourser.

INTERPRÉTATION DE 7♣ et 7♣*
En fonction du voisinage.
Rappelez-vous que les **cartes de DROITE** sont dites « *NEUTRE*S »
ni endroit ni renversé(*)
Mais **symbolisent le SECTEUR** à analyser tel que :
a) avec à sa DROITE un ♥ = *secteur*   **AFFECTIF**
b) avec à sa DROITE un ♣ = ….   **FINANCIER/MATÉRIEL**
c) avec à sa DROITE un ♦ = ….   **PROFESSION/ÉTUDES**
d) avec à sa DROITE un ♠ = ….   **SANTÉ/ÉPREUVES**

a) **7♣ vers un ♥ : aspect AFFECTIF :**
– En déployant tout votre charme pour séduire la personne aimée, vous verrez vos efforts récompensés et l'échange affectif vous comblera de bonheur.
– Amitié nouvelle d'une personne brune vous comblera.

a) **7♣* vers un ♥ : aspect AFFECTIF :**
– Vous déployez beaucoup d'énergie pour séduire et atteindre un but affectif mais vos efforts n'apportent que déceptions.
– Présage des rivalités peu dangereuses ou d'une petite faiblesse dans le SECTEUR affectif.

b) 7♣ vers un ♣ : aspect FINANCIER/MATÉRIEL :
– Les efforts et la patience vous permettront de voir plus clair dans vos obligations financières et vous vous libérerez des embarras.
– Les investissements et transactions diverses sont excellents et votre position matérielle est bien assurée.

b) 7♣* vers un ♣ : aspect FINANCIER/MATÉRIEL :
– La situation matérielle est préoccupante. Les contraintes sont exaspérantes et votre budget est soumis à rudes épreuves. Des restrictions sont indispensables pour redresser les difficultés pouvant provenir de promesses trompeuses.

c) 7♣ vers un ♦ : aspect PROFESSIONNEL/ÉTUDES :
– La concrétisation des projets est facilitée par une communication où tous les arguments de charme sont utilisés. Les négociations sont aisées et les affaires rapidement conclues. L'ambition est ainsi satisfaite et l'expansion professionnelle plutôt bénéfique.
– Votre obstination est récompensée ! La lutte n'est donc pas inutile puisqu'elle conduit au succès !

c) 7♣* vers un ♦ : aspect PROFESSIONNEL/ÉTUDES :
– Attention de ne pas disperser votre énergie. Quand vous démarrez quelque chose, terminez-la !
– Par ailleurs, certains obstacles peuvent entraver votre avancement professionnel.

d) 7♣ vers un ♠ : aspect SANTÉ/ÉPREUVES :
– Lassitude passagère.
– Petite indemnité reçue à la suite de litiges de réconciliation ou d'arrangement.

d) 7♣* vers un ♠ : aspect SANTÉ/ÉPREUVES :
– Petites dépenses pour la santé – Ennuis domestiques – détérioration d'objets ou de matériel – visite chez le garagiste…

SIGNIFICATION DES CARTES EN ASSOCIATION

LA FAMILLE DES «TRÈFLES»

♣

DIX – NEUF – HUIT – SEPT

10♣ EN ASSOCIATION AVEC :

Avec un ♥ = *SECTEUR* **AFFECTIF**

Si ENDROIT :

10♣ ➔ 7♥	☛Bonne évolution des relations amicales.
10♣ ➔ 8♥	☛Des fiançailles (pour un jeune homme).
10♣ ➔ 9♥	☛Amour partagé.
10♣ ➔ 10♥	☛Entreprise familiale qui s'avèrera fructueuse.
10♣ ➔ VALET♥	☛Des fiançailles (pour une jeune fille).
10♣ ➔ CAVAL.♥	☛Une belle preuve d'amour. (Bijou de valeur...)
10♣ ➔ DAME♥	☛Une femme pleine de largesse pécuniaire.
10♣ ➔ ROI♥	☛Un homme plein de largesse pécuniaire.
10♣ ➔ AS♥	☛Tous les membres de la famille vivront dans l'aisance.

Si : RENVERSÉ(*)

10♣* ➔ 7♥	☛Frais affectifs, adoption possible si envisagée.
10♣* ➔ 8♥	☛Rupture de fiançailles pour un jeune homme.
10♣* ➔ 9♥	☛Peines, amour non partagé.
10♣* ➔ 10♥	☛Entreprise familiale qui court à la faillite.
10♣* ➔ VALET♥	☛Rupture de fiançailles pour une jeune fille.
10♣* ➔ CAVAL.♥	☛Trahison d'une personne de l'entourage proche
10♣* ➔ DAME♥	☛Ne donne aucune preuve d'affection.
10♣* ➔ ROI♥	☛Ne montre aucune tendresse.
10♣* ➔ AS♥	☛Les dépenses familiales sont lourdes à subir.

10♣ EN ASSOCIATION AVEC :

Avec un ♣ = *SECTEUR* **FINANCIER/MATÉRIEL**

Si ENDROIT :

10♣ ➔ 7♣	☞Un cadeau inattendu.
10♣ ➔ 8♣	☞Association fructueuse.
10♣ ➔ 9♣	☞Augmentation de salaire suite à promotion.
10♣ ➔ VALET♣	☞Il faut savoir miser au bon moment.
10♣ ➔ CAVAL.♣	☞Opportunité pour revendre bien immobilier.
10♣ ➔ DAME♣	☞Elle baignera dans l'aisance pécuniaire.
10♣ ➔ ROI♣	☞Il baignera dans l'aisance pécuniaire.
10♣ ➔ AS♣	☞Promotion, augmentation, participation aux bénéfices…

Si : RENVERSÉ(*)

10♣* ➔ 7♣	☞Cadeau onéreux à faire (mariage, baptême...)
10♣* ➔ 8♣	☞Lien néfaste.
10♣* ➔ 9♣	☞Régression professionnelle, baisse de salaire.
10♣* ➔ VALET♣	☞À faire n'importe quoi, risque de perdre gros !
10♣* ➔ CAVAL.♣	☞Difficultés pour vendre des biens immobiliers.
10♣* ➔ DAME♣	☞Elle connaîtra de gros tracas financiers.
10♣* ➔ ROI♣	☞Il connaîtra de gros tracas financiers.
10♣* ➔ AS♣	☞Mauvaise passe, difficultés financières en vue.

🍀 10♣ EN ASSOCIATION AVEC : 🍀

Avec un ♦ = *SECTEUR* **PROFESSIONNEL/ÉTUDES**

Si ENDROIT :

10♣ ➔ 7♦	☞Votre persévérance sera source de profits.
10♣ ➔ 8♦	☞Demande de prêt acceptée.
10♣ ➔ 9♦	☞Amélioration financière longtemps attendue.
10♣ ➔ 10♦	☞Augmentation de salaire, promotion.
10♣ ➔ VALET♦	☞Un gros gain inattendu (casino, loto...)
10♣ ➔ CAVAL.♦	☞Voyage à l'étranger très lucratif.
10♣ ➔ DAME♦	☞L'argent ne fait pas toujours le bonheur.
10♣ ➔ ROI♦	☞Un héritage imprévu.
10♣ ➔ AS♦	☞Rentrée imminente d'une grosse somme d'argent.

Si : RENVERSÉ(*)

10♣* ➔ 7♦	☞Risque perte emploi.
10♣* ➔ 8♦	☞Demande de prêt refusée.
10♣* ➔ 9♦	☞Virement attendu encore bien lointain.
10♣* ➔ 10♦	☞Affaires difficiles, risque perte emploi.
10♣* ➔ VALET♦	☞Tenez-vous éloigné·e des casinos ou autres.
10♣* ➔ CAVAL.♦	☞Voyage à l'étranger très onéreux.
10♣* ➔ DAME♦	☞Elle vous mettra sur la paille.
10♣* ➔ ROI♦	☞Héritage de dettes !.
10♣* ➔ AS♦	☞Grosse perte d'argent ; n'en prêtez pas !

🍀 10♣ EN ASSOCIATION AVEC : 🍀

Avec un ♠ = *SECTEUR* SANTÉ/ÉPREUVES

Si ENDROIT :

10♣ ➔ 7♠	☞	Solution trouvée aux soucis d'argent.
10♣ ➔ 8♠	☞	Solution heureuse de conflits, litiges...
10♣ ➔ 9♠	☞	Héritage important possible ; assurance vie…
10♣ ➔ 10♠	☞	Grosse rentrée d'argent imprévue prochaine…
10♣ ➔ VALET♠	☞	Un bon placement.
10♣ ➔ CAVAL.♠	☞	Procès gagné avec intérêts conséquents.
10♣ ➔ DAME♠	☞	Aide financière venue de la famille.
10♣ ➔ ROI♠	☞	Négociations bien menées par un expert.
10♣ ➔ AS♠	☞	Une proposition fort alléchante.

Si : RENVERSÉ(*)

10♣* ➔ 7♠	☞	Apprenez à mieux gérer vos finances.
10♣* ➔ 8♠	☞	Dépenses occasionnées par perte de procès...
10♣* ➔ 9♠	☞	Perte d'héritage, grosses dépenses pour santé.
10♣* ➔ 10♠	☞	Grosse somme d'argent à débourser.
10♣* ➔ VALET♠	☞	Mauvais placement ou escroquerie.
10♣* ➔ CAVAL.♠	☞	Procès perdu occasionnant frais importants.
10♣* ➔ DAME♠	☞	Aide financière requise pour soutenir famille.
10♣* ➔ ROI♠	☞	risque visite huissier pour retards de paiements
10♣* ➔ AS♠	☞	Gare aux jeux de hasard et appâts alléchants qui vous mettront sur la paille.

9♣ EN ASSOCIATION AVEC :

Avec un ♥ = *SECTEUR* **AFFECTIF**

Si ENDROIT :

9♣ → 7♥	☞	Fête, réception...
9♣ → 8♥	☞	L'amour que l'on vous porte, est sincère.
9♣ → 9♥	☞	Vous verrez se réaliser vos vœux.
9♣ → 10♥	☞	La découverte de la maison de vos rêves.
9♣ → VALET♥	☞	L'amour que l'on vous porte, est sincère
9♣ → CAVAL.♥	☞	Possibilité d'un mariage prochain.
9♣ → DAME♥	☞	Les conseils d'une amie vous seront précieux.
9♣ → ROI♥	☞	Les conseils d'une amie vous seront précieux.
9♣ → AS♥	☞	Création d'une entreprise familiale.

Si : RENVERSÉ(*)

9♣* → 7♥	☞	Dépense pour événement familial.
9♣* → 8♥	☞	Tromperie venant d'une jeune femme.
9♣* → 9♥	☞	Des épreuves à surmonter.
9♣* → 10♥	☞	Vous ne pourrez vous offrir la maison désirée.
9♣* → VALET♥	☞	Tromperies venant d'un jeune homme.
9♣* → CAVAL.♥	☞	Le trouble est semé dans votre relation.
9♣* → DAME♥	☞	Attention à sa jalousie.
9♣* → ROI♥	☞	Attention à sa jalousie.
9♣* → AS♥	☞	Dissolution d'une entreprise familiale.

❧ 9♣ EN ASSOCIATION AVEC : ❧

Avec un ♣ = *SECTEUR* **FINANCIER/MATÉRIEL**

Si ENDROIT :

9♣ ➔ 7♣	☞Réussite dans une branche qui vous attire.
9♣ ➔ 8♣	☞Augmentation de salaire.
9♣ ➔ 10♣	☞La chance est présente, n'hésitez pas à jouer !
9♣ ➔ VALET♣	☞Promotion pour un jeune homme.
9♣ ➔ CAVAL.♣	☞Nette amélioration financière.
9♣ ➔ DAME♣	☞Son entreprise se porte bien.
9♣ ➔ ROI♣	☞Son entreprise se porte bien.
9♣ ➔ AS♣	☞Pleine réussite professionnelle et financière.

Si : RENVERSÉ(*)

9♣* ➔ 7♣	☞Ne sous-estimez pas vos difficultés financières.
9♣* ➔ 8♣	☞Risque baisse de salaire.
9♣* ➔ 10♣	☞Malchance, ce n'est guère le moment jouer !
9♣* ➔ VALET♣	☞Promotion attendue encore lointaine.
9♣* ➔ CAVAL.♣	☞ Gestion peu sérieuse, gare aux problèmes !
9♣* ➔ DAME♣	☞Elle a des problèmes dans son entreprise.
9♣* ➔ ROI♣	☞Il a des problèmes dans son entreprise.
9♣* ➔ AS♣	☞Faillite, dépôt de bilan ; redres. judiciaire…

9♣ EN ASSOCIATION AVEC :

Avec un ♦ = *SECTEUR* **PROFESSIONNEL/ÉTUDES**

Si ENDROIT :

- 9♣ ➜ 7♦ ☞Vos idées seront lucratives.
- 9♣ ➜ 8♦ ☞Réorganisation à votre avantage, des activités.
- 9♣ ➜ 9♦ ☞Probabilité de mariage reculé.
- 9♣ ➜ 10♦ ☞Profession itinérante.
- 9♣ ➜ VALET♦ ☞Homme habile dans les finances vous aidera.
- 9♣ ➜ CAVAL.♦ ☞Une création de société possible.
- 9♣ ➜ DAME♦ ☞Vous vaincrez les rivalités professionnelles.
- 9♣ ➜ ROI♦ ☞Mutation avantageuse.
- 9♣ ➜ AS♦ ☞Proposition salariale, changement de poste…

Si RENVERSÉ(*)

- 9♣* ➜ 7♦ ☞Bataille hiérarchique.
- 9♣* ➜ 8♦ ☞Réorganisation néfaste pour vos activités.
- 9♣* ➜ 9♦ ☞Vous êtes sur une voie de garage.
- 9♣* ➜ 10♦ ☞Affaires difficiles et sans grand profit immédiat
- 9♣* ➜ VALET♦ ☞Sachez écouter les conseils judicieux d'autrui !
- 9♣* ➜ CAVAL.♦ ☞Difficultés pour concrétiser les projets.
- 9♣* ➜ DAME♦ ☞Une femme vous gênera dans vos activités.
- 9♣* ➜ ROI♦ ☞Mutation imposée, mais pas d'autre option !
- 9♣* ➜ AS♦ ☞Risque de changement de poste et de rétrogradation des responsabilités.

9♣ EN ASSOCIATION AVEC :

Avec un ♠ = *SECTEUR* SANTÉ/ÉPREUVES

Si ENDROIT :

- 9♣ → 7♠ ☞ Vous surmonterez un problème financier.
- 9♣ → 8♠ ☞ Un moral d'acier.
- 9♣ → 9♠ ☞ Petit héritage ou donation.
- 9♣ → 10♠ ☞ Une rentrée d'argent immédiate.
- 9♣ → VALET♠ ☞ Vous sauverez votre emploi.
- 9♣ → CAVAL.♠ ☞ Changement de poste dans l'entreprise.
- 9♣ → DAME♠ ☞ Une femme âgée vous aidera.
- 9♣ → ROI♠ ☞ Un notaire ou avocat vous fera faire des profits.
- 9♣ → AS♠ ☞ Offre salariale alléchante.

Si : RENVERSÉ(*)

- 9♣* → 7♠ ☞ Moral en baisse.
- 9♣* → 8♠ ☞ Vous ne ferez pas l'affaire.
- 9♣* → 9♠ ☞ Dépenses pour la santé.
- 9♣* → 10♠ ☞ Une sortie d'argent immédiate.
- 9♣* → VALET♠ ☞ Vous risquez de perdre votre emploi.
- 9♣* → CAVAL.♠ ☞ Inquiétude, bruits de couloirs...
- 9♣* → DAME♠ ☞ On vous critiquera !
- 9♣* → ROI♠ ☞ Perte de procès.
- 9♣* → AS♠ ☞ Offre salariale alléchante non maintenue.

8 ♣ EN ASSOCIATION AVEC :

Avec un ♥ = *SECTEUR* **AFFECTIF**

Si ENDROIT :

8♣ ➔ 7♥		☞Joie de maternité pour une jeune femme.
8♣ ➔ 8♥		☞Nouvelles amitiés.
8♣ ➔ 9♥		☞Mariage possible, grands projets.
8♣ ➔ 10♥		☞Complicité en famille. Déména. à la campagne.
8♣ ➔ VALET♥		☞Amour est au rendez-vous, nouvelle rencontre.
8♣ ➔ CAVAL.♥		☞L'amour au beau fixe.
8♣ ➔ DAME ♥		☞Grande complicité, amitié sincère.
8♣ ➔ ROI ♥		☞Un mariage possible avec un homme + âgé.
8♣ ➔ AS ♥		☞Un rendez-vous galant et plein de promesses.

Si : RENVERSÉ(*)

8♣* ➔ 7♥		☞Grossesse non désirée / difficultés à concevoir.
8♣* ➔ 8♥		☞Déception amicale.
8♣* ➔ 9♥		☞Projets qui risquent d'être anéantis.
8♣* ➔ 10♥		☞S'éloigne de sa famille.
8♣* ➔ VALET♥		☞Son affection est plutôt intéressée.
8♣* ➔ CAVAL.♥		☞Dispute amoureuse. Rupture possible.
8♣* ➔ DAME♥		☞Hypocrisie, amitié peu sincère.
8♣* ➔ ROI♥		☞Risque divorce.
8♣* ➔ AS♥		☞Un rendez-vous sans suite.

8♣ EN ASSOCIATION AVEC :

Avec un ♣ = *SECTEUR* **FINANCIER/MATÉRIEL**

Si ENDROIT :

8♣ ➔ 7♣	☞Elle obtiendra ce qu'elle veut.
8♣ ➔ 9♣	☞Les finances sont au beau fixe.
8♣ ➔ 10♣	☞Son avenir financier est assuré.
8♣ ➔ VALET♣	☞Ce sera une sorte d'union « monétaire ».
8♣ ➔ CAVAL.♣	☞De nouvelles possibilités de gains s'annoncent.
8♣ ➔ DAME♣	☞Elle réussira au-delà de ses espérances…
8♣ ➔ ROI♣	☞Union avec homme plus âgé et aisé.
8♣ ➔ AS♣	☞Succès garanti, bénéfice, mariage réussi.

Si : RENVERSÉ(*)

8♣* ➔ 7♣	☞Une mauvaise gestion.
8♣* ➔ 9♣	☞Préoccupations matérielles.
8♣* ➔ 10♣	☞Attention aux dépenses inconsidérées.
8♣* ➔ VALET♣	☞Est très intéressée.
8♣* ➔ CAVAL.♣	☞Pertes d'argent par manque de vigilance.
8♣* ➔ DAME♣	☞Elle n'a aucun sens de la gestion.
8♣* ➔ ROI♣	☞Elle risque de le laisser sur la paille.
8♣* ➔ AS♣	☞Mariage raté, gros soucis financiers…

🙠 8♣ EN ASSOCIATION AVEC : 🙢

Avec un ♦ = *SECTEUR* **PROFESSIONNEL/ÉTUDES**

Si ENDROIT :

8♣ ➔ 7♦	☞La tête pleine de bonnes idées !
8♣ ➔ 8♦	☞Elle obtiendra ce qu'elle désire.
8♣ ➔ 9♦	☞Patience et persévérance seront favorables.
8♣ ➔ 10♦	☞Très douée pour les affaires, le commerce.
8♣ ➔ VALET♦	☞Réussite dans un examen, un concours…
8♣ ➔ CAVAL.♦	☞Démarches professionnelles profitables.
8♣ ➔ DAME♦	☞Une intrigante ne l'impressionne pas.
8♣ ➔ ROI♦	☞Fera une rencontre lors d'un déplacement.
8♣ ➔ AS♦	☞Succès professionnel assuré, signature de contrat travail.

Si : RENVERSÉ(*)

8♣* ➔ 7♦	☞Les nerfs à rudes épreuves.
8♣* ➔ 8♦	☞On ne cherche qu'à l'exploiter.
8♣* ➔ 9♦	☞Stagnation, rien n'évolue favorablement.
8♣* ➔ 10♦	☞N'est pas faites pour le commerce.
8♣* ➔ VALET♦	☞Échec dans les examens, les concours.
8♣* ➔ CAVAL.♦	☞Démarches professionnelles peu fructueuses.
8♣* ➔ DAME♦	☞Trahisons venant d'une femme.
8♣* ➔ ROI♦	☞Démarches contrariantes auprès d'un homme.
8♣* ➔ AS♦	☞Nouvelles désagréables.

♣ 8♣ EN ASSOCIATION AVEC : ♣

Avec un ♠ = *SECTEUR* SANTÉ/ÉPREUVES

Si ENDROIT :

8♣ → 7♠	☞Une jeune personne dynamique.
8♣ → 8♠	☞Bonne santé en général.
8♣ → 9♠	☞Se préoccupe de votre santé.
8♣ → 10♠	☞Son heure de réussite viendra sous peu.
8♣ → VALET♠	☞On essaiera de lui causer du tort.
8♣ → CAVAL.♠	☞prévoit intervenir pour vous sortir d'embarras.
8♣ → DAME♠	☞Proche d'une personne âgée.
8♣ → ROI♠	☞Contrat à durée indéterminée.
8♣ → AS♠	☞Bonne occasion à saisir, bonheur assuré.

Si : RENVERSÉ(*)

8♣* → 7♠	☞Une jeune personne sédentaire.
8♣* → 8♠	☞Jeune personne souffrante.
8♣* → 9♠	☞Est dépressive.
8♣* → 10♠	☞Doit faire plus d'efforts pour s'en sortir.
8♣* → VALET♠	☞Est en compagnie douteuse.
8♣* → CAVAL.♠	☞Intervention désastreuse d'une jeune personne.
8♣* → DAME♠	☞Difficultés causées par des personnes jalouses.
8♣* → ROI♠	☞Contrat de courte durée, voire rupture…
8♣* → AS♠	☞Méfiance, proposition malsaine.

7♣ EN ASSOCIATION AVEC :

Avec un ♥ = *SECTEUR* **AFFECTIF**

Si ENDROIT :

7♣ ➔ 7♥	☞	Les amis ne vous feront pas défauts.
7♣ ➔ 8♥	☞	Entière satisfaction d'une nouvelle amitié.
7♣ ➔ 9♥	☞	Un grand amour s'annonce.
7♣ ➔ 10♥	☞	Invitation en famille ou de la part d'amis.
7♣ ➔ VALET♥	☞	Nouvelle amitié basée sur la confiance.
7♣ ➔ CAVAL.♥	☞	Un amour caché. (Amant – maîtresse)
7♣ ➔ DAME♥	☞	Une dame dans vos pensées.
7♣ ➔ ROI♥	☞	Un monsieur dans vos pensées.
7♣ ➔ AS♥	☞	Vous avez envie de faire la fête !

Si : RENVERSÉ(*)

7♣* ➔ 7♥	☞	Les amis feront faux bond !
7♣* ➔ 8♥	☞	Une amitié éphémère.
7♣* ➔ 9♥	☞	Célibat forcé.
7♣* ➔ 10♥	☞	Petites disputes en famille, désaccords.
7♣* ➔ VALET♥	☞	Doutes concernant nouvelle relation amicale.
7♣* ➔ CAVAL.♥	☞	Colère faisant suite à trahison.
7♣* ➔ DAME♥	☞	Petit dérapage.
7♣* ➔ ROI♥	☞	Petite faiblesse.
7♣* ➔ AS♥	☞	Vous ne voudrez voir personne.

7♣ EN ASSOCIATION AVEC :

Avec un ♣ = *SECTEUR* **FINANCIER/MATÉRIEL**

Si ENDROIT :

7♣ ➔ 8♣	☞Joie pour une petite rentrée d'argent.
7♣ ➔ 9♣	☞Vous souhaitez assurer votre avenir financier.
7♣ ➔ 10♣	☞Chance aux jeux, à la loterie...
7♣ ➔ VALET♣	☞Vous séduirez jeune homme de belle famille.
7♣ ➔ CAVAL.♣	☞Vous résoudrez vos problèmes.
7♣ ➔ DAME♣	☞Une femme généreuse ; apporte son aide.
7♣ ➔ ROI♣	☞Un homme généreux ; apporte son aide.
7♣ ➔ AS♣	☞Personne ne vous empêchera d'accomplir vos projets.

Si : RENVERSÉ(*)

7♣* ➔ 8♣	☞Déception pour argent attendu.
7♣* ➔ 9♣	☞Vous êtes plus cigale que fourmi !
7♣* ➔ 10♣	☞Situation matérielle préoccupante, malchance.
7♣* ➔ VALET♣	☞Projet sentimental annulé, de famille pauvre.
7♣* ➔ CAVAL.♣	☞Ne fera rien pour vous venir en aide.
7♣* ➔ DAME♣	☞Trop pingre pour vous aider.
7♣* ➔ ROI♣	☞Trop pingre pour vous aider.
7♣* ➔ AS♣	☞Méfiez vous des promesses trompeuses.

♣ 7♣ EN ASSOCIATION AVEC : ♣

Avec un ♦ = *SECTEUR* **PROFESSIONNEL/ÉTUDES**

Si ENDROIT :
- 7♣ ➔ 7♦ ☞Petite joie.
- 7♣ ➔ 8♦ ☞Projets en tête qui peuvent de se concrétiser.
- 7♣ ➔ 9♦ ☞Vous surmonterez les obstacles.
- 7♣ ➔ 10♦ ☞Déplacement professionnel ou d'agrément…
- 7♣ ➔ VALET♦ ☞Cadeau offert par collègue ou relation amicale.
- 7♣ ➔ CAVAL.♦ ☞Vous obtiendrez une aide extérieure.
- 7♣ ➔ DAME♦ ☞Un terrain d'entente sera trouvé.
- 7♣ ➔ ROI♦ ☞Vous aurez un ami étranger à l'esprit.
- 7♣ ➔ AS♦ ☞Faites savoir à ceux que vous aimez, que vous existez.

Si : RENVERSÉ(*)
- 7♣* ➔ 7♦ ☞Petite contrariété.
- 7♣* ➔ 8♦ ☞Vos idées sont confuses.
- 7♣* ➔ 9♦ ☞Entrave, gêne, pression.
- 7♣* ➔ 10♦ ☞Déceptions pour déplacements annulés.
- 7♣* ➔ VALET♦ ☞Cadeau à offrir à collègue ou relation.
- 7♣* ➔ CAVAL.♦ ☞vous ne pourrez compter sur aucune aide.
- 7♣* ➔ DAME♦ ☞Quelqu'un aura une dent contre vous.
- 7♣* ➔ ROI♦ ☞Une personne vous causera des soucis.
- 7♣* ➔ AS♦ ☞Chèque ou mandat à envoyer.

🙣 7♣ EN ASSOCIATION AVEC : 🙢

Avec un ♠ = *SECTEUR* SANTÉ/ÉPREUVES

Si ENDROIT :

- 7♣ ➔ 7♠ ☞ Vous êtes dans votre bon droit.
- 7♣ ➔ 8♠ ☞ Lassitude passagère.
- 7♣ ➔ 9♠ ☞ Petite indemnité suite arrangements de litiges.
- 7♣ ➔ 10♠ ☞ Les circonstances vous aideront.
- 7♣ ➔ VALET♠ ☞ Cadeau reçu à la suite d'une réconciliation.
- 7♣ ➔ CAVAL.♠ ☞ Bonne nouvelle venant d'un avocat...
- 7♣ ➔ DAME♠ ☞ Attiré.e par une femme veuve ou divorcée.
- 7♣ ➔ ROI♠ ☞ Embauche, partici. aux bénéfices de l''entreprise.
- 7♣ ➔ AS♠ ☞ Un procès gagné !

Si : RENVERSÉ(*)

- 7♣* ➔ 7♠ ☞ Ennuis passagers, vœu qui ne réalise pas.
- 7♣* ➔ 8♠ ☞ Ennuis domestiques, électroménager, voiture...
- 7♣* ➔ 9♠ ☞ Doutes, marasme, manque de confiance en soi.
- 7♣* ➔ 10♠ ☞ Tous vos plans tombent à l'eau !
- 7♣* ➔ VALET♠ ☞ Impuissant·e, vous souffrirez d'une injustice.
- 7♣* ➔ CAVAL.♠ ☞ Rivalité, rupture d'une amitié.
- 7♣* ➔ DAME♠ ☞ Petite pension à verser à personne dans le besoin
- 7♣* ➔ ROI♠ ☞ Vous vous sentirez lésé·e.
- 7♣* ➔ AS♠ ☞ Un procès perdu !

DEVOIR N° 05

À partir de ce que vous avez appris dans la partie 02 du chapitre 3,

réalisez les exercices du devoir 05.

Pour les lecteurs utilisant une tablette, liseuse, PC…les exercices imprimables de ce devoir 05
peuvent être téléchargés en version PDF
en cliquant sur le lien ci-dessous :

[Télécharger la fiche d'exercices (PDF)](#)

(Le fichier peut s'ouvrir ou se télécharger selon votre appareil.)

DEVOIR 05

ಬಿಂಚಿ

➢ QUESTION 1 :
— En dehors des ASSOCIATIONS DÉJÀ FORMULÉES, faites la SYNTHÈSE des « **mariages** » suivants avec des phrases complètes comme ces 2 exemples :

DAME♣ + 7♣* = *une bonne mère de famille qui fera tout pour subvenir au besoin d'un jeune enfant...*
Ou encore :
DAME♣ + 7♣* = *une amie qui aime faire des présents...*

Nota : pourquoi ces interprétations différentes ?

— **DAME♣ (endroit)** représente *une femme généreuse qui sait servir les intérêts d'autrui.*

— **7♣*** (renversé mais **neutre**) peut représenter *un jeune enfant, mais également une petite somme d'argent, un présent...*

*****

— À vous de faire travailler « votre imagination » et essayez de donner des interprétations à ces « *mariages* » :

— 1/   **AS♦ + AS♣*** ☞

— 2/   **CAVALIER♣* + DAME♦*** ☞

— 3/   **ROI♣ + DAME♣*** ☞

— 4/   **AS♦ + AS♣** ☞

– 5/   VALET♦ + 7♣ ☞

– 6/   CAVALIER♦ + CAVALIER♣ ☞

– 7/   8♣* + VALET♣ ☞

– 8/   ROI♦* + DAME♣ ☞

– 9/   VALET♣ + 8♣* ☞

– 10/   7♣ + VALET♦ ☞

– 11/   ROI♣ + VALET♣ ☞

– 12/   9♣ + 8♦ ☞

– 13/   VALET♣ + 8 ♣ ☞

– 14/   7♦ + 9♦ ☞

Pour les lecteurs utilisant une tablette, liseuse, PC…

Les CORRIGÉS (D.04 & D.05) de ce CHAPITRE 3

peuvent être téléchargés en version PDF
en cliquant sur le lien ci-dessous

en cliquant sur le lien ci-dessous

<u>Télécharger la fiche de corrigés (PDF)</u>

(Le fichier peut s'ouvrir ou se télécharger selon votre appareil.)

***(Pour les lecteurs papier…
retrouvez les corrigés au chapitre 7)***

CHAPITRE 4

LES « CŒURS » ♥

MÉMO CARTES À JOUER

MOTS CLÉS (utiles à la **COUPE**, *entre autres…*)
LES ♥ = l'automne – la mer – fin de la journée – l'âge adulte

AS♥ = GRANDE JOIE – BONHEUR ASSURE.
Bonnes nouvelles venant de la famille. Des réconciliations sont envisageables – changement de résidence – retrouvailles – naissance d'un enfant – rentrée d'argent inattendue – grande amélioration de la situation – guérison complète – solutions heureuses en cas de litiges...

AS♥* = JOIE MITIGÉE – DÉCEPTIONS.
Tracasseries inattendues – instabilité amoureuse – proposition professionnelle sans suite – discussions familiales – stérilité passagère – tracas financiers – amour inassouvi – conditions défavorables

ROI♥ = HOMME BON & BIENVEILLANT.
Chaleureux et de toute confiance – fidèle – bon mari – bon père – ami sincère – un médecin – un prêtre – un artiste – un homme influent et serviable.

ROI♥*= HOMME INFLUENÇABLE & DE PEU DE CONFIANCE.
Un coléreux – un menteur – un infidèle – un libertin – égotiste … Homme sur lequel on ne peut guère compter en cas de besoin.

DAME♥ = FEMME AIMABLE & DOUCE.
Une personne affectueuse – une amie honnête et sincère – une mère de famille aimante – une bonne épouse – une voisine serviable – de bons conseils et toujours prête à rendre service.

DAME♥* = FEMME INFLUENÇABLE & FAIBLE.
Jalousie – médisance – empêchements – amie peu sincère, hypocrite et sournoise – épouse peu fidèle – rupture – mariage compromis…

CAVALIER♥ = UN AMANT – UN AMI – UNE RENCONTRE.
Un nouvel amour – une invitation – une proposition – une influence bénéfique – une nouvelle conquête...
– En cas de passe difficile, redonne l'espoir et confiance en l'avenir, indique également la victoire sur concurrents éventuels.

CAVALIER♥* = TRAHISON AMICAL ou AMOUREUSE.
Des tromperies – une escroquerie – personne hypocrite – une arrivée importune...

VALET♥ = JEUNE HOMME AIMABLE.
Flirt qui peut devenir sérieux – une bonne nouvelle – une naissance – un jeune homme serviable et généreux. Un ami sincère et fidèle...

VALET♥* = JEUNE HOMME MESQUIN.
Un séducteur – jeune homme sans scrupules – un abus de confiance – des espérances illusoires – adolescent influençable...

10♥ = LA MAISON – LE FOYER ou il fait bon vivre.
Une maison à la mer – un grand amour – une naissance au foyer – des changements bienvenus – des projets concrétisés – belles vacances...

10♥* = LA MAISON – LE FOYER ou l'on se sent seul·e.
Orages conjugaux – soucis familiaux – nostalgie – changements contrariants – tracas et irritations – solitude – renoncements humiliations de la personne aimée...

9♥ = JOIE & SATISFACTION.
Bonne santé – bonheur familial – amitié nouvelle – amélioration sensible de situation – maternité – retrouvailles – réalisations des projets ...

9♥* = DÉCEPTIONS.
Obstacles temporaires – baisse d'énergie – des nouvelles désagréables mais sans gravité toutefois – mal dans sa peau – déconvenue au sujet de parents ou amis – petite brouille.

8♥ = NOUVEL AMOUR – PETITES JOIE.
Un espoir réalisé – une nouvelle rencontre – une visite – annonce la fin des tracasseries – un événement imprévu pourrait donner du baume au cœur – les difficultés seront surmontées.

8♥* = PETITES DÉCEPTIONS – AMOUR SANS SUITE.
Peines amoureuses – amour sans lendemain – petites brouilles familiales ou amicales. Les projets sont retardés – un événement inattendu contrariant...

7♥ = ÉTAT D'ÂME – PENSÉES joyeuses.
Annonce des petites joies – une amitié nouvelle – une naissance – un petit voyage – un succès scolaire ou commercial – un bon choix – une aide inespérée...

7♥* = ÉTAT D'ÂME – PENSÉES tristes.
Annonce de petites contrariétés – aventure extraconjugales – échec scolaire – peine de cœur – un mauvais choix – conflits familiaux.

1ère PARTIE

Famille Des CŒURS

SIGNIFICATION de CHAQUE CARTE

AS – ROI – DAME – CAVALIER – VALET)

♥

Ils symbolisent :

- L'automne
- Le soir
- La maturité
- Le bord de mer

❧ LES CARACTÉRISTIQUES de l'AS♥ ❧
ENDROIT = POSITIF   RENVERSÉ(*) = NÉGATIF

AS♥ est la carte du foyer et de la famille.

➢ **Présenté à l'ENDROIT, AS♥** répand la paix ; il annonce de bonnes nouvelles et permet les réconciliations. Il procure le bonheur et la joie complète.

➢ **Présenté RENVERSÉ AS♥*** annonce quelques déceptions, des joies de courte durée. Quelques désaccords mais sans grande importance toutefois.

➢ **À RETENIR : AS♥** annonce de bonnes nouvelles venant de la famille : fiançailles, mariage, naissance... Et promet les réconciliations en cas de conflits ou de brouilles.

➢ **Présenté RENVERSÉ(*)**... les bonnes nouvelles se font attendre ou ne sont pas aussi complètes qu'attendues. Quelques petites tensions familiales sont à craindre voir des contrariétés et des mésententes.

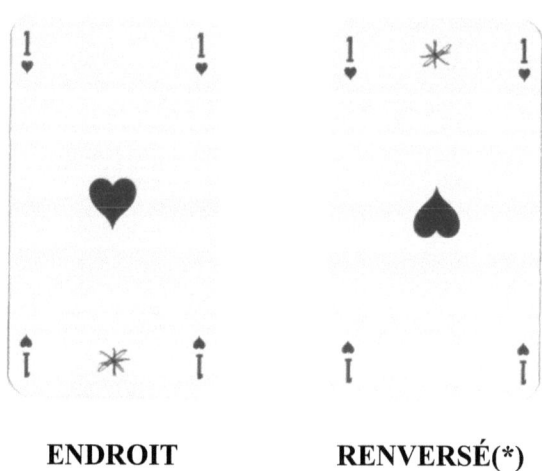

ENDROIT   RENVERSÉ(*)

LES MOTS CLÉS de :
➢ AS♥ = JOIE COMPLÈTE.

Bonnes nouvelles – retrouvailles – bonne entente – conditions favorables – fête – épanouissement – affection sincère – bonheur conjugal – naissance – abondance – fertilité – mariage – changement de résidence – amour – passion – invitation…

➢ AS♥* = JOIE MITIGÉE.

Inconstance – changement – jalousie excessive – amour inassouvi – métamorphose tracas inattendus –conditions défavorables – stérilité (passagère) – obstacle amoureux – contrariétés – déceptions – instabilité…

INTERPRÉTATION DE l'AS♥ et l'AS♥*
En fonction du voisinage.
Rappelez-vous que les **cartes de DROITE** sont dites « *NEUTRE*S »
ni endroit ni renversé(*)
Mais **symbolisent le SECTEUR** à analyser tel que :

a) avec à sa DROITE un ♥ = *secteur*   **AFFECTIF**
b) avec à sa DROITE un ♣ = ….   **FINANCIER/MATÉRIEL**
c) avec à sa DROITE un ♦ = ….   **PROFESSION/ÉTUDES**
d) avec à sa DROITE un ♠ = ….   **SANTÉ/ÉPREUVES**

a) AS♥ vers un ♥ : aspect AFFECTIF :
– Vous trouverez en famille une stabilité et une sécurité affectives réconfortantes.
– Vous formez un clan uni et sincère ; les amitiés sont solides et présentes ; les relations toujours solidaires. Il annonce également un changement désiré tel que : déménagement, mariage, naissance.

a) AS♥* vers un ♥ : aspect AFFECTIF :
– Brouilles et désaccords causeront quelques troubles et confusion au sein de la famille. Avec un peu de souplesse, les conflits pourraient être calmés.
– Des contrariétés liées à des retards divers telles que : déménagement encore éloigné… Les rapports risquent d'être tendus et les relations distantes
– Déception pour une éventuelle grossesse, un délai pour un mariage...

b) AS♥ vers un ♣ : aspect FINANCIER/MATÉRIEL :
– La gestion est efficace et la sagesse permet un bon équilibre dans les finances.
– En cas de difficultés, vous pourrez compter sur l'appui de la famille, voir des amis.
– Une joie peut être provoquée par la réception d'argent inattendu ou d'un cadeau…

b) AS♥* vers un ♣ : aspect FINANCIER/MATÉRIEL :
– Une rentrée d'argent différée ou moins importante que prévue. La sécurité matérielle est légèrement compromise et les aides se feront sans aucun doute bien attendre. Soyez strict·e dans vos dépenses, car les contraintes risquent d'être lourdes à assumer.

c) AS♥ vers un ♦ : aspect PROFESSIONNEL/ÉTUDES :
– Si vous travaillez en famille (entreprise familiale), il semblerait qu'il règne une entente satisfaisante. Les affaires connaissent un réel succès. La situation professionnelle s'améliore. Un avancement est possible.

c) AS♥* vers un ♦ : aspect PROFESSIONNEL/ÉTUDES :
– Quelques malentendus avec les collègues provoquent des discussions ; la mésentente et le refus de céder peuvent entraîner des ruptures dans le travail. Rappelez-vous qu'un sourire, même s'il coûte certains efforts, arrondit bien les angles et rends la vie plus agréable.
– Les affaires stagnent, l'amélioration de la situation est encore peu sensible

d) AS♥ vers un ♠ : aspect SANTÉ/ÉPREUVES :
– Bonne nouvelle concernant la guérison ou l'amélioration de la santé de l'entourage.
– Solution heureuse de toutes les difficultés présentes.

d) AS♥* vers un ♠ : aspect SANTÉ/ÉPREUVES :
– La guérison est certaine mais lente (sans doute un malade de l'entourage).
– Léger retard dans la conclusion d'une affaire ou dans la solution des difficultés.

❧ LES CARACTÉRISTIQUES de ROI♥ ❧
ENDROIT = POSITIF   RENVERSÉ(*) = NÉGATIF

ROI♥ est la carte représente un homme (mari, fiancé, ami...)

➤ **Présenté à l'ENDROIT, ROI♥** représente un homme bon, bienveillant, chaleureux, de toute confiance et disponible.
– Cette carte indique le bon sens et les bons conseils, un être qui vous est cher, vous protège.
– Vous pouvez avoir toute confiance en lui… Bon père, bon ami... Cet homme est fidèle en amour, plutôt sensible et d'influence bénéfique.

➤ **Présenté RENVERSÉ ROI♥*** met en garde contre un menteur, un infidèle, un homme très influençable et qui ne tient pas ses promesses ; un égoïste qui ne pense qu'à son bien être personnel et sur lequel on ne peut guère compter !

➤ **À RETENIR :** Cet homme sage et réfléchi est là pour écouter, apaiser, réconforter. Il représente une présence masculine, bienveillante et compétente, dans votre entourage, sur laquelle vous pourrez vous reposer…

➤ **Si RENVERSÉ(*) :** MÉFIANCE ! Ne vous laissez pas aveugler par la flatterie !

 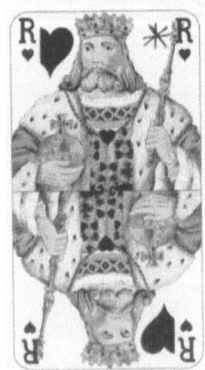

ENDROIT   **RENVERSÉ(*)**

LES MOTS CLÉS de :

➢ **ROI♥** = Homme cheveux clairs plus de 40 ANS – un influent, serviable, affectueux, généreux, ayant de nobles sentiments et une position sociale élevée – un ami dévoué et sincère, digne de toute confiance – amant – mari – père – un médecin – un prêtre – un religieux – un artiste...

➢ **ROI♥*** = un coléreux – un homme peu honnête – un menteur – un infidèle – un "*ami*" faux et peu digne de confiance – un libertin...

INTERPRÉTATION DE ROI♥ et ROI♥*
En fonction du voisinage.
Rappelez-vous que les **cartes de DROITE** sont dites « *NEUTRE*S »
ni endroit ni renversé(*)
Mais **symbolisent le SECTEUR** à analyser tel que :
a) avec à sa DROITE un ♥ = *secteur*   **AFFECTIF**
b) avec à sa DROITE un ♣ = ...   **FINANCIER/MATÉRIEL**
c) avec à sa DROITE un ♦ = ...   **PROFESSION/ÉTUDES**
d) avec à sa DROITE un ♠ = ...   **SANTÉ/ÉPREUVES**

a) ROI♥ vers un ♥ : aspect AFFECTIF :
– Une relation durable et franche s'annonce. Vos amitiés sont solides et fidèles.
– Les sentiments sont sincères et rassurants.
– Les promesses sont tenues et les échanges très sécurisants. S'il vous arrive un coup dur, vous pourrez compter sur vos proches.

a) ROI♥* vers un ♥ : aspect AFFECTIF :
– Une relation compromise ; des projets de mariage repoussés voir annulés ; petites disputes entre conjoints ou amis. Les amitiés ne sont pas fiables et en cas de problèmes, vous ne pourrez compter que sur vous-même.

b) ROI♥ vers un ♣ : aspect FINANCIER/MATÉRIEL :
– Un homme de votre entourage pourra vous venir en aide en cas de difficultés financières.

b) ROI♥* vers un ♣ : aspect FINANCIER/MATÉRIEL :
– Un homme de votre entourage semble avoir des difficultés financières…
– À moins que vous ne demandiez de l'aide à un proche qui vous la refusera !

c) ROI♥ vers un ♦ : aspect PROFESSIONNEL/ÉTUDES :
– Vous pouvez rencontrer un homme dont la protection et les conseils seront très bénéfiques.
– Les professions en relation avec l'enseignement ou libérales (avocat, notaire, médecin…) sont favorisées.

c) ROI♥* vers un ♦ : aspect PROFESSIONNEL/ÉTUDES :
– Sachez agir avec sagesse, intelligence et diplomatie. Restez sur vos gardes tant qu'aux bonnes intentions d'un homme de votre entourage professionnel. Il peut devenir un rival dangereux.

d) ROI♥ vers un ♠ : aspect SANTÉ/ÉPREUVES :
– Bonne santé en général.
– Un homme (médecin, avocat...) en cas de soucis graves, vous aidera, vous conseillera utilement…

d) ROI♥* vers un ♠ : aspect SANTÉ/ÉPREUVES :
– Un homme, la quarantaine, est actuellement malade.
– Des tracasseries l'éloignent de vous.
– En cas de soucis graves, ses conseils et son aide ne vous seront guère utiles.

༺ LES CARACTÉRISTIQUES de DAME♥ ༻
ENDROIT = POSITIF   RENVERSÉ(*) = NÉGATIF

DAME♥ est la carte symbolisant une femme de 35 à 50 ANS, une amie, mère, épouse, une fiancée, une maîtresse…

➢ **Présentée à l'ENDROIT, DAME♥** représente une femme sympathique, agréable douce et disponible. Cette carte précise, qu'amabilité et sagesse, s'harmonisent pour permettre de trouver le bonheur.

➢ **Présentée RENVERSÉE, DAME♥*** peut mettre en garde contre une femme infidèle, qui ne tient pas ses promesses.

➢ **À RETENIR :** L'entourage est sympathique et plein de gentillesse. Une présence féminine aux intentions pures.

➢ **RENVERSÉE(*).** L'entourage est plutôt hypocrite et sournois.
– Méfiez-vous de la jalousie.

ENDROIT   **RENVERSÉ(*)**

LES MOTS CLÉS de :

➢**DAME♥** = une femme aux cheveux plutôt clairs – une amie honnête et sincère – une amoureuse pleine de qualités – une conjointe affectueuse – douce et loyale – la future partenaire pour un homme – joie – protection – équilibre physique et moral – harmonie dans les rapports avec autrui. Parfaite épouse, bonne mère ; amicale et serviable avec les voisins, elle aspire à la paix. De bons conseils, une personne qui apporte son aide.

➢**DAME♥*** = souffrance d'ordre affectif – discussions – empêchements – amie peu sincère – jalousies – ruptures – mariage compromis – épouse déloyale – une femme faible ou très influençable. – Cette carte peut mettre en garde contre des problèmes affectifs dus à la jalousie, à la médisance.

INTERPRÉTATION DE DAME♥ et DAME♥*
En fonction du voisinage.
Rappelez-vous que les **cartes de DROITE** sont dites « *NEUTRES* »
ni endroit ni renversé(*)
Mais **symbolisent le SECTEUR** à analyser tel que :
a) avec à sa DROITE un ♥ = *secteur*   **AFFECTIF**
b) avec à sa DROITE un ♣ = ….   **FINANCIER/MATÉRIEL**
c) avec à sa DROITE un ♦ = ….   **PROFESSION/ÉTUDES**
d) avec à sa DROITE un ♠ = ….   **SANTÉ/ÉPREUVES**

a) DAME♥ vers un ♥ : aspect AFFECTIF :
– Un prochain mariage ou accroissement d'affection. Les sentiments sont emprunts de douceur, de charme et de fidélité.

a) DAME♥* vers un ♥ : aspect AFFECTIF :
– Projets d'union ajournés. Difficultés dans le ménage. Les amitiés ne sont pas fiables, la jalousie règne…

b) DAME♥ vers un ♣ : aspect FINANCIER/MATÉRIEL :
– Une femme de votre entourage vous viendra en aide si besoin ; elle peut donner des conseils judicieux en matière de gestion ; Elle aime faire des cadeaux.

b) DAME♥* vers un ♣ : aspect FINANCIER/MATÉRIEL :
– Elle a des soucis d'argent, ne pas compter sur son aide. Ses conseils en matière de gestion ne sont guère judicieux !

c) DAME♥ vers un ♦ : aspect PROFESSIONNEL/ÉTUDES :
– Une collaboratrice dévouée, une collègue aimable ; l'ambiance est agréable. Toutes les activités ayant trait avec l'art, la beauté, l'esthétique sont favorisées.

c) DAME♥* vers un ♦ : aspect PROFESSIONNEL/ÉTUDES :
– Une collaboratrice déçue cherche à rompre son contrat. Une collègue qui peut devenir une rivale.
– L'ambiance au bureau est tendue.

d) DAME♥ vers un ♠ : aspect SANTÉ/ÉPREUVES :
– Une femme dévouée, une consolatrice de vos peines. Une douce infirmière si vous êtes malade.

d) DAME♥* vers un ♠ : aspect SANTÉ/ÉPREUVES :
– Une femme de votre entourage est actuellement souffrante. Ses soucis personnels l'éloignent un peu de vous, ne pas compter sur son aide.

❧ LES CARACTÉRISTIQUES de CAVALIER♥ ❧
ENDROIT = POSITIF   RENVERSÉ(*) = NÉGATIF

CAVALIER♥ est la carte symbolisant un homme d'âge moyen
(Entre 25 et 40 ans) blond ou châtain ;
un jeune marié, un amant, un ami.

➢ **Présenté à l'ENDROIT, CAVALIER♥** personnifie un amoureux, une influence bénéfique, une proposition, une invitation, une démarche (d'ordre affectif)… C'est une rencontre, un amour qui vient vers vous, une belle preuve d'amitié. Si vous venez de traverser un moment difficile dans votre vie, ce CAVALIER réveillera vos espérances et vous donnera des preuves tangibles d'une confiance retrouvée et d'un nouvel élan pour continuer à avancer.
– Il indique également la victoire sur des concurrents éventuels.

➢ **Présenté RENVERSÉ CAVALIER♥*** annonce des tromperies, des fraudes, une arrivée importune, une trahison de la part d'amis, une infidélité conjugale, un amour qui s'en va.

➢ **À RETENIR :** Laissez-vous aller, il est temps de vous abandonner à l'amour.

➢ **RENVERSÉ(*),** méfiez-vous des beaux parleurs !

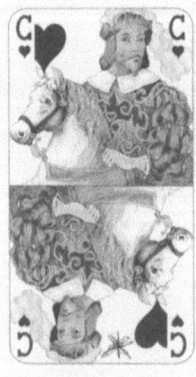 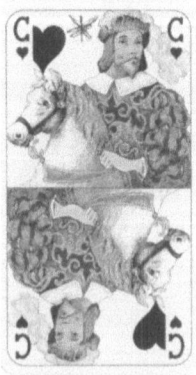

ENDROIT   RENVERSÉ(*)

LES MOTS CLÉS de :

➤ **CAVALIER♥** = propositions amoureuses – amoureux de même âge (que consultante) – une influence bénéfique – une approche – un accueil – nouvelle conquête – jeune marié – un amant – ami…

➤ **CAVALIER♥*** = un don Juan – ruse un infidèle – personne hypocrite – une arrivée importune – une tromperie – une escroquerie – fraude.

INTERPRÉTATION DE CAVALIER♥ et CAVALIER♥*
En fonction du voisinage.
Rappelez-vous que les **cartes de DROITE** sont dites « *NEUTRE*S »
ni endroit ni renversé(*)
Mais **symbolisent le SECTEUR** à analyser tel que :

a) avec à sa DROITE un ♥ = *secteur*   **AFFECTIF**
b) avec à sa DROITE un ♣ = ….   **FINANCIER/MATÉRIEL**
c) avec à sa DROITE un ♦ = ….   **PROFESSION/ÉTUDES**
d) avec à sa DROITE un ♠ = ….   **SANTÉ/ÉPREUVES**

a) CAVALIER♥ vers un ♥ : aspect AFFECTIF :
— Vous apporte un espoir nouveau ! Une nouvelle rencontre qui peut aboutir sur une liaison durable. Il apporte la stabilité et vous assure de la sincérité de ses sentiments.
— Une belle preuve d'amour ou d'amitié vous sera fournie. Il est la promesse d'une nouvelle vie affective à deux.

a) CAVALIER♥* vers un ♥ : aspect AFFECTIF :
— Tous vos espoirs s'effondrent ! Restez sur vos gardes tant qu'aux belles paroles d'un homme, elles ne cachent que tromperies. Il recherche l'aventure uniquement.
— Il annonce également l'infidélité conjugale, la trahison d'amis, la disharmonie familiale...

b) CAVALIER♥ vers un ♣ : aspect FINANCIER/MATÉRIEL :
– Quelle que soit la difficulté financière, vous retrouverez peu à peu la stabilité. Vous pouvez également compter sur un ami.

b) CAVALIER♥* vers un ♣ : aspect FINANCIER/MATÉRIEL :
– La vigilance est tout particulièrement recommandée. Ne prêtez pas d'argent à un ami soi-disant en difficulté, car vous pourrez attendre longtemps votre remboursement.
– Des fraudes, des escroqueries sont possibles. Restez sur vos gardes !

c) CAVAL.♥ vers un ♦ : aspect PROFESSIONNEL/ÉTUDES :
– Il prédit un nouvel élan professionnel. Vous reprendrez confiance en vous grâce à une proposition intéressante qui devrait vous être faite prochainement.
– Un succès professionnel s'annonce, une sympathie avec un collègue de travail.
– En cas de recherches d'emploi, elles porteront leurs fruits et vous retrouverez votre enthousiasme.

c) CAVAL.♥* vers un ♦ : aspect PROFESSIONNEL/ÉTUDES :
– Méfiez-vous de votre entourage professionnel. Hypocrisie, sournoiserie ; dans cette position, il annonce des tracasseries professionnelles, bruits de couloir... cette ambiance vous met le moral au plus bas, et vous perdez confiance en vous.
– Concurrence déloyale. Restez sur vos gardes.

d) CAVALIER♥ vers un ♠ : aspect SANTÉ/ÉPREUVES :
– De bonnes nouvelles concernant la santé. L'espoir renaît.
– Dans les épreuves, vous aurez le soutien sincère d'un ami qui traversera avec vous cette étape d'où vous sortirez vainqueur.

d) CAVALIER♥* vers un ♠ : aspect SANTÉ/ÉPREUVES :
– Tracasseries concernant la santé de proches.
– Dans les épreuves, vous ne pourrez compter que sur vous-même, car les amis seront fuyants et c'est à ce moment que vous saurez en faire le "tri".

✿ LES CARACTÉRISTIQUES de VALET♥ ✿
ENDROIT = POSITIF   RENVERSÉ(*) = NÉGATIF

VALET♥ est la carte symbolisant un jeune homme aux cheveux clairs entre 14 et 25 ANS.

➢ **Présenté à l'ENDROIT, VALET♥** annonce que toutes les promesses sont tenues et qu'en cas de difficultés, des aides interviendront. Il représente un jeune homme aimable, gai, honnête, un peu timide. Il conserve une apparence enfantine et a du mal à se prendre au sérieux.

➢ **Présenté RENVERSÉ, VALET♥*** peut mettre en garde contre un adolescent sournois, malhonnête. Un être très influençable, un jeune homme faible de caractère léger…

➢ **À RETENIR :** Des amitiés ou des relations sincères peuvent vous apporter des aides, des soutiens.

➢ **RENVERSÉ(*):** Attention aux illusions faciles et aux amitiés fausses !

ENDROIT   RENVERSÉ(*)

LES MOTS CLÉS de :

➤ **VALET♥** = jeune amoureux, ami – un frère – adolescent plein de bonne volonté – être aimable – un fils serviable – une invitation – nouvelle agréable – naissance – une première rencontre amoureuse.

➤ **VALET♥*** = espérances illusoires – mesquinerie – jeune homme très timide – jalousie – jeune homme sans scrupules – rupture sentimentale possible – proposition sexuelle – un abus de confiance – un séducteur – flatterie…

INTERPRÉTATION DE VALET♥ et VALET♥*
En fonction du voisinage.
Rappelez-vous que les **cartes de DROITE** sont dites « *NEUTRE*S »
Mais **symbolisent le SECTEUR** à analyser tel que :

a) avec à sa DROITE un ♥ = *secteur*   **AFFECTIF**
b) avec à sa DROITE un ♣ = ….   **FINANCIER/MATÉRIEL**
c) avec à sa DROITE un ♦ = ….   **PROFESSION/ÉTUDES**
d) avec à sa DROITE un ♠ = ….   **SANTÉ/ÉPREUVES**

a) VALET♥ = vers un ♥ : aspect AFFECTIF :
– De nouvelles rencontres s'annoncent tant sur le plan amical que sentimental.
– Les contacts sont facilités ; les échanges sympathiques, et les promesses tenues.
– Vous avez le sentiment d'être compris·e, soutenu·e et aidé·e ; ce qui vous accorde une plus grande confiance en vous.

a) VALET ♥* vers un ♥ : aspect AFFECTIF :
– De même que l'on joue avec le feu, on ne doit pas jouer avec les sentiments des autres !
– Les relations sont légères, pas réellement prises au sérieux. Ce jeu peut vous conduire à des déceptions douloureuses.

b) VALET♥ vers un ♣ : aspect FINANCIER/MATÉRIEL :
– Quelle que soit la difficulté financière, la chance interviendra pour redresser la situation. Tout est possible ! Y compris la veine au jeu. C'est le moment de saisir les opportunités.

b) VALET♥* vers un ♣ : aspect FINANCIER/MATÉRIEL :
– Vous avez tendance à dépenser de manière tout à fait irréfléchie. Persévérez dans cette insouciance et vous glisserez d'une situation confortable vers une restriction.

c) VALET♥ vers un ♦ : aspect PROFESSIONNEL/ÉTUDES :
– Toutes les chances vous sont données pour réussir dans le SECTEUR professionnel, et surtout pour récolter les fruits des efforts passés. L'évolution est très bénéfique ; la position sociale assurée.

c) VALET♥* vers un ♦ : aspect PROFESSIONNEL/ÉTUDES :
– Un manque de sérieux dans l'activité ou une trop grande légèreté dans le comportement ou par rapport à une responsabilité professionnelle entraîneront des déboires regrettables pour l'avenir.

d) VALET♥ vers un ♠ : aspect SANTÉ/ÉPREUVES :
– Bon tonus en général.
– Un consolateur si vous êtes dans la peine.

d) VALET♥* vers un ♠ : aspect SANTÉ/ÉPREUVES :
– Fatigue ; jeune homme souffrant.
– Caractère léger, se consolera vite de ses déboires.

SIGNIFICATION DES CARTES EN ASSOCIATION

LA FAMILLE DES « CŒURS »

♥

AS – ROI – DAME – CAVALIER – VALET

AS♥ EN ASSOCIATION AVEC :

Avec un ♥ = *SECTEUR* **AFFECTIF**

Si ENDROIT :

AS♥ ➔ 7♥ ☞ Joie pour une naissance au foyer ou famille.
AS♥ ➔ 8♥ ☞ Réunion avec des personnes chères.
AS♥ ➔ 9♥ ☞ La joie au foyer, bonheur parfait.
AS♥ ➔ 10♥ ☞ Un repas ou toute la famille sera réunie.
AS♥ ➔ VALET♥ ☞ Succès amoureux ou amical.
AS♥ ➔ CAVAL.♥ ☞ Rencontre amoureuse, déclaration d'amour.
AS♥ ➔ DAME♥ ☞ Femme qui vous veut du bien, amie sincère.
AS♥ ➔ ROI ♥ ☞ Homme qui vous veut du bien, un ami sincère.

Si : RENVERSÉ(*)

AS♥* ➔ 7♥ ☞ Déception pour éventuelle grossesse.
AS♥* ➔ 8♥ ☞ Contrariétés dues au désistement d'invités.
AS♥* ➔ 9♥ ☞ Petits nuages au foyer, désaccords sans gravité
AS♥* ➔ 10♥ ☞ La famille ne sera pas au grand complet !
AS♥* ➔ VALET♥ ☞ Petite déception amoureuse ou amicale.
AS♥* ➔ CAVAL.♥ ☞ Départ imprévu de l'homme aimé. (ou ami).
AS♥* ➔ DAME♥ ☞ Déception sentimentale ou amicale.
AS♥* ➔ ROI♥ ☞ Déception sentimentale ou amicale.

♣ AS♥ EN ASSOCIATION AVEC : ♣

Avec un ♣ = *SECTEUR* **FINANCIER/MATÉRIEL**

Si ENDROIT :
AS♥ ➔ 7♣   ☞Cadeau agréable, une petite rentrée d'argent.
AS♥ ➔ 8♣   ☞Rencontre agréable, argent à recevoir...
AS♥ ➔ 9♣   ☞Augmentation du pouvoir d'achat.
AS♥ ➔ 10♣   ☞Grosse rentrée d'argent, gains aux jeux...
AS♥ ➔ VALET♣   ☞Un ami sincère et généreux.
AS♥ ➔ CAVAL.♣   ☞Nette amélioration financière.
AS♥ ➔ DAME♣   ☞Une invitation venant d'une femme.
AS♥ ➔ ROI♣   ☞Une invitation venant d'un homme.
AS♥ ➔ AS♣   ☞Désirs exaucés, vous nagerez dans le bonheur

Si : RENVERSÉ(*)
AS♥* ➔ 7♣   ☞petite somme d'argent à débourser.
AS♥* ➔ 8♣   ☞Rencontre décevante, somme à débourser...
AS♥* ➔ 9♣   ☞Pouvoir d'achat en baisse, budget à surveiller
AS♥* ➔ 10♣   ☞Grosse dépense imprévue (élect., garagiste...)
AS♥* ➔ VALET♣   ☞Un ami plutôt intéressé.
AS♥* ➔ CAVAL.♣   ☞Vos dépenses dépassent vos moyens !
AS♥* ➔ DAME♣   ☞Une invitation suivie d'annulation.
AS♥* ➔ ROI♣   ☞Un rendez-vous manqué.
AS♥* ➔ AS♣   ☞Bonheur compromis, joies mitigées.

❧ AS♥ EN ASSOCIATION AVEC : ❧

Avec ♦ = *SECTEUR* PROFESSIONNEL/ÉTUDES

Si ENDROIT :

- AS♥ ➔ 7♦   ☞Une bonne nouvelle attendue.
- AS♥ ➔ 8♦   ☞Une visite inattendue mais agréable.
- AS♥ ➔ 9♦   ☞Les affaires, le travail... repartent.
- AS♥ ➔ 10♦   ☞Déménagement désiré, change. d'horizons
- AS♥ ➔ VALET♦ ☞Réussite aux examens, concours...
- AS♥ ➔ CAVAL.♦ ☞RDV important, pourrait se révéler positif.
- AS♥ ➔ DAME♦ ☞Vous saurez faire taire les rumeurs.
- AS♥ ➔ ROI♦   ☞Evolution professionnelle…
- AS♥ ➔ AS♦   ☞Concrétisation ; réjouissance d'un projet.

Si : RENVERSÉ(*)

- AS♥* ➔ 7♦   ☞Scènes conjugales, disputes amicales.
- AS♥* ➔ 8♦   ☞Une visite inattendue et inopportune.
- AS♥* ➔ 9♦   ☞Stagnation dans affaires, freins, contretemps.
- AS♥* ➔ 10♦   ☞Difficultés pour trouver nouveau logement…
- AS♥* ➔ VALET♦ ☞Échecs aux examens, concours....
- AS♥* ➔ CAVAL.♦ ☞Un rendez-vous sans suite.
- AS♥* ➔ DAME♦ ☞Méfiez-vous des mauvaises langues.
- AS♥* ➔ ROI♦ ☞Projet qui tombe à l'eau.
- AS♥* ➔ AS♦   ☞Contrariétés ; projet reporté ou annulé.

❧ AS♥ EN ASSOCIATION AVEC : ❧

Avec un ♠ = *SECTEUR* SANTÉ/ÉPREUVES

Si ENDROIT :

AS♥ ➔ 7♠	☛Solution heureuse des difficultés actuelles.
AS♥ ➔ 8♠	☛Bonne nouvelle concernant la santé ;
AS♥ ➔ 9♠	☛Fin de période difficile !
AS♥ ➔ 10♠	☛Une grande joie… imminente !
AS♥ ➔ VALET♠	☛Solution d'un problème conjugal ou familial.
AS♥ ➔ CAVAL.♠	☛Montée en grade pour un militaire de carrière.
AS♥ ➔ DAME♠	☛Fin de solitude.
AS♥ ➔ ROI♠	☛Succès d'un procès, fin de conflits juri., admi.
AS♥ ➔ AS♠	☛Proposition intéressante, accès à la propriété, rentes…

Si : RENVERSÉ(*)

AS♥* ➔ 7♠	☛Tracasseries diverses, difficultés moment...
AS♥* ➔ 8♠	☛Santé précaire, problèmes cardiovasculaires.
AS♥* ➔ 9♠	☛Grosse contrariété familiale ou amicale.
AS♥* ➔ 10♠	☛Des choses se passent derrière votre dos.
AS♥* ➔ VALET♠	☛Problème conjugal ou familial.
AS♥* ➔ CAVAL.♠	☛Epreuves, tromperies.
AS♥* ➔ DAME♠	☛Célibataire ou femme souffre de solitude.
AS♥* ➔ ROI♠	☛Échec d'un procès, conflits juri. ou, admini.
AS♥* ➔ AS♠	☛Déception causée par proposition sans suite.

ROI♥ EN ASSOCIATION AVEC :

Avec un ♥ = *SECTEUR* **AFFECTIF**

Si ENDROIT :

ROI♥ ➔ 7♥	☞Un futur papa heureux !
ROI♥ ➔ 8♥	☞Grande différence d'âge.
ROI♥ ➔ 9♥	☞Ami sincère et dévoué.
ROI♥ ➔ 10♥	☞Aimable tête à tête.
ROI♥ ➔ VALET♥	☞Homme pouvant épauler un jeune.
ROI♥ ➔ CAVAL.♥	☞Quelqu'un qui connaît votre juste valeur.
ROI♥ ➔ DAME♥	☞Prochain mariage ; ménage sans nuage...
ROI♥ ➔ AS♥	☞Quelqu'un qui vous est cher et dévoué.

Si : RENVERSÉ(*)

ROI♥* ➔ 7♥	☞Contrariétés, rancœurs.
ROI♥* ➔ 8♥	☞Personne aimée vous posera "un lapin".
ROI♥* ➔ 9♥	☞Amitié fausse, déloyale.
ROI♥* ➔ 10♥	☞Malheureux en ménage ou en famille.
ROI♥* ➔ VALET♥	☞Homme de mauvais conseils pour un jeune.
ROI♥* ➔ CAVAL.♥	☞Infidèle, coureur de jupons…
ROI♥* ➔ DAME♥	☞Mésentente conjugale, divorce possible.
ROI♥* ➔ AS♥	☞Se désintéresse de sa famille.

♣ ROI♥ EN ASSOCIATION AVEC : ♣

Avec un ♣ = *SECTEUR* **FINANCIER/MATÉRIEL**

Si ENDROIT :

ROI♥ ➔ 7♣	☞Un ami sur qui vous pouvez compter.
ROI♥ ➔ 8♣	☞Homme généreux, aide dans vie matérielle.
ROI♥ ➔ 9♣	☞Saura vous tirer d'embarras, si besoin est.
ROI♥ ➔ 10♣	☞Il touchera ce qui lui est dû.
ROI♥ ➔ VALET♣	☞Homme aisé mais généreux.
ROI♥ ➔ CAVAL.♣	☞Il sort enfin d'une mauvaise passe.
ROI♥ ➔ DAME♣	☞Mariage en vue.
ROI♥ ➔ ROI♣	☞Solides liens amicaux.
ROI♥ ➔ AS♣	☞La fortune lui semble promise.

Si : RENVERSÉ(*)

ROI♥* ➔ 7♣	☞Évitez de vous confier à n'importe qui !
ROI♥* ➔ 8♣	☞Il a des soucis financiers.
ROI♥* ➔ 9♣	☞Méfiance ! collaborateur sans scrupules.
ROI♥* ➔ 10♣	☞Il devra lutter pour récupérer son bien.
ROI♥* ➔ VALET♣	☞Play-boy sans scrupules.
ROI♥* ➔ CAVAL.♣	☞Ne fait rien pour surmonter les épreuves.
ROI♥* ➔ DAME♣	☞Mariage annulé ou échec sentimental.
ROI♥* ➔ ROI♣	☞Ami peu sûr.
ROI♥* ➔ AS♣	☞Il dilapide sa fortune.

ROI♥ EN ASSOCIATION AVEC :

Avec un ♦ = *SECTEUR* **PROFESSIONNEL/ÉTUDES**

Si ENDROIT :

ROI♥ ➔ 7♦	☞De bons sentiments à votre égard.
ROI♥ ➔ 8♦	☞Vous soutient dans votre évolution pro
ROI♥ ➔ 9♦	☞Homme bon aide à surmonter obstacles.
ROI♥ ➔ 10♦	☞Propose un agréable séjour à l'étranger.
ROI♥ ➔ VALET♦	☞Un ami sincère et franc.
ROI♥ ➔ CAVAL.♦	☞Rencontre agréable d'un étranger.
ROI♥ ➔ DAME♦	☞Un homme juste qui déteste les bavardages
ROI♥ ➔ ROI♦	☞Protecteur influent, supérieur bienveillant
ROI♥ ➔ AS♦	☞Grand appui dans la situation pro...

Si : RENVERSÉ(*)

ROI♥∗ ➔ 7♦	☞Un homme en colère.
ROI♥∗ ➔ 8♦	☞Ne pas compter sur l'aide d'autrui.
ROI♥∗ ➔ 9♦	☞Un homme lâche.
ROI♥∗ ➔ 10♦	☞Rencontre désagréable avec un étranger.
ROI♥∗ ➔ VALET♦	☞Manque de sincérité, hypocrisie.
ROI♥∗ ➔ CAVAL.♦	☞Méfiez-vous d'un étranger.
ROI♥∗ ➔ DAME♦	☞Se laisse influencer par une intrigante.
ROI♥∗ ➔ ROI♦	☞Supérieur vicieux, mauvais instincts.
ROI♥∗ ➔ AS♦	☞Perte d'emploi possible, changement de condition sociale.

ROI♥ EN ASSOCIATION AVEC :

Avec un ♠ = *SECTEUR* **SANTÉ/ÉPREUVES**

Si ENDROIT :

ROI♥ ➔ 7♠	☞Quelqu'un de bienveillant dans l'entourage.
ROI♥ ➔ 8♠	☞Médecin énergique.
ROI♥ ➔ 9♠	☞Toujours présent dans mauvais moments.
ROI♥ ➔ 10♠	☞Le coup de foudre pour un homme.
ROI♥ ➔ VALET♠	☞Réconciliation entre amants.
ROI♥ ➔ CAVAL.♠	☞Un homme qui vous veut du bien.
ROI♥ ➔ DAME♠	☞Prochain mariage avec veuve ou divorcée.
ROI♥ ➔ ROI♠	☞De bons conseils, bon avocat, juge juste...
ROI♥ ➔ AS♠	☞Apporte son aide en toute circonstance.

Si : RENVERSÉ(*)

ROI♥* ➔ 7♠	☞Un malveillant dans votre entourage.
ROI♥* ➔ 8♠	☞Il aura quelques petits problèmes de santé.
ROI♥* ➔ 9♠	☞Il sent l'élue de son cœur lui échapper.
ROI♥* ➔ 10♠	☞Souffrance morale pour un homme.
ROI♥* ➔ VALET♠	☞Il y a de l'adultère, de la trahison dans l'air.
ROI♥* ➔ CAVAL.♠	☞Un homme qui a une rancune envers vous.
ROI♥* ➔ DAME♠	☞Prochain divorce pour un homme.
ROI♥* ➔ ROI♠	☞De mauvais conseils, fera perdre procès.
ROI♥* ➔ AS♠	☞D'aucune utilité, met plutôt son grain de sel.

DAME♥ EN ASSOCIATION AVEC :

Avec un ♥ = *SECTEUR* **AFFECTIF**

Si ENDROIT :

DAME♥ ➔ 7♥	☞Connaîtra la joie de la maternité.
DAME♥ ➔ 8♥	☞Elle épaulera sérieusement jeune fille.
DAME♥ ➔ 9♥	☞Une amie sincère et dévouée.
DAME♥ ➔ 10♥	☞Agréable tête à tête.
DAME♥ ➔ VALET♥	☞Personne aimée vous rendra visite.
DAME♥ ➔ CAVAL.♥	☞Un nouveau bonheur sentimental.
DAME♥ ➔ ROI♥	☞Prochain mariage ; bonheur sans nuage.
DAME♥ ➔ AS♥	☞Quelqu'un qui vous est cher et dévoué.

Si : RENVERSÉ(*)

DAME♥* ➔ 7♥	☞Contrariétés, rancœurs.
DAME♥* ➔ 8♥	☞Amie fausse ou absente.
DAME♥* ➔ 9♥	☞Amitié fausse, déloyale.
DAME♥* ➔ 10♥	☞Malheureuse en ménage ou en famille.
DAME♥* ➔ VALET♥	☞On vous posera un lapin.
DAME♥* ➔ CAVAL.♥	☞Une déception sentimentale.
DAME♥* ➔ ROI♥	☞Mésentente conjugale, divorce possible.
DAME♥* ➔ AS♥	☞Vous serez déçu.e par son manque d'attention.

♣ DAME♥ EN ASSOCIATION AVEC : ♣

Avec un ♣ = *SECTEUR* **FINANCIER/MATÉRIEL**

Si ENDROIT :

DAME♥ → 7♣	☞Une amie sur qui vous pourrez compter.
DAME♥ → 8♣	☞F. généreuse, aide dans vie matérielle.
DAME♥ → 9♣	☞Saura vous tirer d'embarras si besoin est.
DAME♥ → 10♣	☞Elle touchera ce qui lui est du.
DAME♥ → VALET♣	☞Femme aisée mais généreuse.
DAME♥ → CAVAL.♣	☞Elle sort enfin d'une mauvaise passe.
DAME♥ → DAME♣	☞Solides liens amicaux.
DAME♥ → ROI♣	☞Mariage en vue.
DAME♥ → AS♣	☞La fortune lui semble promise.

Si : RENVERSÉ(*)

DAME♥* → 7♣	☞Évitez de vous confier à n'importe qui !
DAME♥* → 8♣	☞Elle a des soucis d'argent.
DAME♥* → 9♣	☞Collègue sans scrupules
DAME♥* → 10♣	☞Elle devra lutter pour récupérer ses biens.
DAME♥* → VALET♣	☞Aventure sans lendemain.
DAME♥* → CAVAL.♣	☞Ne fait rien pour surmonter problèmes.
DAME♥* → DAME♣	☞Amie peu sûre.
DAME♥* → ROI♣	☞Mariage annulé ou échec sentimental.
DAME♥* → AS♣	☞Elle dilapide sa fortune.

DAME♥ EN ASSOCIATION AVEC :

Avec un ♦ = *SECTEUR* **PROFESSIONNEL/ÉTUDES**

Si ENDROIT :

DAME♥ ➔ 7♦	☛De bons sentiments à votre égard.
DAME♥ ➔ 8♦	☛Vous soutiendra dans évolution prof.
DAME♥ ➔ 9♦	☛F. bienveillante aidera à surmonter défis.
DAME♥ ➔ 10♦	☛Vous offrira un séjour plaisant…
DAME♥ ➔ VALET♦	☛Ami sincère qui vous parlera franchement
DAME♥ ➔ CAVAL.♦	☛Vous rencontrerez une étrangère.
DAME♥ ➔ DAME♦	☛Femme juste qui déteste les bavardages.
DAME♥ ➔ ROI♦	☛femme influente, supérieure bienveillante.
DAME♥ ➔ AS♦	☛Grand appui dans situation pro…

Si : RENVERSÉ(*)

DAME♥∗ ➔ 7♦	☛Une femme en colère.
DAME♥∗ ➔ 8♦	☛Ne pas compter sur son aide.
DAME♥∗ ➔ 9♦	☛Une femme lâche.
DAME♥∗ ➔ 10♦	☛Un projet de voyage annulé.
DAME♥∗ ➔ VALET♦	☛Elle manque de franchise
DAME♥∗ ➔ CAVAL.♦	☛Méfiez-vous d'une étrangère.
DAME♥∗ ➔ DAME♦	☛Compétition amoureuse.
DAME♥∗ ➔ ROI♦	☛Femme vicieuse, mauvaise langue.
DAME♥∗ ➔ AS♦	☛Perte d'emploi possible, changement de condition sociale.

❦ DAME♥ EN ASSOCIATION AVEC : ❦

Avec un ♠ = *SECTEUR* SANTÉ/ÉPREUVES

Si ENDROIT :

DAME♥ ➔ 7♠   ☞Femme bienveillante dans l'entourage.
DAME♥ ➔ 8♠   ☞Infirmière douce.
DAME♥ ➔ 9♠   ☞Amie présente dans mauvais moments.
DAME♥ ➔ 10♠ ☞Le coup de foudre pour une femme.
DAME♥ ➔ VALET♠ ☞Réconciliation entre amants.
DAME♥ ➔ CAVAL.♠ ☞Une femme qui vous veut du bien.
DAME♥ ➔ DAME♠ ☞Une femme aux « bras longs »...
DAME♥ ➔ ROI♠ ☞Prochain mariage avec veuf ou divorcé.
DAME♥ ➔ AS♠   ☞Apporte son aide en toute circonstance.

Si : RENVERSÉ(*)

DAME♥* ➔ 7♠   ☞Malveillance dans votre entourage.
DAME♥* ➔ 8♠   ☞Elle aura quelques problèmes de santé.
DAME♥* ➔ 9♠   ☞Elle sent l'élu de son cœur lui échapper.
DAME♥* ➔ 10♠ ☞Souffrance morale pour une femme.
DAME♥* ➔ VALET ♠ ☞Adultère, de la trahison dans l'air.
DAME♥* ➔ CAVAL.♠ ☞Elle a une rancune envers vous.
DAME♥* ➔ DAME♣ ☞Personne de mauvais conseils...
DAME♥* ➔ ROI♠ ☞Prochain divorce pour une femme.
DAME♥* ➔ AS♠   ☞Se mêle des affaires d'autrui, attise la zizanie.

❧ CAVALIER♥   EN ASSOCIATION AVEC : ❧

Avec un ♥ = *SECTEUR* **AFFECTIF**

Si ENDROIT :

CAVAL.♥ ➔ 7♥	☞Nouvelle amitié loyale et sincère.
CAVAL.♥ ➔ 8♥	☞Nouvelle rencontre devient sérieuse.
CAVAL.♥ ➔ 9♥	☞Promesse d'une nouvelle vie affective.
CAVAL.♥ ➔ 10♥	☞Ami ou fils qui tient une grande place.
CAVAL.♥ ➔ VALET♥	☞Grande preuve d'amitié
CAVAL.♥ ➔ DAME♥	☞Plus qu'une simple amitié pour femme.
CAVAL.♥ ➔ ROI♥	☞Plus qu'une simple amitié pour homme.
CAVAL.♥ ➔ AS♥	☞Très grande complicité.

Si : RENVERSÉ(*)

CAVAL.♥* ➔ 7♥	☞Relation amicale déloyale.
CAVAL.♥* ➔ 8♥	☞Feu de paille !
CAVAL.♥* ➔ 9♥	☞Vos espoirs s'effondrent !
CAVAL.♥* ➔ 10♥	☞Disharmonie familiale.
CAVAL.♥* ➔ VALET♥	☞Trahison d'amis.
CAVAL.♥* ➔ DAME♥	☞Une infidélité conjugale.
CAVAL.♥* ➔ ROI♥	☞Trahison, ami faux.
CAVAL.♥* ➔ AS♥	☞Hypocrisie, tromperies...

♣ CAVALIER♥ EN ASSOCIATION AVEC : ♣

Avec un ♣ = *SECTEUR* **FINANCIER/MATÉRIEL**

Si ENDROIT :

CAVAL.♥ ➜ 7♣	☞	Petite rentrée d'argent.
CAVAL.♥ ➜ 8♣	☞	Une augmentation de salaire possible
CAVAL.♥ ➜ 9♣	☞	Vous retrouverez la stabilité financière.
CAVAL.♥ ➜ 10♣	☞	Période de chance, profitez-en !
CAVAL.♥ ➜ VALET♣	☞	Vous pouvez compter sur un jeune ami.
CAVAL.♥ ➜ CAVAL.♣	☞	Homme généreux, aime faire plaisir.
CAVAL.♥ ➜ DAME♣	☞	Amitié féminine sincère.
CAVAL.♥ ➜ ROI♣	☞	Amitié masculine sincère.
CAVAL.♥ ➜ AS♣	☞	Bonne surprise financière.

Si : RENVERSÉ(*)

CAVAL.♥* ➜ 7♣	☞	Petite sortie d'argent imprévue.
CAVAL.♥* ➜ 8♣	☞	L'augmentation attendue se fait attendre
CAVAL.♥* ➜ 9♣	☞	Budget en dents de scie, restez vigilant.
CAVAL.♥* ➜ 10♣	☞	Ne prêtez pas d'argent, ce serait à perte
CAVAL.♥* ➜ VALET♣	☞	Une escroquerie est possible.
CAVAL.♥* ➜ CAVAL.♣	☞	Homme égoïste, amitié intéressée.
CAVAL.♥* ➜ DAME♣	☞	Rupture amicale.
CAVAL.♥* ➜ ROI♣	☞	Rupture amicale.
CAVAL.♥* ➜ AS♣	☞	Tracas financiers difficiles à surmonter.

🐎 CAVALIER♥ EN ASSOCIATION AVEC : 🐎

Avec un ♦ = *SECTEUR* **PROFESSIONNEL/ÉTUDES**

Si ENDROIT :

CAVAL.♥ ➔ 7♦ ☛Bonnes nouvelles, projet réalisé.
CAVAL.♥ ➔ 8♦ ☛Satisfaction dans le travail.
CAVAL.♥ ➔ 9♦ ☛La persévérance devrait être payante !
CAVAL.♥ ➔ 10♦ ☛Un week-end fort agréable !
CAVAL.♥ ➔ VALET♦ ☛Un succès professionnel s'annonce.
CAVAL.♥ ➔ CAVAL.♦ ☛Sympathie avec collègue de travail.
CAVAL.♥ ➔ DAME♦ ☛Risque l'influence néfaste d'une femme.
CAVAL.♥ ➔ ROI♦ ☛Bonne entente avec supérieur.
CAVAL.♥ ➔ AS♦ ☛ De ses nouvelles prochainement !

Si : RENVERSÉ(*)

CAVAL.♥* ➔ 7♦ ☛Nouvelles contrariantes, échec projet.
CAVAL.♥* ➔ 8♦ ☛N'écoutez pas les bruits de couloir !
CAVAL.♥* ➔ 9♦ ☛Stagnation, moral au plus bas.
CAVAL.♥* ➔ 10♦ ☛Weekend désagréable, voyage annulé…
CAVAL.♥* ➔ VALET♦ ☛Tracasseries en vue.
CAVAL.♥* ➔ CAVAL.♦ ☛Certains collègues hypocrites.
CAVAL.♥* ➔ DAME♦ ☛Attention à sale tour !
CAVAL.♥* ➔ ROI♦ ☛Concurrent déloyal, supérieur odieux
CAVAL.♥* ➔ AS♦ ☛Vous laissera sans nouvelles.

CAVALIER♥ EN ASSOCIATION AVEC :

Avec un ♠ = *SECTEUR* **SANTÉ/ÉPREUVES**

Si ENDROIT :

CAVAL.♥ ➔ 7♠ — Les épreuves s'éloignent !
CAVAL.♥ ➔ 8♠ — Bonne nouvelle concernant la santé.
CAVAL.♥ ➔ 9♠ — Sort d'une dépression.
CAVAL.♥ ➔ 10♠ — Coup de foudre imminent !
CAVAL.♥ ➔ VALET♠ — Querelle sans lendemain.
CAVAL.♥ ➔ CAVAL.♠ — Le soutien sincère d'un ami.
CAVAL.♥ ➔ DAME♠ — En relation avec veuve ou divorcée.
CAVAL.♥ ➔ ROI♠ — Personne sur qui l'on peut compter.
CAVAL.♥ ➔ AS♠ — Promesse tenue.

Si : RENVERSÉ(*)

CAVAL.♥* ➔ 7♠ — C'est la confusion totale !
CAVAL.♥* ➔ 8♠ — Tracasseries pour la santé.
CAVAL.♥* ➔ 9♠ — Manque de volonté, alcoolisme...
CAVAL.♥* ➔ 10♠ — Douleur sentimentale.
CAVAL.♥* ➔ VALET♠ — Démêlés avec la justice (fraude, vol...)
CAVAL.♥* ➔ CAVAL.♠ — Faites le tri de vos amis !
CAVAL.♥* ➔ DAME♠ — Adultère, infidélité, tromperies...
CAVAL.♥* ➔ ROI♠ — Ne comptez que sur vous-même.
CAVAL.♥* ➔ AS♠ — Promesse non tenue.

❧ VALET♥ EN ASSOCIATION AVEC : ❧

Avec un ♥ = *SECTEUR* **AFFECTIF**

Si ENDROIT :

VALET♥ ➔ 7♥	☞	Un ami sûr, un confident discret.
VALET♥ ➔ 8♥	☞	Amitié qui se transforme en amour…
VALET♥ ➔ 9♥	☞	Un projet de mariage.
VALET♥ ➔ 10♥	☞	Soutenu par la famille, amour filial.
VALET♥ ➔ CAVAL.♥	☞	Une grande preuve d'amitié sera fournie.
VALET♥ ➔ DAME♥	☞	Plus qu'une simple amitié pour femme.
VALET♥ ➔ ROI♥	☞	Plus qu'une simple amitié pour homme.
VALET♥ ➔ AS♥	☞	Fiançailles avec personne aimée.

Si : RENVERSÉ(*)

VALET♥* ➔ 7♥	☞	Confident indiscret, amitié fausse.
VALET♥* ➔ 8♥	☞	Aventure sans lendemain.
VALET♥* ➔ 9♥	☞	Projet de mariage annulé.
VALET♥* ➔ 10♥	☞	Disharmonie familiale, mésentente.
VALET♥* ➔ CAVAL.♥	☞	Amitié fragile, déceptions douloureuses.
VALET♥* ➔ DAME♥	☞	Un séducteur sans scrupules.
VALET♥* ➔ ROI♥	☞	N'est pas pris au sérieux.
VALET♥* ➔ AS♥	☞	Rupture de fiançailles, fin d'une liaison amoureuse.

♣ VALET♥   EN ASSOCIATION AVEC : ♣

Avec un ♣ = *SECTEUR* **FINANCIER/MATÉRIEL**

Si ENDROIT :

VALET♥ ➔ 7♣   ☞Jeune homme généreux.
VALET♥ ➔ 8♣   ☞Rentrée d'argent.
VALET♥ ➔ 9♣   ☞Opportunité financière à saisir !
VALET♥ ➔ 10♣   ☞La chance est présente ! Tentez les jeux !
VALET♥ ➔ VALET♣   ☞ Un ami sur qui l'on peut compter
VALET♥ ➔ CAVAL.♣   ☞Jeune homme généreux et dévoué.
VALET♥ ➔ DAME♣   ☞Un contact féminin agréable.
VALET♥ ➔ ROI♣   ☞Un contact masculin agréable.
VALET♥ ➔ AS♣   ☞Jeune homme de bel avenir.

Si : RENVERSÉ(*)

VALET♥* ➔ 7♣   ☞Jeune homme égoïste.
VALET♥* ➔ 8♣   ☞Sortie d'argent occasionnant tracas.
VALET♥* ➔ 9♣   ☞Attention à un abus de confiance.
VALET♥* ➔ 10♣   ☞ Mauvaise gestion, Rappels du banquier.
VALET♥* ➔ VALET♣   ☞Les amis font faux bond !
VALET♥* ➔ CAVAL♣   ☞Jeune peu soucieux de son avenir.
VALET♥* ➔ DAME♣   ☞Amitié féminine instable.
VALET♥* ➔ ROI♣   ☞Amitié masculine instable.
VALET♥* ➔ AS♣   ☞Son avenir est compromis par paresse.

❦ VALET♥ EN ASSOCIATION AVEC : ❧

Avec un ♦ = *SECTEUR* **PROFESSIONNEL/ÉTUDES**

Si ENDROIT :

VALET♥ ➔ 7♦	☞ Un entretien fructueux.
VALET♥ ➔ 8♦	☞ Récoltera les fruits de ses efforts.
VALET♥ ➔ 9♦	☞ Jeune homme courageux, persévérant.
VALET♥ ➔ 10 ♦	☞ Week-end agréable, voyage possible.
VALET♥ ➔ VALET♦	☞ Courrier ou appel télépho. agréable.
VALET♥ ➔ CAVAL.♦	☞ Evolution pro., succès assuré.
VALET♥ ➔ DAME♦	☞ Doit se méfier d'une femme …
VALET♥ ➔ ROI♦	☞ Avancement dans la carrière.
VALET♥ ➔ AS♦	☞ Jeune homme donnera de ses nouvelles.

Si : RENVERSÉ(*)

VALET♥* ➔ 7♦	☞ Légère contrariété.
VALET♥* ➔ 8♦	☞ Déboires fâcheux pour son avenir pro..
VALET♥* ➔ 9♦	☞ Manque de sérieux et de volonté.
VALET♥* ➔ 10♦	☞ Week-end désagréable, voyage annulé.
VALET♥* ➔ VALET♦	☞ Courrier ou appel télé. contrariant.
VALET♥* ➔ CAVAL.♦	☞ Risque de perdre son emploi.
VALET♥* ➔ DAME♦	☞ Se laisse mener par femme intrigante.
VALET♥* ➔ ROI♦	☞ Litiges avec le patron, chômage possible
VALET♥* ➔ AS♦	☞ Vous laissera sans nouvelles !

🥨 VALET♥   EN ASSOCIATION AVEC :   🥨

Avec un ♠ = *SECTEUR* SANTÉ/ÉPREUVES

Si ENDROIT :

VALET♥ ➔ 7♠	☞	Jeune homme sur qui l'on peut compter.
VALET♥ ➔ 8♠	☞	Saura vous remonter le moral.
VALET♥ ➔ 9♠	☞	Remonte la pente !
VALET♥ ➔ 10♠	☞	Rencontre amoureuse imminente !
VALET♥ ➔ VALET♠	☞	Petite déception amicale sans gravité.
VALET♥ ➔ CAVAL.♠	☞	Réponds toujours présent !
VALET♥ ➔ DAME♠	☞	Sous la protection d'une femme âgée.
VALET♥ ➔ ROI♠	☞	Sous la protection d'un homme âgé.
VALET♥ ➔ AS♠	☞	Tiendra sa promesse.

Si : RENVERSÉ(*)

VALET♥* ➔ 7♠	☞	Ne comptez pas sur lui !
VALET♥* ➔ 8♠	☞	Il est souffrant.
VALET♥* ➔ 9♠	☞	Sous l'emprise de l'alcool, la drogue...
VALET♥* ➔ 10♠	☞	Gros tracas imminents.
VALET♥* ➔ VALET♠	☞	Ne surmonte pas déception sentimentale.
VALET♥* ➔ CAVAL.♠	☞	Amitiés dangereuses, se laisse entraîner.
VALET♥* ➔ DAME♠	☞	Caractère léger, ne pas espérer son aide.
VALET♥* ➔ ROI♠	☞	Semble préférer compagnie douteuse.
VALET♥* ➔ AS♠	☞	Risque de gros problèmes avec la loi ; promesses non tenues.

DEVOIR N° 06

À partir de ce que vous avez appris dans la partie 01 du chapitre 4,

réalisez les exercices du devoir 06.

Pour les lecteurs utilisant une tablette, liseuse, PC…imprimables de ce devoir 06
peuvent être téléchargés en version PDF
en cliquant sur le lien ci-dessous :

Télécharger la fiche d'exercices (PDF)

(Le fichier peut s'ouvrir ou se télécharger selon votre appareil.)

DEVOIR 06

ෂාලෑ

➢ **QUESTION N°1 :** à quels éléments cités ci-dessous appartiennent les ♥
(Cochez la définition qui vous semble ne pas convenir)

EXPLIQUEZ POURQUOI !

a) ❏ MASCULIN   ❏ FÉMININ
   ➢

b) ❏ OBSCURITÉ   ❏ LUMIÈRE
   ➢

c) ❏ SEC   ❏ HUMIDE
   ➢

d) ❏ POSITIF   ❏ NÉGATIF
   ➢

e) ❏ CHAUD   ❏ FROID
   ➢

➢ **QUESTION N°2 :** comme pour le devoir N°5, essayez de donner AU MOINS **2 INTERPRÉTATIONS DIFFÉRENTES** à chaque association citée ci-dessous.

a) DAME♥ vers VALET♥
   ➢

   ➢

b) VALET♥* vers DAME♥
   ➢

   ➢

c) AS♥ vers 8♦
   ➢

   ➢

d) 8♦ vers AS♥
   ➢

   ➢

e) ROI♣* vers 8♣
   ➢

   ➢

f) 8♣ vers ROI♣
   ➢

   ➢

2ᵉ PARTIE

Famille Des CŒURS

♥

SIGNIFICATION de CHAQUE CARTE

DIX – NEUF – HUIT – SEPT

Ils symbolisent :

- L'automne
- Le soir
- La maturité
- Le bord de mer

☙ LES CARACTÉRISTIQUES de 10♥ ☙
ENDROIT = POSITIF   RENVERSÉ(*) = NÉGATIF

10♥ est la carte représentant des projets, touchant à la maison et à la vie personnelle.

➢ **Présenté à l'ENDROIT**, 10♥ annonce des surprises heureuses et présage une ambiance chaleureuse.

➢ **Présenté RENVERSÉ**, 10♥* annonce des contrariétés familiales et présage une ambiance tendue.

➢ **À RETENIR :** Joies et surprises dans la maison, le foyer.

➢ **RENVERSÉ ***, faites attention de ne pas blesser une personne qui est vous chère.
À moins que ce soit vous qui ne vous sentiez pas à votre place …

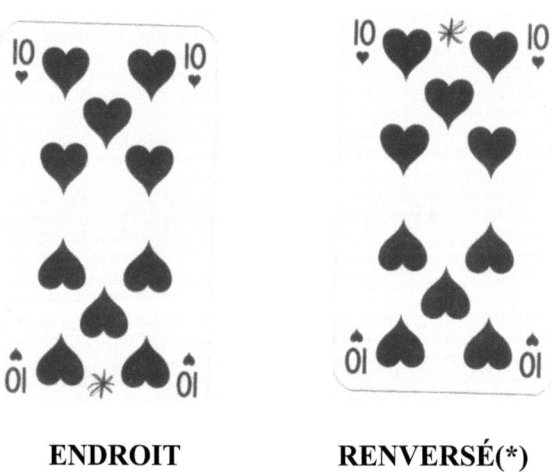

ENDROIT   RENVERSÉ(*)

LES MOTS CLES de :

➤ 10♥ = LA MAISON – LE FOYER

– une grande ville… grand amour – projet réalisé – succès inattendu – bonheur familial – grand plaisir – surprise agréable (la naissance d'un enfant, une réunion familiale...)
– Elle protège contre la souffrance et permet de résoudre les conflits.
– Des changements sont inévitables, mais ils sont bienvenus et un parfum d'espoir embaume l'air…

➤ 10♥* = = LA MAISON – LE FOYER

– indignation – colère – contrariétés – renoncements – orages conjugaux – tracas et irritations – humiliation de la personne aimée. litiges – solitude…
– Quelques petites déceptions familiales….
– Des changements sont inévitables et contrariants, ce qui laisse un moment de nostalgie.

INTERPRÉTATION DE 10♥ et 10♥*

En fonction du voisinage.
Rappelez-vous que les **cartes de DROITE** sont dites « *NEUTRES* »
ni endroit ni renversé(*)
Mais **symbolisent le SECTEUR** à analyser tel que :
a) avec à sa DROITE un ♥ = *secteur*   AFFECTIF
b) avec à sa DROITE un ♣ = ….   FINANCIER/MATÉRIEL
c) avec à sa DROITE un ♦ = ….   PROFESSION/ÉTUDES
d) avec à sa DROITE un ♠ = ….   SANTÉ/ÉPREUVES

a) 10♥ vers un ♥ : aspect **AFFECTIF** :
– Les relations avec l'entourage sont excellentes. Les échanges sont sympathiques, harmonieux et agréables.

a) 10♥* vers un ♥ : aspect **AFFECTIF** :
– Les relations avec l'entourage causent quelques tracasseries. Les échanges manquent d'harmonie.
– Quelques discussions familiales sont à prévoir.

b) 10♥ vers un ♣ : aspect FINANCIER/MATÉRIEL :
– La situation matérielle donne satisfaction. La gestion est excellente, ce qui apporte la tranquillité.
– Un emprunt, une demande de crédit seront acceptés.

b) 10♥* vers un ♣ : aspect FINANCIER/MATÉRIEL :
– La situation matérielle donne quelques tracasseries. Il convient de rester prudent·e de façon à faire face efficacement à des alternatives difficiles. Il est important de ne pas se laisser submerger par des dépenses pour les plaisirs personnels, sinon vous serez confronté.e à des préoccupations par la suite.

c) 10♥ vers un ♦ : aspect PROFESSIONNEL/ÉTUDES :
– Votre persévérance professionnelle vous accorde les moyens de réussite.
– L'évolution est lente mais assurée. Vous devez vous investir sans découragement et savoir être patient·e. Vous récolterez le fruit de vos efforts.

c) 10♥* vers un ♦ : aspect PROFESSIONNEL/ÉTUDES :
– Des difficultés passagères dans votre vie professionnelle vous découragent. Votre manque de patience entrave l'évolution. Vous ne devez pas baisser les bras sous peine de rendre neutres tous les efforts fournis jusqu'à présent.

d) 10♥ vers un ♠ : aspect SANTÉ/ÉPREUVES :
– Un peu de nervosité mais pas d'inquiétudes particulières.
– Problèmes familiaux faciles à apaiser.

d) 10♥* vers un ♠ : aspect SANTÉ/ÉPREUVES :
– La santé de l'entourage sera à surveiller.
– Problèmes familiaux, changements non désirés.

❧ LES CARACTÉRISTIQUES de 9♥ ❧
ENDROIT = POSITIF RENVERSÉ(*) = NÉGATIF

9♥ est la carte symbolisant le courage, l'énergie, la volonté de maîtriser et dominer toutes les situations.

➢ **Présenté à l'ENDROIT, 9♥** apporte la délivrance au terme d'une longue patience. Il annonce la victoire, la réussite et présage des satisfactions multiples.

➢ **Présenté RENVERSÉ, 9♥*** annonce des déceptions sans grande gravité.

➢ **À RETENIR :** vous possédez le courage et l'énergie pour maîtriser la situation.

➢ **RENVERSÉ(*)** : ayez confiance en vos possibilités et surtout ne perdez jamais l'espoir ; ne vous découragez pas devant les épreuves.

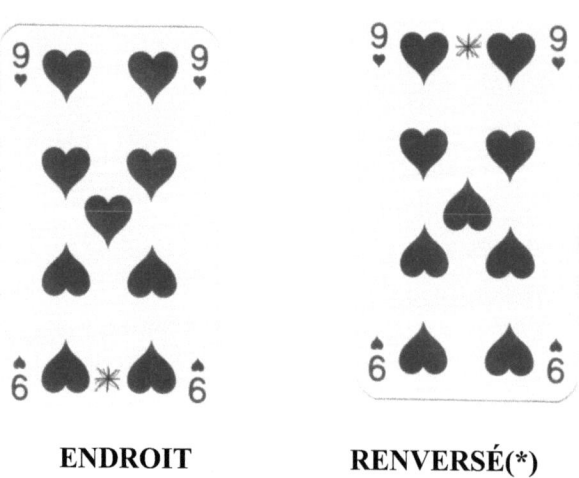

ENDROIT **RENVERSÉ(*)**

LES MOTS CLÉS de :

➤ **9♥ = JOIE** – satisfactions morales – bonne santé – grand succès – réussite d'importance primordiale – nouveau départ sous les meilleurs auspices – réconciliation – bonheur familial – rêves réalisés – lune de miel – maternité ...
– Il atténue, voir annule les chagrins annoncés par d'éventuelles cartes à proximité. N'hésitez pas à faire les premiers pas, entreprenez avec confiance, les démarches aboutiront sur les perspectives...

➤ **9♥* = DÉCEPTIONS** – bouleversements – obstacles temporaires – insatisfactions morales – petite brouille – manque de confiance en soi – insuccès – intrigue amoureuse – mal dans sa peau.
– Il annonce quelques déceptions, quelques retards dans la réalisation des projets. Baisse d'énergie. Des ennuis passagers, des nouvelles peu agréables mais sans gravité.

INTERPRÉTATION DE 9♥ et 9♥*
En fonction du voisinage.
Rappelez-vous que les **cartes de DROITE** sont dites « *NEUTRES* »
ni endroit ni renversé(*)
Mais **symbolisent le SECTEUR** à analyser tel que :
a) avec à sa DROITE un ♥ = *secteur*   **AFFECTIF**
b) avec à sa DROITE un ♣ = ...   **FINANCIER/MATÉRIEL**
c) avec à sa DROITE un ♦ = ...   **PROFESSION/ÉTUDES**
d) avec à sa DROITE un ♠ = ...   **SANTÉ/ÉPREUVES**

a) **9♥ vers un ♥ : aspect AFFECTIF :**
– Les sentiments sont puissants et forts, l'union se consolide. De nouvelles amitiés se font jour ; des retrouvailles ne sont pas à exclure...

a) **9♥* vers un ♥ : aspect AFFECTIF :**
– Faites quelques efforts de conciliation. Vous serez récompensé·e ! Possibilité de petites contrariétés familiales ou amicales. Sachez que la discrétion et la patience sont des atouts personnels, maintenez la confiance mutuelle.

b) 9♥ vers un ♣ : aspect FINANCIER/MATÉRIEL :
– La sécurité matérielle s'affermit de manière certaine. Les finances sont gérées sur des bases solides et équilibrées. Des rentrées d'argent importantes et inattendues sont possibles.

b) 9♥* vers un ♣ : aspect FINANCIER/MATÉRIEL :
– Quelques difficultés financières passagères. Grâce à vos efforts, vous parviendrez à trouver des solutions, et vous retrouverez l'équilibre. Du retard possible concernant une rentrée attendue.

c) 9♥ vers un ♦ : aspect PROFESSIONNEL/ÉTUDES :
– Vos projets devraient être couronnés de succès et vos efforts récompensés à leur juste valeur. Vous savez imposer facilement vos opinions.
– Grâce à une force de caractère sans faille, l'avancement est certain. Optez toutefois pour un subtil mélange de sagesse et de patience. L'évolution sera lente mais régulière.

c) 9♥* vers un ♦ : aspect PROFESSIONNEL/ÉTUDES :
– Vos projets rencontrent quelques obstacles, ce qui occasionne des retards dans leur réalisation. Cultivez la patience et la confiance en vos possibilités ; mais maîtrisez la situation.

d) 9♥ vers un ♠ : aspect SANTÉ/ÉPREUVES :
– Joie pour réconciliation ou pour solution de problèmes divers.
– Joie concernant la guérison d'un malade.

d) 9♥* vers un ♠ : aspect SANTÉ/ÉPREUVES :
– Petits retards dans la solution de problèmes qui occasionnent déceptions.
– Petite inquiétude sans gravité concernant la santé.

࿊ LES CARACTÉRISTIQUES de 8♥ ࿊
ENDROIT = POSITIF   RENVERSÉ(*) = NÉGATIF

**8♥ est la carte symbolisant la rencontre amoureuse passionnelle.
JEUNE FEMME CHEVEUX PLUTÔT CLAIRS – 25 ANS.**

➤ **Présenté à l'ENDROIT, 8♥** peut symboliser un amour nouveau qui évolue favorablement.

➤ **Présenté RENVERSÉ, 8♥*** peut signifier l'adultère. Une situation amoureuse difficile à gérer ou encore un amour impossible.

➤ **À RETENIR :** Marque la fin des tracasseries et difficultés qui compromettaient la réalisation des objectifs. Un événement imprévu éloigne la cause des soucis. Les buts seront atteints, les obstacles surmontés.

➤ **RENVERSÉ(*) :** quelques contrariétés sont à prévoir. Vivez votre relation au jour le jour sans trop penser à demain.

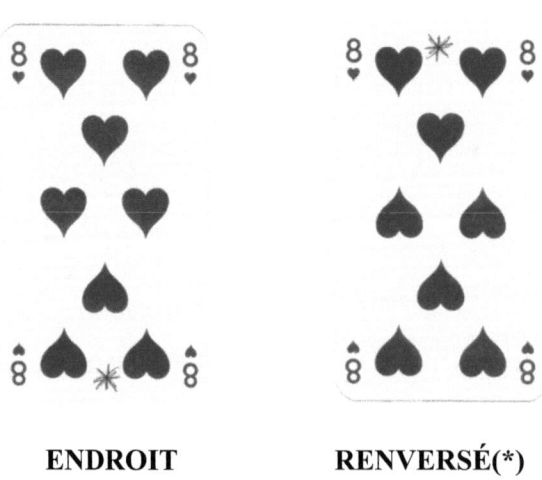

ENDROIT   **RENVERSÉ(*)**

LES MOTS CLÉS de :

➢ 8♥ = bon augure en matière d'amour – prochaine rencontre – un espoir réalisé – une déclaration – liaison future – une visite – un cadeau…

– Cette carte peut annoncer une rencontre amoureuse, une bonne nouvelle, le succès et le bonheur dans la vie affective ou professionnelle.

– Elle promet à un jeune homme, un amour naissant, un lien, un mariage heureux ou un voyage à caractère affectif.

➢ 8♥* = amour sans lendemain – feu de paille – peines amoureuses – froideur – jalousie…

– Peut annoncer des querelles d'amoureux ou familiale ; il annonce des petites déceptions de toutes sortes, des petits blocages et quelques retards…

INTERPRÉTATION DE 8♥ et 8♥*

En fonction du voisinage.

Rappelez-vous que les **cartes de DROITE** sont dites « *NEUTRES* »
ni endroit ni renversé(*)

Mais **symbolisent le SECTEUR** à analyser tel que :
a) avec à sa DROITE un ♥ = *secteur*   **AFFECTIF**
b) avec à sa DROITE un ♣ = ….   **FINANCIER/MATÉRIEL**
c) avec à sa DROITE un ♦ = ….   **PROFESSION/ÉTUDES**
d) avec à sa DROITE un ♠ = ….   **SANTÉ/ÉPREUVES**

a) 8♥ vers un ♥ : aspect AFFECTIF :

– Dans les relations amicales ou sentimentales, les doutes sont dissipés. Les amitiés partagées. La paix est retrouvée au sein du foyer. Un nouvel amour voit le jour.

a) 8♥* vers un ♥ : aspect AFFECTIF :

– Un nouvel amour ne sera qu'un feu de paille. Une séparation ou un éloignement sera vécu comme un soulagement, une libération. Quelques nuages dans la vie familiale.

– Dans bien des cas, il est préférable de se mettre en retrait plutôt que d'attiser les conflits.

b) 8♥ vers un ♣ : aspect FINANCIER/MATÉRIEL :
— De nouvelles possibilités vous seront accordées en cas de difficultés financières.
— La situation redeviendra plus rassurante. Vous pourriez bénéficier d'une aide ; Il peut s'agir d'un réconfort amical, mais aussi d'une rentrée d'argent, d'un remboursement ou d'un petit héritage.

b) 8♥* vers un ♣ : aspect FINANCIER/MATÉRIEL :
— Les rentrées se font difficiles. Elles peuvent être également différées ou même supprimées. Toutefois, avec de la vigilance et de la patience, la situation se redressera.

c) 8♥ vers un ♦ : aspect PROFESSIONNEL/ÉTUDES :
— Vos efforts seront récompensés et vous pourrez accéder à une nouvelle position sociale, ou à un avancement très avantageux.
— La situation s'éclaire.

c) 8♥* vers un ♦ : aspect PROFESSIONNEL/ÉTUDES :
— Une transformation sous forme de changement de service ou de lieu, ou encore une cessation d'activité, ou une rupture par rapport à un environnement qui ne convenait plus, sera vécue comme une libération.
— Si vous êtes à la recherche d'un emploi, ne donne guère d'espoir dans l'immédiat.

d) 8♥ vers un ♠ : aspect SANTÉ/ÉPREUVES :
— Après quelques malaises. Vous reprenez le dessus.
— Des solutions seront trouvées pour les tracasseries.

d) 8♥* vers un ♠ : aspect SANTÉ/ÉPREUVES :
— État de faiblesse. Il faut se secouer !
— Des retards, des obstacles vous irritent ; Prenez patience et calmez-vous !

🙠 LES CARACTÉRISTIQUES de 7♥ 🙢
ENDROIT = POSITIF   RENVERSÉ(*) = NÉGATIF

7♥ est la carte symbolisant les pensées du consultant…
Ainsi qu'un jeune enfant **CHEVEUX CLAIRS** (– 12 ans) une petite fille…

➢ **Présenté à l'ENDROIT, 7♥** annonce des petites joies.

➢ **Présenté RENVERSÉ, 7♥*** annonce petites contrariétés, petites peines.

➢ **À RETENIR :** Des messages, des lettres, des visites, des rencontres, des surprises de toutes sortes sont annoncées (bonnes ou mauvaises en fonction de sa position !)

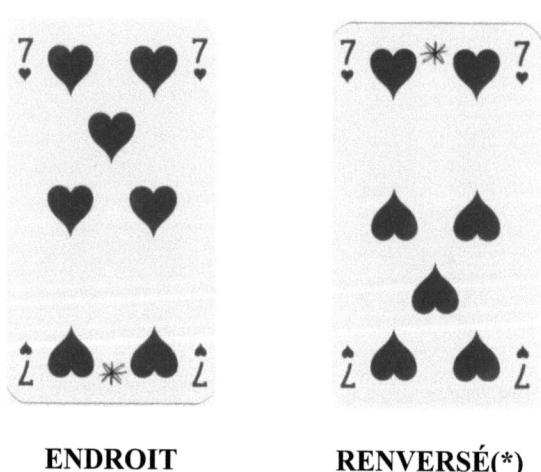

ENDROIT   **RENVERSÉ(*)**

LES MOTS CLÉS de :

➢ 7♥ = **PETITES JOIES** – réalisation des désirs – naissance – mariage – amitiés nouvelles – fiançailles – imagination – quelques changements dans le contexte familial – choix intelligent – aide inespérée – conquête. Il assure l'harmonie familiale ; mais indique également un succès scolaire ou commercial, un cadeau, un voyage....

➢ 7♥* = **PETITES PEINES** – obstacles – peines de cœur – manque de réalisme – préméditation – petites contrariétés – petites déceptions – aventures extraconjugales – imagination excessive.
– Présage défavorable d'une période de tristesse et de stérilité physique. Un avortement, une fausse couche, une grossesse non désirée ; un malentendu dû à des médisances. Il indique parfois des agacements liés à des attentes aux guichets des bureaux de services publics, à des problèmes administratifs, à un échec scolaire ou commercial des conflits familiaux.

INTERPRÉTATION DE 7♥ et 7♥*
En fonction du voisinage.
Rappelez-vous que les **cartes de DROITE** sont dites « *NEUTRES* »
ni endroit ni renversé(*)
Mais **symbolisent le SECTEUR** à analyser tel que :
a) avec à sa DROITE un ♥ = *secteur*   **AFFECTIF**
b) avec à sa DROITE un ♣ = ….   **FINANCIER/MATÉRIEL**
c) avec à sa DROITE un ♦ = ….   **PROFESSION/ÉTUDES**
d) avec à sa DROITE un ♠ = ….   **SANTÉ/ÉPREUVES**

a) 7♥ vers un ♥ : aspect AFFECTIF :
– De nouvelles amitiés voient le jour ; la vie sentimentale connait de nombreux changements affectifs inattendus. Vous recevrez des visites ou nouvelles agréables. Beaucoup de mouvements et de nouvelles têtes. Ce qui n'est pas pour vous déplaire.

a) 7♥* vers un ♥ : aspect AFFECTIF :
– Attendez-vous à éprouver des sentiments de tristesse, car les amitiés se révèlent décevantes et contrariantes. On fait preuve d'hostilité à votre égard, le trouble et le désaccord sont semés ; ce qui provoque une profonde mélancolie.

b) 7♥ vers un ♣ : aspect FINANCIER/MATÉRIEL :
– Vous faites beaucoup d'efforts et de démarches pour améliorer votre situation financière et à plus ou moins longue échéance, vous obtiendrez des retombées satisfaisantes.
– Les rentrées attendues s'annoncent imminentes. Les demandes de prêts sont acceptées.
– De bonnes surprises financières permettront l'équilibre du budget.

b) 7♥* vers un ♣ : aspect FINANCIER/MATÉRIEL :
– Des contraintes et des obligations inattendues entraînent des contrariétés et vous mettent dans l'embarras.
– L'équilibre financier est compromis et le redressement bien incertain.
– Les factures risquent d'être plus importantes que prévues.

c) 7♥ vers un ♦ : aspect PROFESSIONNEL/ÉTUDES :
– De bonnes nouvelles concernant un projet professionnel ou un avancement s'annoncent de façon imminente. Les attentes et tous les efforts sont récompensés à leur juste valeur.
– De nouveaux contacts sont bénéfiques et les différents déplacements professionnels portent leurs fruits.

c) 7♥* vers un ♦ : aspect PROFESSIONNEL/ÉTUDES :
– Les efforts personnels n'aboutissent pas ou ne sont guère récompensés. Ce qui retenti sur votre humeur. L'activité n'apporte aucune satisfaction et une certaine stagnation s'installe.
Des désaccords entravent le bon déroulement des affaires.

d) 7♥ vers un ♠ : aspect SANTÉ/ÉPREUVES :
– Un petit surmenage se laisse entrevoir.
– Une personne de votre entourage s'intéresse à tout ce qui vous préoccupe…

d) 7♥* vers un ♠ : aspect SANTÉ/ÉPREUVES :
– Surveillez vos sautes d'humeur.
– Ne restez pas indifférent·e aux problèmes d'autrui…

SIGNIFICATION DES CARTES EN ASSOCIATION

LA FAMILLE DES « CŒURS »

♥

DIX – NEUF – HUIT – SEPT

10♥ EN ASSOCIATION AVEC :

Avec un ♥ = *SECTEUR* **AFFECTIF**

Si ENDROIT :

10♥ ➔ 7♥	☞	Joie pour naissance prochaine au foyer.
10♥ ➔ 8♥	☞	Bonne entente familiale ou amicale.
10♥ ➔ 9♥	☞	Une rencontre devenant sérieuse.
10♥ ➔ VALET♥	☞	Une amitié utile et sincère.
10♥ ➔ CAVAL.♥	☞	Un rendez-vous amoureux.
10♥ ➔ DAME♥	☞	Très bonne soirée en perspective.
10♥ ➔ ROI ♥	☞	Très bonne soirée en perspective.
10♥ ➔ AS ♥	☞	Une réunion familiale fort sympathique.

Si : RENVERSÉ(*)

10♥*➔ 7♥	☞	Grossesse non désirée.
10♥*➔ 8♥	☞	Ragots, heurs familiaux ou amicaux.
10♥*➔ 9♥	☞	Une rencontre sans suite.
10♥*➔ VALET♥	☞	Tracasseries amicales.
10♥*➔ CAVAL.♥	☞	Un rendez-vous manqué.
10♥*➔ DAME♥	☞	Orages conjugaux.
10♥*➔ ROI♥	☞	Orages conjugaux.
10♥*➔ AS♥	☞	Réunion familiale tendue.

10♥ EN ASSOCIATION AVEC :

Avec ♣ = *SECTEUR* **FINANCIER/MATÉRIEL**

Si ENDROIT :

10♥ ➔ 7♣	☛Tranquillité financière.
10♥ ➔ 8♣	☛Vie confortable ; argent assuré en famille.
10♥ ➔ 9♣	☛Vos ambitions aboutiront.
10♥ ➔ 10♣	☛Très grande prospérité, la chance est là !
10♥ ➔ VALET♣	☛La réussite pour le (un) fils de la maison.
10♥ ➔ CAVAL.♣	☛Réalisation de tous vos projets financiers.
10♥ ➔ DAME♣	☛Mariage avec une femme aisée.
10♥ ➔ ROI♣	☛Mariage avec un homme aisé.
10♥ ➔ AS♣	☛Succès financier assuré, prêt accepté.

Si : RENVERSÉ(*)

10♥∗➔ 7♣	☛Tracasseries financières.
10♥∗➔ 8♣	☛Surveillez de près votre gestion.
10♥∗➔ 9♣	☛Un mariage qui vous coûte cher.
10♥∗➔ 10♣	☛Vous vivez au-dessus de vos moyens !
10♥∗➔ VALET♣	☛Tracasseries au sujet d'un jeune homme.
10♥∗➔ CAVAL.♣	☛Ne faites aucun investissement actuellement.
10♥∗➔ DAME♣	☛Mariage annulé ou tracasseries dans le couple.
10♥∗➔ ROI♣	☛Mariage annulé ou tracasseries dans le couple.
10♥∗➔ AS♣	☛Demande de crédit refusée, tracas financiers.

🕭 10♥ EN ASSOCIATION AVEC : 🕭

Avec un ♦ = *SECTEUR* **PROFESSIONNEL/ÉTUDES**

Si ENDROIT :

10♥ ➔ 7♦	☞Convocation qui vous donnera satisfaction.
10♥ ➔ 8♦	☞Satisfactions travail, stabilité, réussite pro.
10♥ ➔ 9♦	☞Patience et persévérance porteront leurs fruits.
10♥ ➔ 10♦	☞Mutation souhaitée.
10♥ ➔ VALET♦	☞Contact positif pour emploi, examen réussi.
10♥ ➔ CAVAL.♦	☞L'évolution est lente mais assurée.
10♥ ➔ DAME♦	☞Méfiez-vous d'une femme de l'entourage pro.
10♥ ➔ ROI♦	☞Aide amicale ou autre. Réussite pro.
10♥ ➔ AS♦	☞Une invitation agréable.

Si : RENVERSÉ(*)

10♥*➔ 7♦	☞Convocation qui vous causera quelques tracas.
10♥*➔ 8♦	☞Emploi instable, vocation entravée, difficultés.
10♥*➔ 9♦	☞Ne vous découragez pas !
10♥*➔ 10♦	☞Mutation non souhaitée.
10♥*➔ VALET♦	☞Contrariétés pour échecs aux examens.
10♥*➔ CAVAL.♦	☞Vous avez l'impression de faire du surplace.
10♥*➔ DAME♦	☞Problème conjugal à cause d'une rivale.
10♥*➔ ROI♦	☞Problèmes conjugaux à cause d'un rival.
10♥*➔ AS♦	☞Une invitation contraignante.

10♥ EN ASSOCIATION AVEC :

Avec un ♠ = *SECTEUR* SANTÉ/ÉPREUVES

Si ENDROIT :

10♥ ➔ 7♠	☞Solutions aux problèmes familiaux.
10♥ ➔ 8♠	☞Fatigue, petits coups de pompe.
10♥ ➔ 9♠	☞Inquiétude passagère sur la santé de proche.
10♥ ➔ 10♠	☞Chang. proche, heureux (maison ou famille).
10♥ ➔ VALET♠	☞Désaccords ou conflits familiaux apaisés.
10♥ ➔ CAVAL.♠	☞Rencontre avec un militaire de carrière.
10♥ ➔ DAME♠	☞Rencontre avec une veuve ou une divorcée.
10♥ ➔ ROI♠	☞Rencontre avec un veuf ou un divorcé.
10♥ ➔ AS♠	☞Une entrevue importante et stimulante.

Si : RENVERSÉ(*)

10♥* ➔ 7♠	☞La santé de l'entourage est à surveiller.
10♥* ➔ 8♠	☞Attention, la déprime vous guette !
10♥* ➔ 9♠	☞Trop de surmenage.
10♥* ➔ 10♠	☞Changement très proche mais non désiré.
10♥* ➔ VALET♠	☞Vengeance, conflits, désaccords, divorce ...
10♥* ➔ CAVAL.♠	☞Attention sur la route
10♥* ➔ DAME♠	☞Divorce en vue, veuvage possible...
10♥* ➔ ROI♠	☞Divorce en vue, veuvage possible...
10♥* ➔ AS♠	☞Problèmes difficiles à surmonter, perte procès.

9♥ EN ASSOCIATION AVEC :

Avec un ♥ = *SECTEUR* **AFFECTIF**

Si ENDROIT :

- 9♥ ➔ 7♥ — ☛Joie pour naissance.
- 9♥ ➔ 8♥ — ☛Amitié nouvelle, rencontre amoureuse proche.
- 9♥ ➔ 10♥ — ☛Projets de mariage
- 9♥ ➔ VALET♥ — ☛L'amour se profile à l'horizon.
- 9♥ ➔ CAVAL.♥ — ☛Retour de l'être aimé.
- 9♥ ➔ DAME♥ — ☛Très bonne entente du couple.
- 9♥ ➔ ROI♥ — ☛Très bonne entente du couple.
- 9♥ ➔ AS♥ — ☛Tout est pour le mieux au foyer.

Si : RENVERSÉ(*)

- 9♥*➔ 7♥ — ☛Déception pour grossesse qui se fait attendre.
- 9♥*➔ 8♥ — ☛Déception sentimentale ou amicale.
- 9♥*➔ 10♥ — ☛Projets de mariage remis à plus tard.
- 9♥*➔ VALET♥ — ☛Déception sentimentale ou amicale.
- 9♥*➔ CAVAL.♥ — ☛Soyez plus conciliant !
- 9♥*➔ DAME♥ — ☛Maintenez la confiance mutuelle.
- 9♥*➔ ROI♥ — ☛Maintenez la confiance mutuelle.
- 9♥*➔ AS♥ — ☛Petites contrariétés sans importance.

♣ 9♥ EN ASSOCIATION AVEC : ♣

Avec ♣ = *SECTEUR* FINANCIER/MATÉRIEL

Si ENDROIT :

9♥ → 7♣	☞Joie pour naissance, petite rentrée d'argent...
9♥ → 8♣	☞Liaison amoureuse sérieuse et profitable.
9♥ → 9♣	☞Succès professionnel, les affaires sont au top !
9♥ → 10♣	☞Rentrée d'argent importante et inattendue.
9♥ → VALET♣	☞Amitiés nouvelles ou réconciliation avec un ami.
9♥ → CAVAL.♣	☞Bonne gestion financière, maintenez le cap !
9♥ → DAME♣	☞Une rencontre féminine intéressante
9♥ → ROI♣	☞Une rencontre masculine intéressante.
9♥ → AS♣	☞Héritage considérable, gains importants jeux...

Si : RENVERSÉ(*)

9♥*→ 7♣	☞Petite perte d'argent, factures inattendues.
9♥*→ 8♣	☞Liaison amoureuse sans lendemain.
9♥*→ 9♣	☞Quelques tracasseries financières passagères.
9♥*→ 10♣	☞Rentrée d'argent moins importante que prévue.
9♥*→ VALET♣	☞Déceptions amicales sans gravité.
9♥*→ CAVAL.♣	☞Maintenez vos efforts, la situation redresse.
9♥*→ DAME♣	☞Rencontre féminine décevante.
9♥*→ ROI♣	☞Rencontre masculine décevante.
9♥*→ AS♣	☞Héritage moins important que prévu.

9♥ EN ASSOCIATION AVEC :

Avec un ♦ = *SECTEUR* **PROFESSIONNEL/ÉTUDES**

Si ENDROIT :

- 9♥ ➔ 7♦ ☞Sagesse et patience seront vos atouts !
- 9♥ ➔ 8♦ ☞Avancement certain, croyez en vous !
- 9♥ ➔ 9♦ ☞Vous surmonterez aisément les obstacles !
- 9♥ ➔ 10♦ ☞Voyage à l'étranger ou déménagement souhaité !
- 9♥ ➔ VALET♦ ☞Réussite aux examens ou compétition.
- 9♥ ➔ CAVAL.♦ ☞La victoire s'annonce !
- 9♥ ➔ DAME♦ ☞Vous saurez évincer une rivalité.
- 9♥ ➔ ROI♦ ☞Efforts seront récompensés à leur juste valeur.
- 9♥ ➔ AS♦ ☞Nouvelle fort agréable !

Si : RENVERSÉ(*)

- 9♥*➔ 7♦ ☞Cessez de vous poser des questions, avancez !
- 9♥*➔ 8♦ ☞Quelques retards contrariants.
- 9♥*➔ 9♦ ☞Courage, vous réussirez malgré les difficultés.
- 9♥*➔ 10♦ ☞Projets ajournés (vacances, voyage, déména...)
- 9♥*➔ VALET♦ ☞Vous devrez repasser vos examens.
- 9♥*➔ CAVAL.♦ ☞Ayez confiance en vos possibilités.
- 9♥*➔ DAME♦ ☞Petites frictions sans lendemains.
- 9♥*➔ ROI♦ ☞Stagnation dans la situation.
- 9♥*➔ AS♦ ☞Nouvelle quelque peu déroutante !

9♥ EN ASSOCIATION AVEC :

Avec ♠ = *SECTEUR* SANTÉ/ÉPREUVES

Si ENDROIT :

9♥ ➔ 7♠	☞Amitié véritable !
9♥ ➔ 8♠	☞Joie venant de la guérison d'un malade.
9♥ ➔ 9♠	☞Joie pour réconciliation, un danger évité.
9♥ ➔ 10♠	☞La réalisation des vœux.
9♥ ➔ VALET♠	☞Solution trouvée aux problèmes divers.
9♥ vers CAVAL.♠	☞Victoire lors d'un procès.
9♥ ➔ DAME♠	☞Succès amoureux pour une femme seule.
9♥ ➔ ROI♠	☞Succès amoureux pour un homme seul.
9♥ ➔ AS♠	☞Proposition d'union sérieuse.

Si : RENVERSÉ(*)

9♥*➔ 7♠	☞Petite tromperie amicale.
9♥*➔ 8♠	☞Déception amoureuse, tristesse, repli sur soi.
99♥*➔ 9♠	☞État de santé précaire, possibilité d'accidents.
9♥*➔ 10♠	☞Obstacles dans la réalisation des projets.
9♥*➔ VALET♠	☞Tromperie, adultère.
9♥*➔ CAVAL.♠	☞Procès reporté faute de preuves suffisantes.
9♥*➔ DAME♠	☞Solitude pesante pour une femme.
9♥*➔ ROI♠	☞Solitude pesante pour un homme.
9♥*➔ AS♠	☞Déception pour proposition sans suite.

8♥ EN ASSOCIATION AVEC :

Avec un ♥ = *SECTEUR* **AFFECTIF**

Si ENDROIT :

- 8♥ ➔ 7♥ ☞ Un vœu réalisé.
- 8♥ ➔ 9♥ ☞ Bonheur assuré ; amour, amitié partagé.
- 8♥ ➔ 10♥ ☞ Bonheur familial, vos vœux se réaliseront.
- 8♥ ➔ VALET♥ ☞ Une rencontre sentimentale fort agréable.
- 8♥ ➔ CAVAL.♥ ☞ Des avances amoureuses vous seront faites.
- 8♥ ➔ DAME♥ ☞ Une femme qui respire la joie de vivre.
- 8♥ ➔ ROI♥ ☞ Un homme qui respire la joie de vivre.
- 8♥ ➔ AS♥ ☞ Le bonheur au foyer ; un amour futur.

Si : RENVERSÉ(*)

- 8♥*➔ 7♥ ☞ Un nouvel amour ne sera qu'un feu de paille.
- 8♥*➔ 9♥ ☞ Bonheur fragile, éloignement de l'être cher.
- 8♥*➔ 10♥ ☞ La famille est source de soucis.
- 8♥*➔ VALET♥ ☞ Rupture de fiançailles.
- 8♥*➔ CAVAL.♥ ☞ Méfiez-vous des beaux parleurs !
- 8♥*➔ DAME♥ ☞ Une femme triste et mal dans sa peau.
- 8♥*➔ ROI♥ ☞ Un homme triste et mal dans sa peau.
- 8♥*➔ AS♥ ☞ Quelques nuages dans la vie familiale.

8♥ EN ASSOCIATION AVEC :

Avec ♣ = *SECTEUR* **FINANCIER/MATÉRIEL**

Si ENDROIT :

8♥ ➔ 7♣	☞Joie pour une rentrée financière inattendue.
8♥ ➔ 8♣	☞La situation financière s'améliore.
8♥ ➔ 9♣	☞Un petit héritage ou un gain s'annonce.
8♥ ➔ 10♣	☞Tentez votre chance aux jeux !
8♥ ➔ VALET♣	☞Fiançailles avec un jeune homme aisé.
8♥ ➔ CAVAL.♣	☞Amélioration financière, la chance revient.
8♥ ➔ DAME♣	☞La rencontre d'une femme aisée.
8♥ ➔ ROI♣	☞La rencontre d'un homme aisé.
8♥ ➔ AS ♣	☞Prospérité, triomphe financier...

Si : RENVERSÉ(*)

8♥*➔ 7♣	☞Tracasseries financières à prévoir.
8♥*➔ 8♣	☞La situation financière se dégrade.
8♥*➔ 9♣	☞Héritage qui causera + de soucis que de profit !
8♥*➔ 10♣	☞Fuir les terrains de jeux : casinos, chevaux
8♥*➔ VALET♣	☞Méfiez-vous des apparences !
8♥*➔ CAVAL.♣	☞Les rentrées sont difficiles voir nulles.
8♥*➔ DAME♣	☞Ne comptez pas sur son aide.
8♥*➔ ROI♣	☞Ne comptez pas sur son aide.
8♥*➔ AS♣	☞Prendre son mal en patience, ce n'est que passager

8♥ EN ASSOCIATION AVEC :

Avec un ♦ = *SECTEUR* **PROFESSIONNEL/ÉTUDES**

Si ENDROIT :

8♥ ➔ 7♦	☞Une nouvelle position sociale s'annonce !
8♥ ➔ 8♦	☞Vous aboutirez enfin dans vos démarches.
8♥ ➔ 9♦	☞Ne baissez pas les bras, efforts récompensés.
8♥ ➔ 10♦	☞Vos vœux seront exaucés !
8♥ ➔ VALET♦	☞Coup de tél, réapparition d'une ancienne relation.
8♥ ➔ CAVAL.♦	☞Un retour tant attendu !
8♥ ➔ DAME♦	☞Amitié renouée.
8♥ ➔ ROI♦	☞Appui de personnes influentes et importantes.
8♥ ➔ AS♦	☞L'aboutissement d'un projet vous réjouira.

Si : RENVERSÉ(*)

8♥↔➔ 7♦	☞Change. de service, lieu, entraînant contrariété.
8♥↔➔ 8♦	☞Guère d'espoir imminent pour un emploi.
8♥↔➔ 9♦	☞Gardez le moral malgré tout !
8♥↔➔ 10♦	☞Voyage, déména., repoussés, voire annulés.
8♥↔➔ VALET♦	☞Des nouvelles qui se font attendre.
8♥↔➔ CAVAL.♦	☞Une mutation d'ordre professionnel non désirée.
8♥↔➔ DAME♦	☞Trahison amicale qui vous peinera.
8♥↔➔ ROI♦	☞Influence néfaste dans le travail.
8♥↔➔ AS♦	☞Difficultés de toutes sortes, projets abandonnés ;

8♥ EN ASSOCIATION AVEC :

Avec un ♠ = *SECTEUR* SANTÉ/ÉPREUVES

Si ENDROIT :

8♥ ➔ 7♠	☞La solution à un problème sera trouvée.
8♥ ➔ 8♠	☞Bonne nouvelle concernant la santé.
8♥ ➔ 9♠	☞Rémission...
8♥ ➔ 10♠	☞Surprise agréable imminente.
8♥ ➔ VALET♠	☞Une amitié renouée.
8♥ ➔ CAVAL.♠	☞Problèmes résolues par force de caractère et Foi.
8♥ ➔ DAME♠	☞Femme âgée vous épaulera, apportera son aide.
8♥ ➔ ROI♠	☞Conclusion heureuse d'une affaire importante.
8♥ ➔ AS♠	☞Réalisation d'un projet, d'une affaire.

Si : RENVERSÉ(*)

8♥*➔ 7♠	☞Sensation d'être dans un labyrinthe.
8♥*➔ 8♠	☞Peine, difficultés, problème de santé...
8♥*➔ 9♠	☞Dépression nerveuse, accident...
8♥*➔ 10♠	☞Une surprise désagréable à la tombée de la nuit.
8♥*➔ VALET♠	☞Méfiez-vous de certaines relations.
8♥*➔ CAVAL.♠	☞Problèmes difficiles à résoudre, manque de Foi.
8♥*➔ DAME♠	☞Déçu par une personne âgée.
8♥*➔ ROI♠	☞Conclusion désastreuse d'une affaire...
8♥*➔ AS♠	☞Un projet tombe à l'eau.

7♥ EN ASSOCIATION AVEC :

Avec un ♥ = *SECTEUR* **AFFECTIF**

Si ENDROIT :

7♥ ➔ 8♥	☞Une simple amitié qui évolue en amour.
7♥ ➔ 9♥	☞L'espoir renaît en toute chose.
7♥ ➔ 10♥	☞Une invitation fort sympathique.
7♥ ➔ VALET♥	☞Une simple amitié qui évolue en amour.
7♥ ➔ CAVAL.♥	☞Une nouvelle rencontre, nouvel amour.
7♥ ➔ DAME♥	☞De bonnes nouvelles de la femme aimée.
7♥ ➔ ROI♥	☞De bonnes nouvelles de l'homme aimé.
7♥ ➔ AS♥	☞De bonnes nouvelles familiales.

Si : RENVERSÉ(*)

7♥*➔ 8♥	☞Querelle d'amoureux, petites disputes.
7♥*➔	☞Mélancolie ; petits chagrins affectifs.
7♥*➔ 10♥	☞Déceptions et contrariétés sont d'actualité.
7♥*➔ VALET♥	☞Querelles d'amoureux, petites disputes.
7♥*➔ CAVAL.♥	☞Nouvelle rencontre ne sera qu'un feu de paille.
7♥*➔ DAME♥	☞Quelques déceptions à cause de femme aimée.
7♥*➔ ROI♥	☞Quelques déceptions à cause de l'homme aimé
7♥*➔ AS♥	☞Les projets tombent à eau.

❧ 7♥ EN ASSOCIATION AVEC : ❧

Avec un ♣ = *SECTEUR* **FINANCIER/MATÉRIEL**

Si ENDROIT :

7♥ ➔ 7♣	☞	Petite rentrée d'argent ou cadeau plaisant.
7♥ ➔ 8♣	☞	Relation amicale avec une jeune femme.
7♥ ➔ 9♣	☞	Retombées satisfaisantes dues à votre travail.
7♥ ➔ 10♣	☞	Demande prêt acceptée ; bonne évolution finan.
7♥ ➔ VALET♣	☞	Relation amicale avec un jeune homme.
7♥ ➔ CAVAL.♣	☞	De bonnes surprises financières.
7♥ ➔ DAME♣	☞	Complicité avec femme qui apporte son soutien
7♥ ➔ ROI♣	☞	Complicité avec homme qui apporte son aide.
7♥ ➔ AS♣	☞	Joie pour vœux exaucés.

Si : RENVERSÉ(*)

7♥*➔ 7♣	☞	Petite somme à débourser, cadeau à faire.
7♥*➔ 8♣	☞	Petite tracasserie sur le plan amical.
7♥*➔ 9♣	☞	Dépenses imprévues, factures élevées...
7♥*➔ 10♣	☞	Demande de prêt refusée, redressement difficile.
7♥*➔ VALET♣	☞	Petite tracasserie sur le plan amical.
7♥*➔ CAVAL.♣	☞	Surveillez de près votre budget.
7♥*➔ DAME♣	☞	Ne comptez pas sur son aide !
7♥*➔ ROI♣	☞	Ne comptez pas sur son aide !
7♥*➔ AS♣	☞	Contraintes et obligations inattendues.

⁂ 7♥ EN ASSOCIATION AVEC : ⁂

Avec un ♦ = *SECTEUR* **PROFESSIONNEL/ÉTUDES**

Si ENDROIT :

7♥ ➔ 7♦	☛Bonne nouvelle concernant projet pro.
7♥ ➔ 8♦	☛Un avancement; un emploi...
7♥ ➔ 9♦	☛Vos efforts seront récompensés.
7♥ ➔ 10♦	☛Voyage ou vacances pleines d'agrément.
7♥ ➔ VALET♦	☛Succès à un concours, un examen.
7♥ ➔ CAVAL.♦	☛Une nouvelle fort agréable.
7♥ ➔ DAME♦	☛Méfiez-vous d'une soi-disant amie.
7♥ ➔ ROI♦	☛Nouveaux contacts bénéfiques pour l'avenir.
7♥ ➔ AS♦	☛Une lettre tant attendue !

Si : RENVERSÉ(*)

7♥*➔ 7♦	☛Des désaccords contrarient vos projets pro.
7♥*➔ 8♦	☛On vous met des bâtons dans les roues.
7♥*➔ 9♦	☛Déceptions, contrariétés professionnelles.
7♥*➔ 10♦	☛Voyage retardé, vacances contrariantes.
7♥*➔ VALET♦	☛Échec temporaires aux examens ou compétition.
7♥*➔ CAVAL.♦	☛Une nouvelle qui vous mettra en pétard !
7♥*➔ DAME♦	☛Vous apprendrez que l'on répand des calomnies.
7♥*➔ ROI♦	☛De nouveaux contacts qui seront décevants.
7♥*➔ AS♦	☛Une lettre plutôt contrariante.

7♥ EN ASSOCIATION AVEC :

Avec ♠ = *SECTEUR* SANTÉ/ÉPREUVES

Si ENDROIT :

7♥ ➔ 7♠		Un·e ami·e sur qui vous pouvez compter.
7♥ ➔ 8♠		Petit surmenage, vite résolu avec du repos.
7♥ ➔ 9♠		Problèmes temporaires liés au projet d'union.
7♥ ➔ 10♠		Solution rapide de petits soucis ou problèmes.
7♥ ➔ VALET♠		Amitié sincère malgré les apparences.
7♥ ➔ CAVAL.♠		Une relation qui peut être utile.
7♥ ➔ DAME♠		Une femme célibataire vous rendra visite.
7♥ ➔ ROI♠		Une relation qui a le bras long.
7♥ ➔ AS♠		L'issue d'un problème.

Si : RENVERSÉ(*)

7♥*➔ 7♠		Vous ne pourrez compter que sur vous-même.
7♥*➔ 8♠		Surveillez vos sautes d'humeur !
7♥*➔ 9♠		Inquiétude, indécision, tracasseries diverses.
7♥*➔ 10♠		Inquiétude sentimentale, fiançailles longues !
7♥*➔ VALET♠		Attention aux amitiés qui ne sont pas sincères.
7♥*➔ CAVAL.♠		Obstacles, rivalités.
7♥*➔ DAME♠		Contrariétés liées à une femme seule.
7♥*➔ ROI♠		Ne vous sera d'aucun secours.
7♥*➔ AS♠		Stagnation, obstacles, blocages...

DEVOIR N° 07

À partir
de ce que vous avez appris
dans
la partie 02 du chapitre 4,

réalisez les exercices
du devoir 07.

Pour les lecteurs utilisant une tablette, liseuse, PC…
les exercices imprimables de ce devoir 07
peuvent être téléchargés en version PDF
en cliquant sur le lien ci-dessous :

Télécharger la fiche d'exercices (PDF)

(Le fichier peut s'ouvrir ou se télécharger selon votre appareil.)

DEVOIR 07

ೞಡ

➤ **QUESTION N°1 :** essayez d'établir des diagnostics différents de ce *« TIRAGE DE L'IMMÉDIAT »*

À savoir que : (*) Maximum 3 mois *AVANT* ou *ÂPRES*.

➲LA CARTE N°1   représente le   **PASSÉ PROCHE** (*)
➲LA CARTE N°2   représente le   **PRÉSENT**
➲LA CARTE N°3   représente le   **FUTUR PROCHE** (*)

➲LA CARTE N°4 est DITE : *NEUTRE* Donc vous *"LIREZ"*

➲**PASSE PROCHE**   =   CARTE 1 vers **CARTE 4**
➲**PRÉSENT**   =   CARTE 2 vers **CARTE 4**
➲**FUTUR PROCHE**   =   CARTE 3 vers **CARTE 4**

VOUS LES DISPOSEZ AINSI :

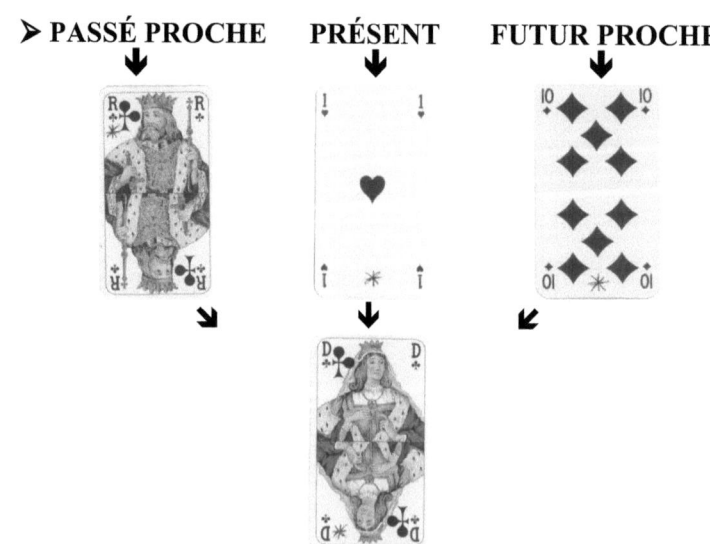

➤ 3 SITUATIONS DIFFÉRENTES POUR 3 TIRAGES IDENTIQUES

1ʳᵉ SITUATION : (interprétez...)
Un homme 40 ANS, marié, qui se préoccupe pour sa vie sentimentale.

☞

2ᵉ SITUATION : (interprétez...)
Une mère (68 ans) qui se préoccupe pour la situation financière de son fils (de 45 ANS).

☞

3ᵉ SITUATION : (interprétez...)
Une femme mariée qui doute de la fidélité de son conjoint.

☞

➤QUESTION N°2 :
Lors du "battage" des CARTES, une s'échappe du jeu,
Que faites-vous ?

☞

➤QUESTION N°3 :
Dans un jeu, par exemple : le TIRAGE DU PRÉNOM, les **4 AS** sont sortis :
Qu'est-ce que cela signifie ?

☞

Pour les lecteurs utilisant une tablette, liseuse, PC…

Les CORRIGÉS (D.06 & D.07) de ce CHAPITRE 4

peuvent être téléchargés en version PDF
en cliquant sur le lien ci-dessous

en cliquant sur le lien ci-dessous

<u>Télécharger la fiche de corrigés (PDF)</u>

(Le fichier peut s'ouvrir ou se télécharger selon votre appareil.)

***(Pour les lecteurs papier…
retrouvez les corrigés au chapitre 7)***

CHAPITRE 5

LES « PIQUES » ♠

MÉMO CARTES À JOUER

MOTS CLÉS (utiles à la **COUPE**, *entre autres…*)
LES ♠ = l'hiver – la montagne – la nuit – la vieillesse…

AS♠ = CARTES DES CONTRATS & PROPOSITIONS DE TOUTES SORTES.

– Déclaration d'amour – offre d'un job – contrat – changement de situation solution juridique – document important – rupture qui s'avère positive – fécondité – succès mérité grâce à un travail constant – bonnes récoltes – mariage heureux – vie à la montagne…

AS♠* = DANGERS CACHES – PROPOSITIONS TROMPEUSES.

– Il faut savoir flairer les dangers cachés – tout semble en mauvaise voie – grossesse non désirée – deuil – faillite prochaine – perte d'emploi ou financière – prison – proposition malhonnête – rupture affective définitive et douloureuse – arrestation – dépression...

ROI♠ = HOMME DE LOI – MÉDECIN – FONCTIONNAIRE IMPORTANT.

– En relation principale avec ce qui est moral – homme bienveillant et de bons conseils – prêtre – religieux – avocat – juge – position sociale élevée – personnage de bonnes influences – un veuf ou un divorcé...

ROI♠* = UN HUISSIER – UN SYNDIC – UN GARDIEN DE PRISON.

– Homme malveillant et sadique – condamnation – perte de procès – amant sans scrupules – action en justice qui se prolonge – prêtre pédophile – avocat sans efficacité – maquereau – gourou – trafiquant de drogue – malade mental...

DAME ♠ = UNE FEMME SEULE (+ 40 ans) VEUVE – DIVORCÉE – CÉLIBATAIRE

– Annonce la fin d'une période – rupture – deuil – tristesse – femme stérile – femme méchante – veuvage – recluse – nonne – personne âgée envieuse et aigrie – clocharde...

DAME♠* = UNE FEMME SEULE (+ 40 ans)
VEUVE – DIVORCÉE.

Envisage se remarier – rencontre l'amour sur le tard – rupture qui s'avère positive – vieille dame gentille – complot qui échoue ...

CAVALIER♠ = ESPRIT DE DÉCISION – COURAGE.

Homme autoritaire – combatif et énergique – aventurier – garde du corps – militaire – sportif – policier – ambitieux – avocat dynamique...

CAVALIER♠* = ESPRIT MALVEILLANT & MALFAISANT.

– Violences conjugales – personnage sans scrupule prêt à tout pour arriver à ses fins, persuadé de son bon droit – diffamation – erreur judiciaire – agression – être irréfléchi et imprudent...

VALET♠ = MENSONGES & TRAHISONS.

– Conseille la méfiance et la vigilance de tout instant ! Personne bavarde et parjure – sans scrupules – imposteur – violence – syndic ou huissier malveillant – jalousie – haine – sournoiserie – relation dangereuse – trahisons – rivalités – séquestration – malade mental...

VALET♠* = MENSONGES & TRAHISONS.

– Personnage en opposition avec qui toutefois, on pourra trouver un accord – individu malveillant échoue dans ses tentatives d'escroqueries ou autres – faux ami démasqué – rival évincé – calomniateur confondu – personne malhonnête prise sur le fait...

10♠ = LES RÉSULTATS IMMÉDIATS – LES ÉPREUVES.

– Danger imminent – épreuves de la vie – situation angoissante – un fait le soir ou la nuit – grande douleur physique ou morale – passé douloureux – passe pénible et difficile à surmonter – mauvaise nouvelle imminente – une arrestation – une grave maladie...

10♠* = LES RÉSULTATS IMMÉDIATS
– SOLUTIONS HEUREUSES.

– Fin d'un cycle, début d'un autre – triomphe sur les ennemis ou les soucis – sortie d'une période difficile – amélioration sensible de situation – promesses et engagements – réconciliation familiale ou amoureuse – guérison d'une maladie – réalisation de projets...

9♠ = PASSE TRÈS DIFFICILE.
– Souffrance morale – sensation d'avoir tout perdu – impératif de reprendre une situation à zéro – deuil – veuvage – maladie – perte d'un être cher – grave dépression – internement – emprisonnement – perte de biens ou d'héritage – suicide – faillite – intrigues et complots...

9♠* = PASSE DIFFICILE MAIS SURMONTABLE.
– Rupture vite surmontée – faillite évitée par redressement judiciaire– force morale – intrigue – complots qui échouent – conflit qui s'apaise – deuil ou veuvage vécu facilement – sortie d'un état dépressif …

8♠ = MALADIE – SOUFFRANCES PHYSIQUES & MORALES
– Fin d'une situation – licenciement – divorce – commérage préjudiciable – perte d'emploi – risque d'accident – décès d'une connaissance – condamnation – intervention chirurgicale – mauvaises nouvelles…

8♠* = MÉNAGEZ VOTRE SANTÉ MORALE & PHYSIQUE
– Petits problèmes de santé – événements désagréables de courte durée – mauvais conseils – peines passagères – contrariétés – retard de toute sorte – mauvaise passe financière – disputes – état dépressif – embûches dans le travail – relations douteuses...

7♠ = PRISE DE DÉCISION
– Les projets sont en bonne voie d'aboutissement. Prenez des initiatives ou décidez-vous à agir ! La persévérance et la confiance en soi sont vos atouts. Vous avez suffisamment de force morale pour surmonter les difficultés présentes et vaincre les obstacles.

7♠* = MANQUE D'ACTION – INDÉCISION
– Votre caractère faible vous empêche de trouver des solutions – vous ne savez pas comment agir face aux conflits – votre indécision vous fait passer à côté d'opportunités – vous vous posez en victime et en subissez les conséquences ! Un laisser-aller total rend dépressif...

1re PARTIE

Famille Des PIQUES

♠

AS – ROI – DAME – CAVALIER – VALET)

Ils symbolisent

- L'hiver
- La nuit
- La vieillesse
- La montagne

♣ LES CARACTÉRISTIQUES de l'AS♠ ♣
ENDROIT = POSITIF   RENVERSÉ(*) = NÉGATIF

**AS♠ est la carte des contrats, des papiers divers
et des propositions de toutes sortes.**

➤ **Présenté à l'ENDROIT, AS♠** assure la victoire sur vos ennemis ; une proposition, un contrat, une signature… Peut-être, dans la plupart des cas, un augure de fécondité, de paix, de profits, de bénéfices, de bonnes récoltes. Il peut indiquer un mariage heureux et un succès mérité grâce à un travail constant.

➤ **Présenté RENVERSÉ, AS♠*** met en garde contre des propositions douteuses, des actions malveillantes, des tribunaux et prison, mais aussi d'interventions chirurgicales…
– Tout semble en mauvaise voie. Menace de douleur très forte, de tristesse, de dépression. Il peut se rapporter à une prochaine faillite dans les affaires, à un malheur, à une rupture sentimentale définitive, à un deuil, à de mauvaises nouvelles, à des contrariétés et à des incompatibilités de caractère.

➤**À RETENIR :** Annonce des propositions multiples (*bonnes ou mauvaises suivant la position*) ; il faut savoir flairer les dangers cachés.

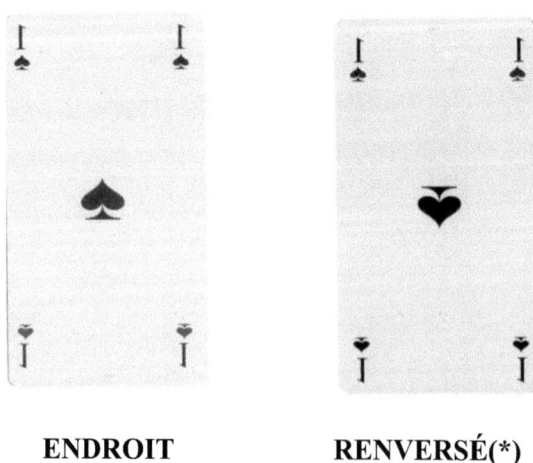

ENDROIT   **RENVERSÉ(*)**

LES MOTS CLÉS de :

➤ **AS♠** = Proposition intéressante – un contrat – une activité politique – une grande nouvelle – un document – une lettre – un homme de loi – assure des satisfactions sur le plan affectif (qu'il s'agisse d'une aventure ou d'un mariage) – prédit en somme, un bel avenir – peut signaler aussi une grossesse – un changement de situation – une séparation qui s'avèrera positive.

➤ **AS♠*** = Proposition malhonnête – obstacle grave – démarche professionnelle négative – peut annoncer une mauvaise nouvelle – un procès – une arrestation – un deuil – une grossesse non désirée – signe de colère – trahisons – difficultés de toutes sortes.

INTERPRÉTATION DE l'AS♠ et l'AS♠*
En fonction du voisinage.
Rappelez-vous que les **cartes de DROITE** sont dites « *NEUTRES* »
ni endroit ni renversé(*)
Mais **symbolisent le SECTEUR** à analyser tel que :
a) avec à sa DROITE un ♥ = *secteur*   **AFFECTIF**
b) avec à sa DROITE un ♣ = ….   **FINANCIER/MATÉRIEL**
c) avec à sa DROITE un ♦ = ….   **PROFESSION/ÉTUDES**
d) avec à sa DROITE un ♠ = ….   **SANTÉ/ÉPREUVES**

a) **l'AS♠ vers un ♥ : aspect AFFECTIF :**
– De nouvelles rencontres emballent votre cœur. Des RDV cachés, des escapades amoureuses. Vos relations se vivent au jour le jour et apportent une sensation de joie et de bonheur. Des amitiés nouvelles pointes…

a) **l'AS♠* vers un ♥ : aspect AFFECTIF :**
– Attention à la curiosité et aux bavardages ! Vos secrets sont percés à jour et les indiscrétions vont bon train. Restez vigilant·e dans vos confidences qui n'ont plus rien d'intime.
– Une indifférence blasée vous rend morose et vous recherchez ailleurs d'autres divertissements.

b) l'AS♠ vers un ♣ : aspect FINANCIER/MATÉRIEL :
– La situation financière se rétablit grâce à votre sérieux. Vous savez vous priver pour stabiliser votre budget. Certaines acquisitions apportent des plaisirs immédiats ; mais sachez garder ce comportement économe.

b) l'AS♠* vers un ♣ : aspect FINANCIER/MATÉRIEL :
– La situation matérielle n'est pas brillante et risque d'être complètement déstabilisée si vous ne faites rien pour améliorer et redresser le budget. Les conséquences pourraient être lourdes à supporter ; réagissez et soyez moins dépensier·e.

c) l'AS♠ vers un ♦ : aspect PROFESSIONNEL/ÉTUDES :
– De séduisantes propositions vous seront faites. Ne refusez pas de nouvelles responsabilités ; ayez confiance en vous.

c) l'AS♠* vers un ♦ : aspect PROFESSIONNEL/ÉTUDES :
– Si la situation est bloquée, c'est votre incertitude qui est en cause ! N'attendez rien de l'entourage, ressaisissez-vous, ayez de l'ambition !
– Une proposition pourrait vous être faite, mais méfiez-vous des beaux parleurs et prenez des renseignements avant de signer quelque engagement, car vous pourriez commettre des erreurs regrettables pour l'avenir.

d) l'AS♠ vers un ♠ : aspect SANTÉ/ÉPREUVES :
– Bon tonus.
– Concernant les différentes tracasseries, des arrangements seront trouvés.

d) l'AS♠* vers un ♠ : aspect SANTÉ/ÉPREUVES :
– Trop d'agitation, le tonus s'en ressent !
– Mésentente ; ennuis de toutes sortes... Aucun arrangement possible !

☙ LES CARACTÉRISTIQUES de ROI♠ ☙
ENDROIT = POSITIF   RENVERSÉ(*) = NÉGATIF

ROI♠ est la carte symbolisant un homme de loi, un médecin, un fonctionnaire important ; un veuf, un divorcé, un prêtre, un homme politique...

➤ **Présenté à l'ENDROIT, ROI♠** personnifie un homme d'âge mûr, bien installé dans la vie, dont les jugements et les décisions ont un grand poids. Les litiges seront réglés et l'on peut repartir sur des bases saines.

➤ **Présenté RENVERSÉ, ROI♠*** personnifie un homme avide dur et ambitieux ; un amant sans scrupules – un homme de Loi qui veut vous nuire. Il peut annoncer également des problèmes avec la justice ou des procédures qui se prolongent.

➤ **À RETENIR :** Cette carte met en relation avec tout ce qui touche la LOI, l'administration, la justice. Elle permet de régler toutes les affaires en cours mais annonce aussi les risques de litiges et des procès pour des personnes qui sont dans le mensonge et l'illégalité.

ENDROIT   **RENVERSÉ(*)**

LES MOTS CLÉS de :

➢ **ROI♠** = homme bienveillant et de bon conseils – un guide – un veuf – un divorcé – un médecin – un avocat – un juge – un prêtre – un religieux – une activité professionnelle très influente – une position sociale élevée…

➢ **ROI♠*** = homme malveillant et sadique – cruel – très autoritaire – un procès – divorce – rupture – de mauvais conseils – un pédophile – huissier – une condamnation – issue négative…

INTERPRÉTATION DE ROI♠ et ROI♠*
En fonction du voisinage.
Rappelez-vous que les **cartes de DROITE** sont dites « *NEUTRE*S »
ni endroit ni renversé(*)
Mais **symbolisent le SECTEUR** à analyser tel que :
a) avec à sa DROITE un ♥ = *secteur*   **AFFECTIF**
b) avec à sa DROITE un ♣ = ….   **FINANCIER/MATÉRIEL**
c) avec à sa DROITE un ♦ = ….   **PROFESSION/ÉTUDES**
d) avec à sa DROITE un ♠ = ….   **SANTÉ/ÉPREUVES**

a) ROI♠ vers un ♥ : aspect AFFECTIF :
– Un conseiller peut intervenir utilement dans des conflits sentimentaux ou familiaux. Grâce à lui, les réconciliations sont tout à fait possibles. Une situation sentimentale peut-être "régularisée" par un mariage.
– La droiture et l'honnêteté accordent l'équilibre du couple.

a) ROI♠* vers un ♥ : aspect AFFECTIF :
– Les relations affectives sont conflictuelles ; aucune réconciliation ne semble acceptable ou possible. Une rupture définitive est annoncée.
– Les conflits et les désaccords conduiront devant la loi pour être tranchés.

b) ROI♠ vers un ♣ : aspect FINANCIER/MATÉRIEL :
– Une grande prudence permet la stabilité dans les finances et l'équilibre est maintenu.
– La gestion est excellente, mais souvent soutenue ou conseillée par un homme de loi.
– Une acquisition immobilière peut être envisagée.

b) ROI♠* vers un ♣ : aspect FINANCIER/MATÉRIEL :
– De nombreuses épreuves et des risques de pertes matérielles sont à prévoir ; il n'est pas impossible que la Loi vous inquiète (perte de procès).
– N'envisagez aucune acquisition immobilière dans l'immédiat.

c) ROI♠ vers un ♦ : aspect PROFESSIONNEL/ÉTUDES :
– Toutes les activités ayant un lien avec la Loi ou l'administration sont favorisées.
– Des décisions importantes vont intervenir dans vos projets. On apprécie vos jugements et vos conseils.
– Un homme influent peut vous apporter une aide précieuse.
– Si vous rencontrez des obstacles avec vos interlocuteurs, cela s'améliorera de manière sensible.
– Des efforts de conciliation régleront les difficultés et permettront un nouveau départ.

c) ROI♠* vers un ♦ : aspect PROFESSIONNEL/ÉTUDES :
– L'activité est rendue difficile par une mésentente dans les relations professionnelles.
– Vous devrez vous défendre pour maintenir votre situation mais votre défense ne sera pas efficace et aucun accord ni appui n'interviendra en votre faveur.

d) ROI♠ vers un ♠ : aspect SANTÉ/ÉPREUVES :
– Tendance au retour d'une bonne santé. Un médecin compétent.
– Bon soutien en cas de litiges, conflits ou ennuis de tous genres mésentente, santé…

d) ROI♠* vers un ♠ : aspect SANTÉ/ÉPREUVES :
– Quelques problèmes de dos, petits soucis concernant l'état général.
– Le médecin peut être appelé dans la maison ou la famille.

❧ LES CARACTÉRISTIQUES de DAME♠ ❧
➤ ATTENTION !
ENDROIT = NÉGATIF   RENVERSÉ(*) = POSITIF

DAME♠ est la carte symbolisant une femme de + de 40 ANS seule (Célibataire, veuve, divorcée) souffrant souvent de solitude.

➤ **Présentée à l'ENDROIT, DAME♠** annonce des ruptures et des deuils. Une brusque fin de période. Vous devrez surmonter des épreuves.

➤ **Présentée RENVERSÉE, DAME♠*** annonce de la tristesse, toutefois la présence d'une femme gentille certainement âgée, peut vous aider à surmonter les épreuves.

➤ **À RETENIR :** Cette carte représente à la fois : les ruptures, les deuils et les grandes solitudes. Elle apprend la relativité des choses et forge le caractère.
  – Ainsi chaque épreuve comprend une part de souffrance et une d'apprentissage. Ayez foi en vous, les problèmes que vous surmonterez vous rendront plus fort·e et meilleur·e.

      ENDROIT   **RENVERSÉ(*)**

LES MOTS CLÉS de :

➤ **DAME♠** = averti de calomnies – stérilité – femme méchante – jalouse – deuil – rancunes – disputes – ruptures – rivalité... Peut se révéler dangereuse pour le consultant.
– Cette carte évoque la solitude et son influence est dépourvue de toute compassion.
– Représentant une femme seule, elle est ambitieuse et en quête de pouvoir. Elle prendra soin de ne pas vous prendre en considération lors de la prise importante de décisions.
– Une épouse qui sera bientôt veuve.
– Un mari qui a un grave malentendu avec sa belle-mère.

➤ **DAME♠*** = une veuve ou divorcée ayant l'intention de se remarier – femme âgée gentille – une rupture qui s'avérera bénéfique.

INTERPRÉTATION DE DAME♠ et DAME♠*
En fonction du voisinage.
Rappelez-vous que les **cartes de DROITE** sont dites « *NEUTRE*S »
ni endroit ni renversé(*)
Mais **symbolisent le SECTEUR** à analyser tel que :
a) avec à sa DROITE un ♥ = *secteur*   **AFFECTIF**
b) avec à sa DROITE un ♣ = ...   **FINANCIER/MATÉRIEL**
c) avec à sa DROITE un ♦ = ...   **PROFESSION/ÉTUDES**
d) avec à sa DROITE un ♠ = ...   **SANTÉ/ÉPREUVES**

a) **DAME♠ vers un ♥ : aspect AFFECTIF :**
– Conflits, ruptures... Cette lame est de très mauvais augures pour vos amours.
– Vous allez traverser des épreuves difficiles. S'il y a une rupture, elle sera définitive et vous devrez en faire votre deuil pour la surmonter. Un manque de communication se fait ressentir.
– Vous vous repliez sur vous-même et la tristesse dominera, ce qui accentuera la déprime.

a) **DAME♠*vers un ♥ : aspect AFFECTIF :**
– Le chagrin et la solitude envahissent votre cœur, mais une relation bienveillante, une amitié sincère pourrait vous apporter réconfort et soutien moral.

b) DAME♠ vers un ♣ : aspect FINANCIER/MATÉRIEL :
– Les finances sont mises à rudes épreuves ; de mauvaises surprises se découvrent et aucun soutien de l'entourage n'interviendra. La plus grande prudence est recommandée dans la gestion. Il est possible que l'argent sur lequel vous comptiez fasse défaut, ou que vous subissiez une grosse perte d'argent. Les transactions et investissements divers ne sont pas souhaitables.

b) DAME♠* vers un ♣ : aspect FINANCIER/MATÉRIEL :
– La situation financière est difficile mais des aides compréhensives sont présentes pour vous permettre de redresser un budget en mauvaise position.

c) DAME♠ vers un ♦ : aspect PROFESSIONNEL/ÉTUDES :
– Rien ne va plus ! Le licenciement vous guette à moins que ce soit une cessation d'activité liée à un dépôt de bilan ou une faillite !
– Ne faire aucun projet dans l'immédiat, la période est néfaste et vous risquez les désillusions. Courage et faites le dos rond ! Après la pluie le beau temps !
– Après la malchance, la chance revient : patientez !

c) DAME♠* vers un ♦ : aspect PROFESSIONNEL/ÉTUDES :
– La situation n'est pas brillante mais des appuis sincères venant d'une personne + âgée, compétente et bienveillante ou des relations influentes devraient vous aider à rétablir l'équilibre rompu.
– Une activité est en cessation, mais une autre s'annonce favorable.

d) DAME♠ vers un ♠ : aspect SANTÉ/ÉPREUVES :
– Attention aux problèmes de rhumatismes et d'articulation.
– Un complot, une trahison dans l'entourage, on cherche à vous nuire.

d) DAME♠* vers un ♠ : aspect SANTÉ/ÉPREUVES :
– Femme âgée et malade mais en voie de guérison.
– Un complot qui échouera.

♣ LES CARACTÉRISTIQUES de CAVALIER♠ ♣
ENDROIT = POSITIF   RENVERSÉ(*) = NÉGATIF

**CAVALIER♠ est la carte symbolisant un homme d'âge moyen entre 25 et 35 ans.
De condition moyenne, au caractère agressif.**

➢ **Présenté à l'ENDROIT, CAVALIER♠** représente un homme qui va entrer dans votre vie ; un homme de commandement, très actif et très volontaire. Il annonce des obstacles surmontables.
– Évoque aussi l'esprit de décision dont nous devons faire preuve face à un événement imprévu.

➢ **Présenté RENVERSÉ, CAVALIER♠*** représente dans cette position, un homme prêt au combat, qui a juré d'arriver à ses fins quoi qu'il lui en coûte, convaincu de son bon droit, il ne vous épargnera pas si vous vous trouvez sur sa route ! Il est synonyme d'agression, de destruction, de diffamation...

➢ <u>**À RETENIR :**</u> *en fonction des cartes qui l'entourent et de sa position,* représente un messager qui vous apporte bonnes ou mauvaises nouvelles !

ENDROIT   **RENVERSÉ(*)**

LES MOTS CLÉS de :

➢ CAVALIER♠ = un militaire – un homme portant un uniforme dans sa profession – énergique, combatif – aventurier – un ambitieux – un garde du corps – annonce des obstacles surmontables – disputes – courage – opposition.

➢ CAVALIER♠* = un personnage stupide et prétentieux, agressif, égocentrique, irréfléchi et imprudent. Un violent, un huissier, un syndic. – colère – impertinence – destruction – extravagance inertie – haine – ruine.

INTERPRÉTATION DE CAVALIER♠ et CAVALIER♠*
en fonction du voisinage.
Rappelez-vous que les **cartes de DROITE** sont dites « *NEUTRES* »
ni endroit ni renversé(*)
Mais **symbolisent le SECTEUR** à analyser tel que :
a) avec à sa DROITE un ♥ = *secteur*   **AFFECTIF**
b) avec à sa DROITE un ♣ = ….   **FINANCIER/MATÉRIEL**
c) avec à sa DROITE un ♦ = ….   **PROFESSION/ÉTUDES**
d) avec à sa DROITE un ♠ = ….   **SANTÉ/ÉPREUVES**

a) **CAVAL.♠ = vers un ♥ : aspect AFFECTIF :**
– Une rencontre amoureuse basée plus sur la sexualité que sur l'affection et la tendresse. Souvent un homme en uniforme au caractère impulsif et agressif, mais d'une loyauté exemplaire.

a) **CAVAL.♠* = vers un ♥ : aspect AFFECTIF :**
– Violence conjugale, rupture, séparation, divorce dans des conditions pénibles... Rien ne vous sera épargné. Diffamation…
– (*Pour une femme en divorce :* votre conjoint fera tout pour que vous perdiez le divorce ; il vous fera prendre s'il le faut, en état d'adultère, montera vos enfants, vos amis contre vous…)
– Peut représenter sous un autre angle, un mari violent qui profère des menaces. Vous devez vous protéger en faisant appel à la justice ou à un centre pour femmes battues.

b) CAVAL.♠ vers un ♣ : aspect FINANCIER/MATÉRIEL :
– Représente un conseiller en matière de finances qui saura vous aider à gérer votre budget en cas de difficultés.
– Il peut représenter un banquier sévère et strict mais dont les conseils seront utiles.
– Dans un autre cas, il peut vous représenter comme une personne sachant prendre des initiatives strictes afin de redresser une situation financière précaire.

b) CAVAL.♠* vers un ♣ : aspect FINANCIER/MATÉRIEL :
– Il vous est recommandé d'être très prudent·e et très vigilant·e sur la route si vous conduisez, car pris·e en excès de vitesse, aucun cadeau ne vous sera fait. Vous pourriez avoir une amende très élevée.
– Vous pourriez avoir à faire à un syndic ou un huissier sans scrupules.

c) CAVAL.♠ vers un ♦ : aspect PROFESSIONNEL/ÉTUDES :
– Un homme de commandement, un chef d'entreprise, un avocat, un sportif ; quel qu'il soit, c'est un battant ! Les obstacles ne l'effraient pas et il fait preuve de volonté et d'action pour sortir vainqueur.
– Toutefois, la diplomatie est demandée dans les affaires, car certains contrats ne s'obtiennent pas par la force.
– Un poste de commandement ou tout au moins à responsabilités pourrait vous être proposé.

c) CAVAL.♠* vers un ♦ : aspect PROFESSIONNEL/ÉTUDES :
– Concurrence déloyale – collègue faux et médisant, un employé peu scrupuleux, violent.
– En cas de licenciement, vous devez vous méfier des représailles d'un employé.

d) CAVAL.♠ vers un ♠ : aspect SANTÉ/ÉPREUVES :
– Essayez de contrôler vos pulsions ! Grande nervosité.
– Peut représenter un garde du corps ou un protecteur qui saura vous protéger de toute agression.

d) CAVAL.♠* vers un ♠ : aspect SANTÉ/ÉPREUVES :
– Attention aux accidents !
– Vous pourriez être victime d'agression (sortie de boite de nuit.) Peut représenter un incendiaire, un assassin, un fou...

☙ LES CARACTÉRISTIQUES de VALET♠ ❧
➢ ATTENTION !
ENDROIT = NÉGATIF   RENVERSÉ(*) = POSITIF

**VALET♠ est la carte symbolisant la trahison,
la jalousie et la sournoiserie.**

➢ **Présenté à l'ENDROIT, VALET♠** représente l'espion, la zizanie. Il invite à bien peser le pour et le contre avant d'agir. Il a un rapport avec tout ce qui touche la Loi, la justice, la religion fanatique...

➢ **Présenté RENVERSÉ, VALET♠*...** même présage de difficultés mais en + faible ! – médisance – il peut faire allusion à un procès – à un danger pour le consultant, masqué derrière l'image d'un jeune homme brun et digne de confiance, EN APPARENCE SEULEMENT !

➢ **INFLUENCE DE LA CARTE:** Vous devez apprendre à bien cerner les personnes que vous côtoyez; à bien peser *LE POUR* et *LE CONTRE* avant d'agir dans une situation quelle qu'elle soit. Réglez une affaire qui réclame ordre et équilibre.

ENDROIT   **RENVERSÉ(*)**

LES MOTS CLÉS de :

➢ **VALET♠** = huissier malveillant – un syndic – un contrôleur d'impôts – homme violent – un soldat – gendarme – un imposteur – un vagabond – le fisc – un voleur – un fanatique – un traître – homme corrompu et néfaste – peut désigner une personne bavarde et parjure, incapable de garder un secret – un messager apportant de mauvaises nouvelles – rivalités – trahisons – un terroriste…

➢ **VALET♠*** = il figure un être de nature irréaliste. De peu de maturité émotionnelle.
– Un sujet dangereux, un faux ami, un mauvais camarade de travail ; un amant égoïste et sans scrupules. Un homme qui manque d'autorité mais s'obstine à vouloir commander les autres.
– Il peut symboliser également un jeune homme brun, déprimé et malheureux, influencé par un sujet dangereux...
– Un homme de loi, un huissier, un inspecteur d'impôts avec qui on pourra trouver un terrain d'entente ou qui échouera dans ses tentatives.

INTERPRÉTATION DE VALET♠ et VALET♠*
En fonction du voisinage.
Rappelez-vous que les **cartes de DROITE** sont dites « *NEUTRES* »
ni endroit ni renversé(*)
Mais **symbolisent le SECTEUR** à analyser tel que :
a) avec à sa DROITE un ♥ = *secteur*   **AFFECTIF**
b) avec à sa DROITE un ♣ = ….   **FINANCIER/MATÉRIEL**
c) avec à sa DROITE un ♦ = ….   **PROFESSION/ÉTUDES**
d) avec à sa DROITE un ♠ = ….   **SANTÉ/ÉPREUVES**

a) VALET♠ vers un ♥ : aspect AFFECTIF :
– Les relations sont difficiles et conflictuelles. Tout désaccord pourra se régler par un divorce ou une séparation légale. Les réconciliations semblent peu probables.

a) VALET♠* vers un ♥ : aspect AFFECTIF :
– Les relations sont tendues, mais l'intervention d'un homme de Loi ou compétent en la matière de conseils permettra une réconciliation et un nouvel accord dans les échanges affectifs.

b) VALET♠ vers un ♣ : aspect FINANCIER/MATÉRIEL :
– Une instabilité provoque de grosses difficultés financières.
– Le découragement ne permet pas de remonter facilement le plan matériel. Méfiez-vous également d'un procès ou d'une escroquerie.

b) VALET♠* vers un ♣ : aspect FINANCIER/MATÉRIEL :
– En cas de soucis, des accords devraient intervenir réglant la question. Adopter la conciliation permet de déboucher sur des compromis pour rétablir pour un temps l'équilibre.
– Une tentative d'escroquerie échoue.

c) VALET♠ vers un ♦ : aspect PROFESSIONNEL/ÉTUDES :
– L'activité est rendue difficile par une mésentente dans les relations professionnelles. Vous devez vous défendre pour maintenir votre travail, mais votre défense ne sera pas efficace et aucune aide ni accord n'interviendra.

c) VALET♠* vers un ♦ : aspect PROFESSIONNEL/ÉTUDES :
– Les professions ayant un lien avec le droit ou l'administration sont favorisées.
– Pour les autres activités, la rigueur et la discipline sont demandées pour redresser une situation guère favorable.

d) VALET♠ vers un ♠ : aspect SANTÉ/ÉPREUVES :
– Aucun problème de santé ; bonne vitalité.
– Un fourbe cherche à vous nuire, à provoquer colères et querelles !

d) VALET♠* vers un ♠ : aspect SANTÉ/ÉPREUVES :
– Bonne vitalité dans l'ensemble.
– Un fourbe cherchant à vous nuire sera remis à sa place ou tombera dans son propre piège.

SIGNIFICATION DES CARTES EN ASSOCIATION

LA FAMILLE DES « PIQUES »

♠

AS – ROI – DAME – CAVALIER – VALET

❧ AS♠   EN ASSOCIATION AVEC : ❧

Avec un ♥ = *SECTEUR* **AFFECTIF**

Si ENDROIT :

AS♠ ➔ 7♥	☛Annonce une grossesse prochaine.
AS♠ ➔ 8♥	☛Bonne entente amoureuse.
AS♠ ➔ 9♥	☛Projets de fonder une famille.
AS♠ ➔ 10♥	☛Documents familiaux chez notaire…
AS♠ ➔ VALET♥	☛Bonne entente amoureuse.
AS♠ ➔ CAVAL.♥	☛Escapades amoureuses, Rendez-vous cachés.
AS♠ ➔ DAME♥	☛Femme sensible à votre charme.
AS♠ ➔ ROI♥	☛Homme sensible à votre charme.
AS♠ ➔ AS♥	☛Succès assuré.

Si : RENVERSÉ(*)

AS♠*➔ 7♥	☛Possibilité de fausse couche.
AS♠*➔ 8♥	☛Mésentente affective, infidélité.
AS♠*➔ 9♥	☛Peine de cœur, projets annulés.
AS♠*➔ 10♥	☛Dispute en famille, entre amis...
AS♠*➔ VALET♥	☛Jeune amant sans scrupules.
AS♠*➔ CAVAL.♥	☛Vos sentiments ne sont qu'à sens unique.
AS♠*➔ DAME♥	☛Douleur sentimentale causée par une femme.
AS♠*➔ ROI♥	☛Douleur sentimentale causée par un homme.
AS♠*➔ AS♥	☛Ne pas trop se bercer d'illusions, proposition sans suite.

♣ AS♠ EN ASSOCIATION AVEC : ♣

Avec un ♣ = *SECTEUR* **FINANCIER/MATÉRIEL**

Si ENDROIT :

AS♠➔ 7♣	☞Gérez attentivement votre budget.
AS♠➔ 8♣	☞Signature proche d'un contrat.
AS♠➔ 9♣	☞Une association professionnelle solide.
AS♠➔ 10♣	☞Une rentrée d'argent, par suite d'un contrat.
AS♠➔ VALET♣	☞Proposition sérieuse d'un jeune homme.
AS♠➔ CAVAL.♣	☞Transaction financière positive.
AS♠➔ DAME♣	☞Contrat avec une femme de grande influence.
AS♠➔ ROI♣	☞Contrat avec un homme de grande influence.
AS♠➔ AS♣	☞Réussite en affaires, bien-être financier.

Si : RENVERSÉ(*)

AS♠*➔ 7♣	☞Surveillez votre budget !
AS♠*➔ 8♣	☞Lisez bien avant de signer …
AS♠*➔ 9♣	☞Surveillez de prés votre associé !
AS♠*➔ 10♣	☞Grosse difficultés financières à l'horizon.
AS♠*➔ VALET♣	☞Proposition d'un jeune dont il faut vous méfier.
AS♠*➔ CAVAL.♣	☞Transaction financière négative.
AS♠*➔ DAME♣	☞Renseignez-vous avant de signer.
AS♠*➔ ROI♣	☞Renseignez-vous sur la personne…
AS♠*➔ AS♣	☞Somme d'argent difficile à récupérer, tracas.

AS♠ EN ASSOCIATION AVEC :

Avec ♦ = *SECTEUR* PROFESSIONNEL/ÉTUDES

Si ENDROIT :

AS♠➔ 7♦ ☞Un contrat professionnel, un CDI possible.
AS♠➔ 8♦ ☞Une proposition intéressante vous sera faite.
AS♠➔ 9♦ ☞ Nouvelles responsabilités confiées.
AS♠➔ 10♦ ☞Une affaire longue à régler.
AS♠➔ VALET♦ ☞Succès pro., affaires importantes et prospères.
AS♠➔ CAVAL.♦ ☞Une proposition par courrier ou téléphone.
AS♠➔ DAME♦ ☞Changement positif dans la situation.
AS♠➔ ROI♦ ☞Une proposition inattendue.
AS♠➔ AS♦ ☞Courrier apportant une offre intéressante.

Si : RENVERSÉ(*)

AS♠*➔ 7♦ ☞Affaire contrariante, un CDD non renouvelé.
AS♠*➔ 8♦ ☞On vous retirera des responsabilités.
AS♠*➔ 9♦ ☞Retard dans conclusion d'affaires en cours.
AS♠*➔ 10♦ ☞Proposition d'affaires douteuses.
AS♠*➔ VALET♦ ☞Méfiez-vous des beaux parleurs !
AS♠*➔ CAVAL.♦ ☞Changement négatif dans la situation.
AS♠*➔ DAME♦ ☞Femme aux intentions douteuses. Méfiance !
AS♠*➔ ROI♦ ☞Une proposition sans suite.
AS♠*➔ AS♦ ☞Offre de situation instable, sans avenir…

AS♠ EN ASSOCIATION AVEC :

Avec un ♠ = *SECTEUR* SANTÉ/ÉPREUVES

Si ENDROIT :

- AS♠ → 7♠   ☛ Signature d'un contrat qui vous tient à cœur.
- AS♠ → 8♠   ☛ Victoire sur la maladie et le mauvais sort.
- AS♠ → 9♠   ☛ Un procès gagné ; problèmes solutionnés.
- AS♠ → 10♠   ☛ Une proposition intéressante imminente !
- AS♠ → VALET♠ ☛ Une séparation qui s'avérera positive.
- AS♠ → CAVAL.♠ ☛ Une victoire sur le plan légal.
- AS♠ → DAME♠ ☛ Conclusion d'une affaire avec une femme seule.
- AS♠ → ROI♠ ☛ Contact avec un homme influent.

Si : RENVERSÉ(*)

- AS♠* → 7♠   ☛ Un projet qui tombe à l'eau.
- AS♠* → 8♠   ☛ Grande douleur physique ou morale, accident.
- AS♠* → 9♠   ☛ Un procès perdu, emprisonnement possible.
- AS♠* → 10♠   ☛ Attention aux affaires louches !
- AS♠* → VALET♠ ☛ Méfiez-vous des propositions malhonnêtes.
- AS♠* → CAVAL.♠ ☛ Gare aux tricheurs !
- AS♠* vers DAME♠ ☛ Réfléchissez avant d'agir ! Adultère, abandon
- AS♠* → ROI♠ ☛ Rencontre avec homme d'autorité qui agira contre vous.

ROI♠ EN ASSOCIATION AVEC :

Avec un ♥ = *SECTEUR* **AFFECTIF**

Si ENDROIT :

ROI♠ ➔ 7♥	☞Médecin redonne espoir pour une grossesse.
ROI♠ ➔ 8♥	☞Homme bienveillant et de bons conseils.
ROI♠ ➔ 9♥	☞Régularisation d'une situation affective.
ROI♠ ➔ 10♥	☞Des démarches qui aboutissent.
ROI♠ ➔ VALET♥	☞ÉTUDES en droit, examens en vue.
ROI♠ ➔ CAVAL.♥	☞Tenez compte des conseils d'amis.
ROI♠ ➔ DAME♥	☞ Rencontre affective pour veuf ou divorcé.
ROI♠ ➔ ROI♥	☞Un médecin... homme à l'écoute...
ROI♠ ➔ AS♥	☞Rencontre positive avec homme de Loi...

Si : RENVERSÉ(*)

ROI♠*➔ 7♥	☞Peu d'espoir quant à une éventuelle grossesse.
ROI♠*➔ 8♥	☞Homme malveillant et de mauvais conseils.
ROI♠*➔ 9♥	☞Nouvelles annonçant divorce d'amis proches.
ROI♠*➔ 10♥	☞Démarches qui n'apportent aucune solution.
ROI♠*➔ VALET♥	☞Pédophilie possible.
ROI♠*➔ CAVAL.♥	☞Etudie en droit sans résultat.
ROI♠*➔ DAME♥	☞Un amant sans scrupules.
ROI♠*➔ ROI♥	☞Homme avide et sans scrupules.
ROI♠*➔ AS♥	☞Problèmes avec un homme de loi ; divorce qui s'éternise.

ROI♠ EN ASSOCIATION AVEC :

Avec un ♣ = *SECTEUR* **FINANCIER/MATÉRIEL**

Si ENDROIT :

ROI♠ → 7♣	☞Petit gain d'argent.
ROI♠ → 8♣	☞De bon soutien dans les difficultés.
ROI♠ → 9♣	☞Vous prêtera argent pour réaliser projets.
ROI♠ → 10♣	☞contact avec notaire pour vos biens.
ROI♠ → VALET♣	☞Jeune homme etudiant le droit.
ROI♠ → CAVAL.♣	☞Un achat immobilier peut être envisagé.
ROI♠ → DAME♣	☞Le juge sera une femme.
ROI♠ → ROI♣	☞Un homme qui fait de la politique.
ROI♠ → AS♣	☞Fera gagner compétition, procès.

Si : RENVERSÉ(*)

ROI♠* → 7♣	☞Un prêtre pédophile.
ROI♠* → 8♣	☞Perte d'argent.
ROI♠* → 9♣	☞Aucun prêt ne sera accordé dans l'immédiat
ROI♠* → 10♣	☞Méfiez-vous, mauvais conseiller financier.
ROI♠* → VALET♣	☞Attention à un jeune homme sans scrupules
ROI♠* → CAVAL.♣	☞N'envisagez aucun financement immédiat.
ROI♠* → DAME♣	☞Femme ayant des difficultés avec la Loi.
ROI♠* → ROI♣	☞Rivalité politique avec un homme.
ROI♠* → AS♣	☞Fera perdre procès, compétition.

ROI♠ EN ASSOCIATION AVEC :

Avec un ♦ = *SECTEUR* **PROFESSIONNEL/ÉTUDES**

Si ENDROIT :

ROI♠➔ 7♦	☞Contact avec un homme ayant le bras long.
ROI♠➔ 8♦	☞Démarches officielles.
ROI♠➔ 9♦	☞Attente de réponse officielle.
ROI♠➔ 10♦	☞Activité ayant lien avec la loi ou l'adminis.
ROI♠➔ VALET♦	☞Conseils avisés en ce qui concerne les projets
ROI♠➔ CAVAL.♦	☞Amélioration dans vos affaires juridiques.
ROI♠➔ DAME♦	☞Obstacles créés par une femme.
ROI♠➔ ROI♦	☞Relations avec politicien.
ROI♠➔ AS♦	☞Une lettre venant d'un homme de Loi.

Si : RENVERSÉ(*)

ROI♠*➔ 7♦	☞N'interviendra pas en votre faveur.
ROI♠*➔ 8♦	☞Vous devrez défendre vos droits.
ROI♠*➔ 9♦	☞On ne vous donnera aucune réponse.
ROI♠*➔ 10♦	☞Activité difficile, mésententes profes..
ROI♠*➔ VALET♦	☞Projets d'avenir compromis.
ROI♠*➔ CAVAL.♦	☞Attention à un contrôle fiscal.
ROI♠*➔ DAME♦	☞Une escroquerie venant d'une femme.
ROI♠*➔ ROI♦	☞Un piège tendu par un homme de loi.
ROI♠*➔ AS♦	☞Une lettre remise par un huissier.

ROI♠ EN ASSOCIATION AVEC :

Avec un ♠ = *SECTEUR* SANTÉ/ÉPREUVES

Si ENDROIT :

ROI♠➔ 7♠ ☞ L'aide d'un homme de Loi ;
ROI♠➔ 8♠ ☞ Médecin compétent.
ROI♠➔ 9♠ ☞ Un chirurgien compétent.
ROI♠➔ 10♠ ☞ Un homme de Loi s'occupe de vos affaires.
ROI♠➔ VALET♠ ☞ Un prêtre, un homme de robe.
ROI♠➔ CAVAL.♠ ☞ Un militaire de carrière.
ROI♠➔ DAME♠ ☞ Un remariage pour un veuf, un divorcé.
ROI♠➔ AS♠ ☞ Accords officiel avec un homme de Loi.

Si : RENVERSÉ(*)

ROI♠*➔ 7♠ ☞ Un homme de Loi contre vous.
ROI♠*➔ 8♠ ☞ Médecin appelé dans la famille ou maison.
ROI♠*➔ 9♠ ☞ Homme âgé très malade.
ROI♠*➔ 10♠ ☞ Un homme de Loi néglige vos affaires.
ROI♠*➔ VALET♠ ☞ Escroquerie, fraude dans votre entourage.
ROI♠*➔ CAVAL.♠ ☞ Gros problèmes avec la justice.
ROI♠*➔ DAME♠ ☞ Homme seul souffrant de solitude.
ROI♠*➔ AS♠ ☞ Un homme de Loi cherche à vous nuire.

DAME♠ EN ASSOCIATION AVEC :

Avec un ♥ = *SECTEUR* **AFFECTIF**

Si ENDROIT :

DAME♠ → 7♥	☞Femme souffrant de stérilité.
DAME♠ → 8♥	☞Femme jalouse cherche les histoires
DAME♠ → 9♥	☞Piège tendu par femme jalouse.
DAME♠ → 10♥	☞Femme âgée difficile a vivre.
DAME♠ → VALET♥	☞Grand-mère acariâtre, parente aigrie.
DAME♠ → CAVAL.♥	☞Attendez-vous à une rupture définitive.
DAME♠ → DAME♥	☞Échec sentimental, rupture, divorce.
DAME♠ → ROI♥	☞Échec sentimental, rupture, divorce.
DAME♠ → AS♥	☞Épreuves difficiles…

Si : RENVERSÉ(*)

DAME♠* → 7♥	☞Finira par accepter sa stérilité.
DAME♠* → 8♥	☞Grand-mère affectueuse et disponible.
DAME♠* → 9♥	☞Parente vous porte une grande affection.
DAME♠* → 10♥	☞Sa visite apportera réconfort et soutien…
DAME♠* → VALET♥	☞Grand-mère affectueuse et disponible.
DAME♠* → CAVAL.♥	☞Une rupture qui peut être évitée.
DAME♠* → DAME♥	☞Amie sincère soutiendra dans épreuve.
DAME♠* → ROI♥	☞Femme seule qui envisage refaire sa vie.
DAME♠* → AS♥	☞Psychiatre efficace.

♣ DAME♠ EN ASSOCIATION AVEC : ♣

Avec un ♣ = *SECTEUR* FINANCIER/MATÉRIEL

Si ENDROIT :

DAME♠ → 7♣	☞ Un remboursement qui se fait attendre !
DAME♠ → 8♣	☞ Surveillez de prés votre gestion.
DAME♠ → 9♣	☞ Difficulté financière pour femme seule.
DAME♠ → 10♣	☞ Elle vous refusera toute aide financière.
DAME♠ → VALET♣	☞ Mésentente, éloignement entre mère/fils.
DAME♠ → CAVAL.♣	☞ Perte d'argent, escroquerie possible.
DAME♠ → DAME♣	☞ Mésentente, éloignement entre mère/fille.
DAME♠ → ROI♣	☞ Le divorce prochain pour un homme.
DAME♠ → AS♣	☞ On essayera de vous soutirer de l'argent ;

Si : RENVERSÉ(*)

DAME♠* → 7♣	☞ Une femme seule songe à vous aider.
DAME♠* → 8♣	☞ Vous soutiendra financièrement.
DAME♠* → 9♣	☞ Sa situation financière se rétablit.
DAME♠* → 10♣	☞ Soutien financier d'une femme plus âgée.
DAME♠* → VALET♣	☞ Rapprochement entre mère et son fils.
DAME♠* → CAVAL♣	☞ On vous aidera à éviter une escroquerie !
DAME♠* → DAME♣	☞ Rapprochement entre mère et fille.
DAME♠* → ROI♣	☞ Rencontre femme plus âgée pour homme.
DAME♠* → AS♣	☞ On parle dans votre dos, mais vous triompherez !

❧ DAME♠   EN ASSOCIATION AVEC : ❦

Avec un ♦ = *SECTEUR* **PROFESSIONNEL/ÉTUDES**

Si ENDROIT :
DAME♠ ➔ 7♦   ☞Colère causée par une femme.
DAME♠ ➔ 8♦   ☞Mauvaise période pour affaires et emploi.
DAME♠ ➔ 9♦   ☞Une perte d'emploi est à craindre !
DAME♠ ➔ 10♦   ☞Contrat non renouvelé ; voyage annulé.
DAME♠ ➔ VALET♦   ☞Échec aux examens.
DAME♠ ➔ CAVAL.♦   ☞De sérieux bâtons dans les roues.
DAME♠ ➔ DAME♦   ☞Des paroles et des échanges tendus.
DAME♠ ➔ ROI♦   ☞Dépôt de bilan faillite possible.
DAME♠ ➔ AS ♦   ☞Lettre ou appel anonyme qui vous perturbe.

Si : RENVERSÉ(*)
DAME♠* ➔ 7♦   ☞Un appui sincère d'une femme seule.
DAME♠* ➔ 8♦   ☞Gardez l'espoir, bout du tunnel proche…
DAME♠* ➔ 9♦   ☞Inquiétude professionnelle résolue.
DAME♠* ➔ 10♦   ☞Contrat annulé ? Un autre sera signé !
DAME♠* ➔ VALET♦   ☞Vous pourrez retenter votre chance !
DAME♠* ➔ CAVAL.♦   ☞On cherchera en vain à vous nuire profes...
DAME♠* ➔ DAME♦   ☞Subira le ricochet de ses médisances
DAME♠* ➔ ROI♦   ☞Suivez ses conseils avisés.
DAME♠* ➔ AS♦   ☞Bonnes nouvelles de Femme âgée.

DAME♠ EN ASSOCIATION AVEC :

Avec un ♠ = *SECTEUR* SANTÉ/ÉPREUVES

Si ENDROIT :

DAME♠➔ 7♠	☞Calomnie d'une femme méchante.
DAME♠➔ 8♠	☞Problème de santé pour femme seule.
DAME♠➔ 9♠	☞Divorce pour femme ; veuvage…homme.
DAME♠➔ 10♠	☞Décès proche de femme âgée.
DAME♠➔ VALET♠	☞Elle vous trompe, on cherche à nuire.
DAME♠➔ CAVAL.♠	☞Evitez des sports violents, risque accident
DAME♠➔ ROI♠	☞Veuvage ou second divorce.
DAME♠➔ AS♠	☞Cherchera à vous nuire par n'importe quel moyen.

Si : RENVERSÉ(*)

DAME♠*➔ 7♠	☞Aide d'une femme veuve ou divorcée.
DAME♠*➔ 8♠	☞Femme âgée dont la santé s'améliore.
DAME♠*➔ 9♠	☞Décès d'une connaissance du consultant.
DAME♠*➔ 10♠	☞Sa "magie" n'aura pas d'effet sur vous.
DAME♠*➔ VALET♠	☞Un complot qui échoue.
DAME♠*➔ CAVAL.♠	☞Plus de peur que de mal.
DAME♠*➔ ROI♠	☞Remariage pour une veuve.
DAME♠*➔ AS♠	☞Accord, contrat grâce à une femme.

CAVALIER♠ EN ASSOCIATION AVEC :

Avec un ♥ = *SECTEUR* **AFFECTIF**

Si ENDROIT :

CAVAL.♠ ➔ 7♥	☞Rencontre affective basée sur le sexe.
CAVAL.♠ ➔ 8♥	☞Rencontre prochaine avec/pour militaire.
CAVAL.♠ ➔ 9♥	☞Loyauté exemplaire d'un ami.
CAVAL.♠ ➔ 10♥	☞Décoration, distinction dans famille.
CAVAL.♠ ➔ VALET♥	☞L'amour avec un jeune militaire.
CAVAL.♠ ➔ CAVAL.♥	☞Loyal mais peu démonstratif !
CAVAL.♠ ➔ DAME♥	☞Sous l'emprise d'un coup de foudre !
CAVAL.♠ ➔ ROI♥	☞Rivalité amoureuse.
CAVAL.♠ ➔ AS♥	☞Une opposition familiale.

Si : RENVERSÉ(*)

CAVAL.♠*➔7♥	☞Abus sexuel, viol
CAVAL.♠*➔8♥	☞Une séparation pénible.
CAVAL.♠*➔	☞Chantage affectif, sadisme.
CAVAL.♠*➔10♥	☞Destructeur des foyers heureux !
CAVAL.♠*➔VALET♥	☞Séducteur qui vise un but caché.
CAVAL.♠*➔CAVAL.♥	☞Profère des menaces !
CAVAL.♠*➔DAME♥	☞Amour difficile (femme battue).
CAVAL.♠*➔ROI♥	☞Un mari jaloux prêt à tout.
CAVAL.♠*➔AS♥	☞Vie à deux dans des conditions pénibles.

☙ CAVALIER♠ EN ASSOCIATION AVEC : ☙

Avec un ♣ = *SECTEUR* FINANCIER/MATÉRIEL

Si ENDROIT :

CAVAL.♠➜ 7♣	☞Homme habile, un artiste.
CAVAL.♠➜ 8♣	☞Jeune femme militaire.
CAVAL.♠➜ 9♣	☞Il ne vit que pour l'argent.
CAVAL.♠➜ 10♣	☞Ses conseils valent de l'or !
CAVAL.♠➜ VALET♣	☞Jeune homme ambitieux, mais réaliste.
CAVAL.♠➜ CAVAL.♣	☞Militaire en action
CAVAL.♠➜ DAME♣	☞Garde du corps d'une femme riche.
CAVAL.♠➜ ROI♣	☞Un garde du corps pour homme riche.
CAVAL.♠➜ AS♣	☞Un banquier habile et de bons conseils

Si : RENVERSÉ(*)

CAVAL.♠*➜7♣	☞Surveillez vos dépenses..
CAVAL.♠*➜8♣	☞Attention aux excès de vitesse…
CAVAL.♠*➜9♣	☞Dilapide ses biens !
CAVAL.♠*➜10♣	☞Huissier ou syndic sans scrupules !
CAVAL.♠*➜VALET♣	☞Gagne sa vie par des moyens illicites.
CAVAL.♠*➜CAVAL.♣	☞Un magouilleur de la pire espèce !
CAVAL.♠*➜DAME♣	☞Un agresseur pour de l'argent !
CAVAL.♠*➜ROI♣	☞Un dealer, un trafiquant…
CAVAL.♠*➜AS♣	☞Un banquier de très mauvais conseils !

CAVALIER♠ EN ASSOCIATION AVEC :

Avec un ♦ = *SECTEUR* **PROFESSIONNEL/ÉTUDES**

Si ENDROIT :

CAVAL.♠ ➔ 7♦	☛Un homme qui s'emporte facilement.
CAVAL.♠ ➔ 8♦	☛Homme actif, plein d'entrain.
CAVAL.♠ ➔ 9♦	☛Militaire monte les échelons.
CAVAL.♠ ➔ 10♦	☛Devrait réaliser des ambitions.
CAVAL.♠ ➔ VALET♦	☛Un sportif, devrait gagner compétition.
CAVAL.♠ ➔ CAVAL.♦	☛Poste de commandement …
CAVAL.♠ ➔ DAME♦	☛Agression verbale.
CAVAL.♠ ➔ ROI♦	☛Militaire de carrière.
CAVAL.♠ ➔ AS♦	☛Une lettre officielle.

Si : RENVERSÉ(*)

CAVAL.♠*➔7♦	☛Un homme très violent. Un terroriste…
CAVAL.♠*➔8♦	☛Rien ne l'arrêtera !
CAVAL.♠*➔9♦	☛Agit dans l'illégalité !
CAVAL.♠*➔10♦	☛Attention aux représailles.
CAVAL.♠*➔VALET♦	☛A juré d'arriver à ses fins coûte que …
CAVAL.♠*➔CAVAL.♦	☛Dopage pour un sportif, trafiquant...
CAVAL.♠*➔DAME♦	☛De mèche avec femme pour vous nuire.
CAVAL.♠*➔ROI♦	☛Concurrence déloyale, associé fraudeur.
CAVAL.♠*➔AS ♦	☛Aucune possibilité de faire appel.

✦ CAVALIER♠ EN ASSOCIATION AVEC : ✦

Avec un ♠ = *SECTEUR* **SANTÉ/ÉPREUVES**

Si ENDROIT :
CAVAL.♠➔ 7♠ ☛Inconvénients qui seront vite surmontés.
CAVAL.♠➔ 8♠ ☛Obstacles surmontables.
CAVAL.♠➔ 9♠ ☛Santé retrouvée grâce à force morale
CAVAL.♠➔ 10♠ ☛Peine de prison avec sursis.
CAVAL.♠➔ VALET♠ ☛Vous devez apprendre à vous dominer.
CAVAL.♠➔ DAME♠ ☛Un solitaire endurci.
CAVAL.♠➔ ROI♠ ☛Un homme de commandement.
CAVAL.♠➔ AS♠ ☛Disputes verbales, oppositions.

Si : RENVERSÉ (*)
CAVAL.♠*➔7♠ ☛Attention aux accidents.
CAVAL.♠*➔8♠ ☛Alcoolique, suicide possible.
CAVAL.♠*➔9♠ ☛Malade mental, assassin, prison…
CAVAL.♠*➔10♠ ☛Peine de prison ferme.
CAVAL.♠*➔VALET♠ ☛Homme violent, incendiaire, agresseur...
CAVAL.♠*➔DAME♠ ☛Vit en Hermite.
CAVAL.♠*➔ROI♠ ☛Agres. envers gendarme, homme de Loi.
CAVAL.♠*➔AS♠ ☛Disputes violentes terminant en Bagarres.

♣ VALET♠   EN ASSOCIATION AVEC : ♣

Avec un ♥ = *SECTEUR* **AFFECTIF**

Si ENDROIT :
VALET♠➔7♥   ☞Un « ami »! qui montre son vrai visage.
VALET♠➔8♥   ☞Agression sexuelle possible !
VALET♠➔ 9♥   ☞Infidélité sentimentale.
VALET♠➔10♥   ☞Réunion familiale dégénère en querelle.
VALET♠➔VALET♥ ☞Rivalité en amour.
VALET♠➔CAVAL.♥ ☞Rivalité amoureuse.
VALET♠➔DAME♥ ☞Une trahison, un chagrin d'amour.
VALET♠➔ROI♥ ☞Conflit important …
VALET♠➔AS♥   ☞Un complot se trame dans l'entourage.

Si : RENVERSÉ(*)
VALET♠*➔7♥   ☞Faux ami démasqué à temps.
VALET♠*➔8♥   ☞ tentative d'agression sexuelle possible.
VALET♠*➔ 9♥   ☞Une réconciliation est possible.
VALET♠*➔10♥   ☞Réunion familiale chaotique.
VALET♠*➔VALET♥ ☞Un rival évincé.
VALET♠*➔CAVAL.♥ ☞Un rival évincé.
VALET♠*➔DAME ♥ ☞Conflit provisoire avec une femme.
VALET♠*➔ROI♥ ☞Conflit provisoire avec un homme.
VALET♠*➔AS♥   ☞Un complot qui échoue.

♣ VALET♠ EN ASSOCIATION AVEC : ♣

Avec un ♣ = *SECTEUR* **FINANCIER/MATÉRIEL**

Si ENDROIT :

VALET♠➔7♣	☞Attention à un vol ou une escroquerie.
VALET♠➔8♣	☞Abus confiance. Viol possible.
VALET♠➔9♣	☞Perte de procès.
VALET♠➔10♣	☞Vol, cambriolages, vigilance !
VALET♠➔VALET♣	☞Forte jalousie envers un jeune homme.
VALET♠➔CAVAL. ♣	☞Attention aux arnaques
VALET♠➔DAME♣	☞Une forte jalousie envers une femme.
VALET♠➔ROI♣	☞Une forte jalousie envers un homme.
VALET♠➔AS♣	☞La méfiance est fortement recommandée.

Si : RENVERSÉ(*)

VALET♠*➔7♣	☞Une tentative d'escroquerie échoue.
VALET♠*➔8♣	☞Votre vigilance vous évitera des déboires.
VALET♠*➔9♣	☞Les torts devraient être partagés.
VALET♠*➔10♣	☞Chéquier, CB perdus mais retrouvés.
VALET♠*➔VALET♣	☞Jeune homme envieux. Méfiance…
VALET♠*➔CAVAL.♣	☞Imprudence sur la route !
VALET♠*➔DAME♣	☞Une brouille avec une femme.
VALET♠*➔ROI♣	☞Une brouille avec un homme.
VALET♠*➔AS♣	☞Vous gagnerez face à l'adversaire !

♣ VALET♠   EN ASSOCIATION AVEC :   ♣

Avec un ♦ = *SECTEUR* **PROFESSIONNEL/ÉTUDES**

Si ENDROIT :

VALET♠➔7♦ ☞On colporte des ragots sur vous !
VALET♠➔8♦ ☞On ne vous écoute pas !
VALET♠➔9♦ ☞Blocages, bâtons dans les roues !
VALET♠➔10♦ ☞Un déplacement contraignant.
VALET♠➔VALET♦ ☞ouvrier peu scrupuleux, peu compétent…
VALET♠➔CAVAL.♦ ☞Collègue, ou concurrent faux, déloyal.
VALET♠➔DAME♦ ☞Trahison d'une femme.
VALET♠➔ROI♦ ☞Ne faites pas confiance à n'importe qui !
VALET♠➔AS♦ ☞Une lettre remise par un huissier.

Si : RENVERSÉ(*)

VALET♠*➔7♦ ☞Rencontre déplaisante.
VALET♠*➔ 8♦ ☞Vous pourrez trouver un compromis.
VALET♠*➔9♦ ☞Concurrent ou collègue fourbe, évincé.
VALET♠*➔10♦ ☞Renversement de situation.
VALET♠*➔VALET♦ ☞Un calomniateur que l'on confondra.
VALET♠*➔CAVAL.♦ ☞Vous finirez par supplanter les gêneurs.
VALET♠*➔DAME♦ ☞Employé.e malhonnête pris.e sur le fait.
VALET♠*➔ROI♦ ☞Trahison dont on se remettra vite.
VALET♠*➔AS♦ ☞Faites le tri dans vos relations.

♣ VALET♠   EN ASSOCIATION AVEC : ♠

Avec un ♠ = *SECTEUR* **SANTÉ/ÉPREUVES**

Si ENDROIT :

VALET♠→7♠	☞Rupture à la suite d'une trahison.
VALET♠→8♠	☞Danger, rencontre douteuses, agression
VALET♠→9♠	☞Accident mortel. Jeune imprudent.
VALET♠→10♠	☞Attention aux agressions (le soir/la nuit).
VALET♠→CAVAL.♠	☞Fourbe, dangereux séducteur, corrompu...
VALET♠→DAME♠	☞Intrigante fait tout pour vous nuire.
VALET♠→ROI♠	☞Visite des gendarmes, un huissier...)
VALET♠→AS♠	☞Proposition louche. Ne signez rien sans réfléchir.

Si : RENVERSÉ(*)

VALET♠*→7♠	☞Rupture évitée de justesse.
VALET♠*→8♠	☞Arrestation d'un rival ou d'un ennemi.
VALET♠*→9♠	☞Accident sans gravité.
VALET♠*→10♠	☞Une manœuvre malveillante déjouée.
VALET♠*→CAVAL.♠	☞Attention aux excès de vitesse
VALET♠*→DAME♠	☞Elle tombera dans son propre piège.
VALET♠*→ROI♠	☞Une visite de simple formalité.
VALET♠*→AS♠	☞Manigance qui échoue.

DEVOIR N° 08

À partir de ce que vous avez appris dans la partie 01 du chapitre 5,

réalisez les exercices du devoir 08.

Pour les lecteurs utilisant une tablette, liseuse, PC......
les exercices imprimables de ce devoir 08
peuvent être téléchargés en version PDF
en cliquant sur le lien ci-dessous :

Télécharger la fiche d'exercices (PDF)

(Le fichier peut s'ouvrir ou se télécharger selon votre appareil.)

DEVOIR 08

ෂාගෙ

➢ QUESTION N°1 :
À quelles LAMES Du TAROT à JOUER allez-vous identifier ces PERSONNAGES ou SITUATIONS ?

a) Joie de courte durée.
➢

b) Une petite fille (– 12 ans).
➢

c) Un huissier toutefois bienveillant.
➢

d) Une intervention chirurgicale bénigne.
➢

e) Proposition alléchante .
➢

f) Période de chance.
➢

g) Solution imminente d'un problème.
➢

h) Un petit garçon (-12 ans).
➢

i) Une jeune fille brune.
➢

j) Une entreprise florissante.
➢

k) Message téléphonique.
➢

l) Triomphe sur l'adversité.
➢

➤ QUESTION N°2 :
Trouvez les ASSOCIATIONS
qui peuvent convenir à ces interprétations...

a) Colère due à un jeune homme :
   ➤

b) Divorce d'un couple âgé de + 50 ans :
   ➤

c) Rencontre affective avec jeune femme − 30 ans, pour un homme divorcé :
   ➤

d) Une dépense d'argent occasionnée par un événement familial :
   ➤

e) Un homme veuf, mourant :
   ➤

f) Un grave accident (prochainement) :
   ➤

g) Amélioration de la santé pour une femme âgée :
   ➤

h) Ne comptez pas sur une relation pour solutionner vos problèmes :
   ➤

i) Un petit problème de santé pour un bébé :
   ➤

j) L'assurance d'un mariage réussit :
   ➤

k) Femme cheveux clairs +30 ans, risque perte emploi :
   ➤

l) Bonne évolution professionnelle pour jeune homme :
   ➤

2ᵉ PARTIE

Famille Des PIQUES

♠

SIGNIFICATION de CHAQUE CARTE

DIX – NEUF – HUIT – SEPT

♠

Ils symbolisent :

– L'hiver
– La nuit
– La vieillesse
– La montagne

⚘ LES CARACTÉRISTIQUES de 10♠ ⚘
➤ ATTENTION !
ENDROIT = NÉGATIF   RENVERSÉ(*) = POSITIF

10♠ est la carte DE L'IMMÉDIAT !
(3 semaines AVANT *à* 3 semaines APRÈS)

➤ **Présenté à l'ENDROIT, 10♠** prévient des risques de tromperies tant affaires que vie affective. Il menace également de vol matériel. Les événements sont **imminents !** Synonyme de chagrins, de larmes, de préoccupations graves, avertit d'un événement très proche : Rupture affective, faillite, maladie grave, dépression, décès, prison…

➤ **Présenté RENVERSÉ, 10♠*** annonce des événements IMMINENTS mais agréables ! la fin d'une période épineuse. Les obstacles seront contournés, les problèmes seront bientôt résolus. Ce n'est pas le moment de baisser les bras !

➤ **À RETENIR :** Cette lame parle de l'IMMÉDIAT, figure les complots qui se trament dans l'ombre. Apprenez à vous protéger dans TOUS les secteurs (affectif, matériel, professionnel…) Risque d'être abusé·e ou trompé·e ou encore volé·e.

➤ **Si RENVERSÉ(*) :** d'heureuses surprises, des faits inattendus et soudains qui vous réjouiront !

ENDROIT   **RENVERSÉ(*)**

LES MOTS CLÉS de :

➢ 10♠ = **SYMBOLISE L'IMMÉDIAT NÉGATIF**, le soir ou la nuit – passé douloureux – mauvaise nouvelle – situation de profonde angoisse et de danger extrême – deuil – jalousies – grande douleur – maladie – perte – divorce – pleurs – emprisonnement – désespoir – voyage long et pénible – affaire tombée à l'eau …

➢ 10♠* = **SYMBOLISE L'IMMÉDIAT POSITIF**, Fin d'un cycle, début d'un autre – dissipation des tracas – la guérison ou la sortie d'une situation difficile – triomphe sur les ennemis – réconciliation familiale – réussite – évolution importante – promesse de résolution – espoir – douleur passagère…

INTERPRÉTATION DE 10♠ et 10♠*
En fonction du voisinage.
Rappelez-vous que les **cartes de DROITE** sont dites « *NEUTRE*S »
ni endroit ni renversé(*)
Mais **symbolisent le SECTEUR** à analyser tel que :
a) avec à sa DROITE un ♥ = *secteur*   **AFFECTIF**
b) avec à sa DROITE un ♣ = ….   **FINANCIER/MATÉRIEL**
c) avec à sa DROITE un ♦ = ….   **PROFESSION/ÉTUDES**
d) avec à sa DROITE un ♠ = ….   **SANTÉ/ÉPREUVES**

a) **10♠ vers un ♥ : aspect AFFECTIF :**
– Abus de faiblesse, jalousie, trahison... rendent les relations avec l'entourage particulièrement difficiles. La confiance est perdue et les rivalités peuvent entraîner des ruptures, des querelles (amicale, familiale, sentimentale). Vos proches ne sont pas sincères mais manipulateurs.
– Ils usent et abusent de vos faiblesses pour en tirer un certain nombre d'avantages.

a) **10♠* vers un ♥ : aspect AFFECTIF :**
– En étant diplomate, sociable et conciliant·e, vous vaincrez les rivalités et surmonterez les tracasseries familiales... Vous saurez déjouer les manœuvres hostiles à votre égard et faire le tri dans vos relations.
– Un retour à la normale dans votre vie amoureuse …

b) 10♠ vers un ♣ : aspect FINANCIER/MATÉRIEL :
– Escroqueries, abus de confiance... Tout est possible ! Ne vous laissez pas abuser par les belles promesses ou les larmes de crocodile ! Ne prêtez pas de l'argent sous peine de le perdre définitivement. Fermez bien portes et fenêtres ! Des cambrioleurs rôdent !
– Attention aux mauvais placements (gelés ou à fonds perdus).

b) 10♠* vers un ♣ : aspect FINANCIER/MATÉRIEL :
– L'abus de confiance ou les tentatives d'escroquerie ne font aucun doute, mais si vous savez vous montrer prudent·e, vous pourrez protéger vos biens, même dans certains cas, RENVERSÉ(*) la situation à votre avantage et trouver une solution inespérée à vos soucis financiers.

c) 10♠ vers un ♦ : aspect PROFESSIONNEL/ÉTUDES :
– Restez sur vos gardes ! L'hypocrisie et la sournoiserie sont au goût du jour. Derrière les flatteries, se cachent des tromperies et des trahisons. Ne prenez pas toutes les belles promesses pour argent comptant ! Restez discret·e et secret·e, car des personnes mal intentionnées pourraient chercher à vous supplanter, à prendre votre place.

c) 10♠* vers un ♦ : aspect PROFESSIONNEL/ÉTUDES :
– Votre vigilance et méfiance seront vos plus sures alliées. Vous saurez démasquer l'hypocrisie et ainsi déjouer toute manigance. Vous surmonterez les obstacles et vaincrez les manœuvres sournoises, les rivalités professionnelles.

d) 10♠ vers un ♠ : aspect SANTÉ/ÉPREUVES :
– Sachez « *freiner* » à temps ; risque de longue maladie. Grave dépression ; décès, un empoisonnement, un emprisonnement, un état de solitude.

d) 10♠* vers un ♠ : aspect SANTÉ/ÉPREUVES :
– Sortie de dépression, guérison complète et rapide. Une libération, la fin de la solitude. Solution heureuse des problèmes.

♣ LES CARACTÉRISTIQUES de 9♠ ♣
➤ ATTENTION !
ENDROIT = NÉGATIF   RENVERSÉ(*) = POSITIF

9♠ est la carte symbolisant la tristesse, des chagrins, des angoisses, des pleurs et de la solitude.

➤ **Présenté à l'ENDROIT, 9♠** est une carte très difficile ; présage de douleur, de désespoir, de rupture, de malheur, de contrariétés, de malchance au sens large. Des intrigues et du retard dans les affaires. Un complot tramé par une personne en qui le consultant donnait son entière confiance.

➤ **Présenté RENVERSÉ, 9♠*** est une carte difficile avec les mêmes présages que **ENDROIT,** mais grâce à votre intuition et votre foi, vous trouverez la force de surmonter ces problèmes, et vous parviendrez avec le temps, à une certaine sérénité.

➤ **À RETENIR :** elle affaiblit les caractères les plus forts. Vous êtes tenté·e de vous apitoyer sur vous-même ou de vous accabler de reproches. Positivez et retournez la situation à votre avantage. Ecoutez votre intuition, les solutions jailliront d'elles-mêmes.
– La fatigue et le manque d'enthousiasme agissent sur le moral et le laisser-aller s'installer, serait défavorable.

ENDROIT   **RENVERSÉ(*)**

LES MOTS CLÉS de :

➤ **9♠** = Impératif de tout reprendre à zéro – faillite – souffrance morale – problème important – constitue présage de mort – de deuil – ruine – maladie – accident – fin d'une situation – une grave perte.

➤ **9♠*** = problème important mais surmontable – sortie de dépression – fin d'une situation qui se révélera salutaire ou moins grave qu'en apparence…

INTERPRÉTATION DE 9♠ et 9♠*
En fonction du voisinage.
Rappelez-vous que les **cartes de DROITE** sont dites « *NEUTRES* »
ni endroit ni renversé(*)
Mais **symbolisent le SECTEUR** à analyser tel que :
a) avec à sa DROITE un ♥ = *secteur*   **AFFECTIF**
b) avec à sa DROITE un ♣ = ….   **FINANCIER/MATÉRIEL**
c) avec à sa DROITE un ♦ = ….   **PROFESSION/ÉTUDES**
d) avec à sa DROITE un ♠ = ….   **SANTÉ/ÉPREUVES**

a) 9♠ vers un ♥ : aspect AFFECTIF :
– La vie affective est fortement troublée, des inquiétudes, des doutes entraînent tristesse et chagrin. Une séparation est difficile à vivre, la solitude est mal vécue. La situation semble conflictuelle et attiser les querelles ne fera qu'aggraver les tensions déjà existantes.

a) 9♠* vers un ♥ : aspect AFFECTIF :
– Quelle que soit la difficulté affective actuelle, en faisant confiance à votre intuition, vous retournerez la situation à votre avantage. La vie relationnelle reprendra son calme et les échanges retrouveront un sens positif.

b) 9♠ vers un ♣ : aspect FINANCIER/MATÉRIEL :
– Des risques d'épreuves matérielles angoissants, les embarras sont inquiétants et l'équilibre compromis ; Vous vous sentez déstabilisé·e. Les restrictions vous rendent mélancolique et stressé·e.

b) 9♠* vers un ♣ : aspect FINANCIER/MATÉRIEL :
– La situation est délicate mais des compromis sont possibles et des conclusions favorables interviendront au bon moment. L'équilibre du budget sera de nouveau atteint et vous retrouverez votre force morale.

c) 9♠ vers un ♦ : aspect PROFESSIONNEL/ÉTUDES :
– La vie professionnelle est préoccupante. L'attente des décisions qui doivent être prises est pénible et angoissante d'autant que les réponses risquent d'être négatives. Contrôlez vos sautes d'humeur, car rentrer en conflit avec votre entourage professionnel ne peut qu'entraîner une rupture grave dans le travail.

c) 9♠* vers un ♦ : aspect PROFESSIONNEL/ÉTUDES :
– Ne vous laissez pas aller au découragement ! En maîtrisant votre autorité naturelle et en vous attelant à la tâche, vous obtiendrez gain de cause.
– Vos efforts seront récompensés et l'équilibre professionnel rétabli.

d) 9♠ vers un ♠ : aspect SANTÉ/ÉPREUVES :
– Baisse de vitalité physique et morale ; Difficultés de toutes sortes, perte d'emploi...
– Déprime, mésentente ; procès perdu, rivalités…

d) 9♠* vers un ♠ : aspect SANTÉ/ÉPREUVES :
– Problèmes de santé importants mais surmontés grave à un moral d'acier.
– Gros soucis, mais passagers.

✿ LES CARACTÉRISTIQUES de 8♠ ✿
➢ ATTENTION !
ENDROIT = NÉGATIF   RENVERSÉ(*) = POSITIF

**8♠ est la carte qui annonce les maladies,
les souffrances physiques et morales.
Elle précise la fin d'une situation ou d'un événement.**

➢ **Présenté à l'ENDROIT, 8♠** symbolise un chagrin assez grave. Des pleurs ou un état dépressif s'ensuivront. Les commérages vous portent préjudice. Faites face à la situation et mettez-y un terme.

➢ **Présenté RENVERSÉ, 8♠*** apporte le message d'ennuis, de déceptions, de critiques, de disputes, de médisances... Il peut représenter une mauvaise nouvelle, un accident, une maladie grave bien que sans issue fatale, une situation pénible provoquée par l'envie des autres ; un sentiment d'amertume causé par une union non réussie ou par l'éloignement de la personne aimée. Les projets seront entravés ou échoueront.

➢ **À RETENIR :** met en garde contre les influx négatifs dus à la méchanceté et à l'orgueil. La prudence est également recommandée dans vos déplacements. Ménagez aussi votre santé physique et morale.

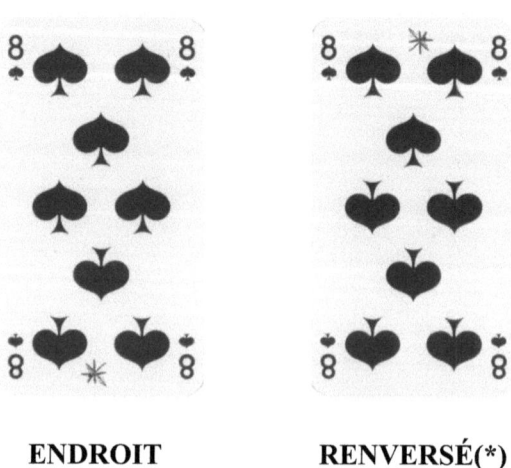

ENDROIT   **RENVERSÉ(*)**

LES MOTS CLÉS de :

➤ **8♠** = graves difficultés – mauvaises nouvelles – intervention chirurgicale – risque d'accident – mariage non conclu – condamnation – obstacles ou déceptions amoureuses – laisse craindre toutes sortes de contrariétés – commérage préjudiciable – maladie – décès d'une connaissance – séparation ...

➤ **8♠*** = difficultés – retards – petits ennuis – mauvais conseils – contrariétés.
– Message de petits soucis que vous pourrez toutefois surmonter…

INTERPRÉTATION DE 8♠ et 8♠*
En fonction du voisinage.
Rappelez-vous que les **cartes de DROITE** sont dites « *NEUTRES* »
ni endroit ni renversé(*)
Mais **symbolisent le SECTEUR** à analyser tel que :
a) avec à sa DROITE un ♥ = *secteur*   **AFFECTIF**
b) avec à sa DROITE un ♣ = ….   **FINANCIER/MATÉRIEL**
c) avec à sa DROITE un ♦ = ….   **PROFESSION/ÉTUDES**
d) avec à sa DROITE un ♠ = ….   **SANTÉ/ÉPREUVES**

a) 8♠ vers un ♥ : aspect AFFECTIF :
– Chagrins, doutes, manque de compréhension, jalousies, soupçons... Rien ne va plus dans votre vie affective ! Les nerfs à fleur de peau ; la déprime vous guette ! Il faut vous ressaisir.
– Au lieu de vous enfermer, recherchez la compagnie de personnes qui sauront vous apporter un peu de gaîté, car en ce moment vous êtes sur la mauvaise pente !

a) 8♠* vers un ♥ : aspect AFFECTIF :
– Les soupçons et la mélancolie qui alimentent la vie affective seront momentanés.
– Les problèmes avec l'entourage seront aplanis. En cas de fin d'une relation, votre chagrin sera de courte durée.

b) 8♠ vers un ♣ : aspect FINANCIER/MATÉRIEL :
– Une crise financière importante et soudaine vous déstabilisera et un vent de panique s'emparera de vous. Les rentrées se font difficiles et quelquefois différées ou supprimées.
– Ces contraintes et obligations matérielles mettront votre moral à rudes épreuves.

b) 8♠* vers un ♣ : aspect FINANCIER/MATÉRIEL :
– Une crise financière importante et soudaine vous déstabilisera, mais en faisant preuve de courage et de gestion stricte, vous pourrez redresser cette situation délicate.
– Ressaisissez-vous et tentez le tout pour le tout.

c) 8♠ vers un ♦ : aspect PROFESSIONNEL/ÉTUDES :
– Attendez-vous au pire, à une rupture de contrat, licenciement, retraite. Tout est possible, ce qui entraîne inquiétude et tristesse. Vous vous sentez découragé·e et vous avez perdu confiance en vous.

c) 8♠* vers un ♦ : aspect PROFESSIONNEL/ÉTUDES :
– Des discussions dans le travail, du retard dans la réalisation de vos projets professionnels... Vos activités subissent des embûches de toutes sortes mais la lutte et le combat restent de rigueur pour maintenir un équilibre professionnel.
– En gardant confiance en vous, vous vaincrez les obstacles.

d) 8♠ vers un ♠ : aspect SANTÉ/ÉPREUVES :
– Surmenage – méchanceté – trahison – fatigue nerveuse, physique ou psychologique …

d) 8♠* vers un ♠ : aspect SANTÉ/ÉPREUVES :
– Malaises passagers, fatigue nerveuse, repos conseillé. Méchanceté. Trahison surmontée.

♣ LES CARACTÉRISTIQUES de 7♠ ♣
ENDROIT = POSITIF   RENVERSÉ(*) = NÉGATIF

7♠ est la carte symbolisant la prise de décisions !

➤ **Présenté à l'ENDROIT, 7♠** encourage à poursuivre ses efforts, car tous les projets sont en bonne voie de se concrétiser et d'aboutir favorablement. C'est la carte des certitudes. Mettez tout en œuvre pour triompher des difficultés.

➤ **Présenté RENVERSÉ, 7♠*** représente les incertitudes, le manque de confiance en soi et de volonté.

➤ **À RETENIR :** vous pouvez vous aussi entreprendre toutes les démarches qui vous tiennent à cœur. Avec la patience, la confiance et la persévérance, vous atteindrez tous les buts que vous vous êtes fixés ; **mais il faut vous décider à agir !**

ENDROIT   **RENVERSÉ(*)**

LES MOTS CLÉS de :

➢ **7♠** = volonté – sagesse – espoir – issue – triomphe sur l'adversité – confirmation des prédictions des cartes voisines.
– Contrairement aux autres cartes de cette couleur, **7♠** est doté d'un : *aspect positif* qui se traduit par un présage de réussite, de prospérité, de mariage heureux, de progrès dans les activités commerciales. Vous devriez, grâce à votre force morale, sortir de l'incertitude et vaincre les obstacles.

➢ **7♠*** = **RENVERSÉ(*):** enfant brun souvent malade –imprévu déplaisant – disputes – projet tombé à l'eau – mélancolie – difficulté à réagir – incapacité d'action… Toutefois, les situations douloureuses ou difficiles annoncées par **7♠*** ne sont pas définitives. Peuvent être relatives à une période de difficultés économiques, de déséquilibre passager, d'un comportement volage de votre partenaire mais sans conséquences pour votre relation ;

INTERPRÉTATION DE 7♠ et 7♠*
En fonction du voisinage.
Rappelez-vous que les **cartes de DROITE** sont dites « *NEUTRE*S »
ni endroit ni renversé(*)
Mais **symbolisent le SECTEUR** à analyser tel que :
a) avec à sa DROITE un ♥ = *secteur*   **AFFECTIF**
b) avec à sa DROITE un ♣ = ….   **FINANCIER/MATÉRIEL**
c) avec à sa DROITE un ♦ = ….   **PROFESSION/ÉTUDES**
d) avec à sa DROITE un ♠ = ….   **SANTÉ/ÉPREUVES**

a) 7♠ vers un ♥ : aspect AFFECTIF :
– L'entente, l'harmonie prennent le dessus en cas de conflit. Les démarches en vue d'un mariage semblent se concrétiser. En famille : bonne ambiance. Avec amis : échanges harmonieux.

7♠* vers un ♥ : aspect AFFECTIF :
– L'entente et l'harmonie ne sont pas à l'ordre du jour. Des querelles, des brouilles entre parents ou amis sont prévisibles et vous ne saurez pas quelle attitude adopter. L'ambiance familiale ou amicale est tendue. Les projets d'union sont ajournés ; mais vous ne devez pas vous décourager car avec le temps, tout rentrera dans l'ordre.

b) 7♠ vers un ♣ : aspect FINANCIER/MATÉRIEL :
– Une bonne sécurité financière s'annonce et tous les biens sont sous protection bénéfique.
– Les démarches que vous entreprendrez seront couronnées de succès. Vous n'avez pas de soucis à vous faire dans ce SECTEUR.

b) 7♠* vers un ♣ : aspect FINANCIER/MATÉRIEL :
– Une période de difficulté financière est à prévoir. Vous risquez d'avoir des manquements d'argent (perte de chéquier, carte crédit...) ou de l'argent prêté que vous aurez bien du mal à récupérer.
– Les démarches de prêts ou de crédits sont refusées, ce qui vous met momentanément dans l'embarras.

c) 7♠ vers un ♦ : aspect PROFESSIONNEL/ÉTUDES :
– Une différente activité s'annonce très satisfaisante. Les projets professionnels aboutissent favorablement. Une promotion ou de nouvelles responsabilités sont également prévisibles. Vos efforts sont reconnus et récompensés et toutes les actions favorisées. Une belle réussite sociale s'annonce.

c) 7♠* vers un ♦ : aspect PROFESSIONNEL/ÉTUDES :
– Dans le cas d'une décision à prendre quant à votre orientation professionnelle, prenez le temps de réfléchir. Les démarches doivent être basées sur la franchise et la bonne entente avec votre environnement afin d'éviter les rivalités entre collègues.
– Quelques tracasseries et vexations sont à prévoir.

d) 7♠ vers un ♠ : aspect SANTÉ/ÉPREUVES :
– Un peu de fatigue ou de déprime vite surmontées. Petits malentendus ou discussions sans gravité.

d) 7♠* vers un ♠ : aspect SANTÉ/ÉPREUVES :
– Fatigue, dépression nerveuse. Petits problèmes de santé délicats à résoudre.
– Petites trahisons d'amis ; duperie, malentendus...

SIGNIFICATION

DES CARTES

EN ASSOCIATION

LA FAMILLE DES
« PIQUES »

♠

DIX – NEUF – HUIT – SEPT

🙵 10♠ EN ASSOCIATION AVEC : 🙷

Avec un ♥ = *SECTEUR* **AFFECTIF**

Si ENDROIT :

10♠ ➜ 7♥	☞ fausse couche, problème lié à la grossesse
10♠ ➜ 8♥	☞ Grosse peine de cœur, danger de rupture.
10♠ ➜ 9♥	☞ Amitié trahie, jalousie de l'entourage.
10♠ ➜ 10♥	☞ Gros soucis familiaux.
10♠ ➜ VALET♥	☞ Grosse peine de cœur, danger de rupture.
10♠ ➜ CAVAL.♥	☞ Une liaison secrète dévoilée !
10♠ ➜ DAME♥	☞ Échec sentimental rupture, divorce.
10♠ ➜ ROI♥	☞ Échec sentimental, rupture, divorce.
10♠ ➜ AS♥	☞ Épreuve affective difficile à surmonter.

Si : RENVERSÉ(*)

10♠*➜ 7♥	☞ Une joie imminente, l'arrivée d'un enfant...
10♠*➜ 8♥	☞ Annonce de fiançailles, joie affective.
10♠*➜ 9♥	☞ Solution heureuse de problèmes familiaux.
10♠*➜ 10♥	☞ Liaison maintenue secrète.
10♠*➜ VALET♥	☞ Réconciliation amoureuse ou amicale.
10♠*➜ CAVAL.♥	☞ Annonce de fiançailles, joie affective.
10♠*➜ DAME♥	☞ Proposition de vie commune, mariage.
10♠*➜ ROI♥	☞ Proposition de mariage, de vie commune.
10♠*➜ AS♥	☞ Le retour à la normale apporte un soulagement.

10♠ EN ASSOCIATION AVEC :

Avec un ♣ = *SECTEUR* **FINANCIER/MATÉRIEL**

Si ENDROIT :

10♠ ➜ 7♣	☞ Surveillez de près votre gestion !
10♠ ➜ 8♣	☞ Gr. douleur causée par jeune femme brune.
10♠ ➜ 9♣	☞ Difficulté financières, réclamations.
10♠ ➜ 10♣	☞ Situation financière préoccupante.
10♠ ➜ VALET♣	☞ Gra. douleur causée par jeune homme brun.
10♠ ➜ CAVAL.♣	☞ Attention aux risques de cambriolages !
10♠ ➜ DAME♣	☞ Passe pénible pour une femme.
10♠ ➜ ROI♣	☞ Passe pénible pour un homme.
10♠ ➜ AS♣	☞ L'extrême prudence est recommandée financièrement.

Si : RENVERSÉ(*)

10♠* ➜ 7♣	☞ Amélioration financière prochainement.
10♠* ➜ 8♣	☞ Chagrin passager causé par jeune fille.
10♠* ➜ 9♣	☞ Une rentrée d'argent inattendue et bienvenue.
10♠* ➜ 10♣	☞ Solution inespérée de tous soucis financiers.
10♠* ➜ VALET♣	☞ Chagrin passager causé par jeune homme.
10♠* ➜ CAVAL.♣	☞ Réussite dans les affaires.
10♠* ➜ DAME♣	☞ Situation nouvelle pour une femme.
10♠* ➜ ROI♣	☞ Situation nouvelle pour un homme.
10♠* ➜ AS♣	☞ Vous obtiendrez tout ce que vous désirez !

10♠ EN ASSOCIATION AVEC :

Avec un ♦ = *SECTEUR* **PROFESSIONNEL/ÉTUDES**

Si ENDROIT :

10♠ ➔ 7♦	☞Une grosse contrariété s'annonce !
10♠ ➔ 8♦	☞Démarches ennuyeuses, climat pro. malsain.
10♠ ➔ 9♦	☞Hypocrisie, malhonnêteté, nuisance.
10♠ ➔ 10♦	☞Déplacement imminent et pénible (obsèques).
10♠ ➔ VALET♦	☞Inquiétudes, soucis pour le travail.
10♠ ➔ CAVAL.♦	☞Entraves, obstacles, espoirs déçus.
10♠ ➔ DAME♦	☞Méfiance ! femme prête à tout pour vous nuire.
10♠ ➔ ROI♦	☞Emploi actuel fortement menacé !
10♠ ➔ AS♦	☞Courrier déstabilisant.

Si : RENVERSÉ(*)

10♠*➔ 7♦	☞Larmes suivies de rires !
10♠*➔ 8♦	☞Un événement longtemps attendu.
10♠*➔ 9♦	☞Hypocrisie démasquée, manœuvres déjouées.
10♠*➔ 10♦	☞Joie pour voyage imminent ou déménagement
10♠*➔ VALET♦	☞Bonne nouvelle professionnelle
10♠*➔ CAVAL.♦	☞Obstacles surmontés, rival vaincu...
10♠*➔ DAME♦	☞Triomphe sur une rivale professionnelle.
10♠*➔ ROI♦	☞Entretien important pourrait changer votre vie.
10♠*➔ AS ♦	☞Arrivée de lettres attendues.

❧ 10♠ EN ASSOCIATION AVEC : ☙

Avec un ♦ = ♠ = *SECTEUR* SANTÉ/ÉPREUVES

Si ENDROIT :

- 10♠ ➔ 7♠ ☞ Tristesse, mélancolie, état de solitude.
- 10♠ ➔ 8♠ ☞ Maladie longue, dépression, épuisement.
- 10♠ ➔ 9♠ ☞ Épreuve familiale difficile à surmonter.
- 10♠ ➔ VALET♠ ☞ Arrestation et prison possible pour un jeune.
- 10♠ ➔ CAVAL.♠ ☞ Défaite difficile à surmonter. État suicidaire.
- 10♠ ➔ DAME♠ ☞ Angoisse, doute concernant fidélité conjointe.
- 10♠ ➔ ROI♠ ☞ Angoisse, doute concernant fidélité conjoint.
- 10♠ ➔ AS♠ ☞ Préoccupation grave, perte de position sociale.

Si : RENVERSÉ(*)

- 10♠*➔ 7♠ ☞ Libération, fin de solitude.
- 10♠*➔ 8♠ ☞ Guérison complète et rapide de malades.
- 10♠*➔ 9♠ ☞ La chance revient, dissipation des tracas.
- 10♠*➔ VALET♠ ☞ Arrestation suivie de libération.
- 10♠*➔ CAVAL.♠ ☞ Gratification pour un militaire.
- 10♠*➔ DAME♠ ☞ Rencontre imminente de femme seule.
- 10♠*➔ ROI♠ ☞ Rencontre imminente d'un homme seul.
- 10♠*➔ AS♠ ☞ Solution de problèmes ; procès gagné...

9♠ EN ASSOCIATION AVEC :

Avec un ♥ = *SECTEUR* **AFFECTIF**

Si ENDROIT :

9♠ ➔ 7♥	☞Fausse couche, problème grave d'un enfant.
9♠ ➔ 8♥	☞Malentendus ; jalousie destructrice.
9♠ ➔ 9♥	☞La rupture est inévitable.
9♠ ➔ 10♥	☞Grosses difficultés dans le foyer, la famille.
9♠ ➔ VALET♥	☞Chagrin d'amour, décision pénible.
9♠ ➔ CAVAL.♥	☞Le départ d'un être cher.
9♠ ➔ DAME♥	☞Souffrance morale à cause d'une femme.
9♠ ➔ ROI♥	☞Souffrance morale à cause d'un homme.
9♠ ➔ AS♥	☞Décès d'un parent proche.

Si : RENVERSÉ(*)

9♠*➔ 7♥	☞Grossesse difficile, risque fausse couche.
9♠*➔ 8♥	☞Chagrin sentimental dont on guérira facilement.
9♠*➔ 9♥	☞Rupture évitée ou vite suivie de réconciliation.
9♠*➔ 10♥	☞Conflit familial qui finira pas s'apaiser.
9♠*➔ VALET♥	☞Chagrin sentimental dont on guérira facilement.
9♠*➔ CAVAL.♥	☞Ne vous jetez pas dans les bras du premier venu.
9♠*➔ DAME♥	☞Déception sentimentale surmontée toutefois.
9♠*➔ ROI♥	☞Déception sentimentale surmontée toutefois.
9♠*➔ AS♥	☞Solution à vos problèmes actuels.

9♠ EN ASSOCIATION AVEC :

Avec un ♣ = *SECTEUR* **FINANCIER/MATÉRIEL**

Si ENDROIT :

9♠➔ 7♣	☞Soucis de santé pour un jeune garçon...
9♠➔ 8♣	☞Ne vous laissez pas attirer par la 1ʳᵉ venue !
9♠➔ 9♣	☞Les factures s'accumulent !
9♠➔ 10♣	☞La situation financière est préoccupante.
9♠➔ VALET♣	☞Ne vous laissez pas attirer par le 1er venu !
9♠➔ CAVAL.♣	☞Situation difficile à redresser !
9♠➔ DAME♣	☞Elle vous réserve une mauvaise surprise !
9♠➔ ROI♣	☞Il vous réserve une mauvaise surprise !
9♠➔ AS♣	☞Les épreuves matérielles sont lourdes à supporter !

Si : RENVERSÉ(*)

9♠*➔ 7♣	☞Ne vous découragez pas, vous surmonterez ...
9♠*➔ 8♣	☞Commencer par payer factures les plus urgentes.
9♠*➔ 9♣	☞Situation délicate, mais compromis trouvés.
9♠*➔ 10 ♣	☞Passe financière difficile mais passagère.
9♠*➔ VALET♣	☞Vos efforts seront récompensés !
9♠*➔ CAVAL.♣	☞Malentendus entre amis, jalousie destructrice.
9♠*➔ DAME♣	☞Vous aurez affaire à une calculatrice.
9♠*➔ ROI♣	☞Vous aurez affaire à un calculateur.
9♠*➔ AS ♣	☞La situation tournera à votre avantage.

9♠ EN ASSOCIATION AVEC :

Avec un ♦ = *SECTEUR* **PROFESSIONNEL/ÉTUDES**

Si ENDROIT :

9♠ ➜ 7♦	☞Ambiance conflic., surveillez votre humeur.
9♠ ➜ 8♦	☞Les espoirs restent vains, réponses négatives.
9♠ ➜ 9♦	☞Empêchements, retard important !
9♠ ➜ 10♦	☞Tous vos projets tombent à l'eau !
9♠ ➜ VALET♦	☞Une rupture annoncée par lettre ou téléphone.
9♠ ➜ CAVAL.♦	☞Trahison d'une relation en qui vous croyiez !
9♠ ➜ DAME♦	☞Femme possessive et jalouse causera ennuis.
9♠ ➜ ROI♦	☞Inquiétude pour affaires en cours ou situation.
9♠ ➜ AS♦	☞Annonce une rupture (sentimentale, pro….).

Si : RENVERSÉ(*)

9♠*➜ 7♦	☞Ambiance conflictuelle restez à l'écart.
9♠*➜ 8♦	☞Une rupture qui se révélera une libération.
9♠*➜ 9♦	☞Ayez la foi, vous vaincrez les obstacles.
9♠*➜ 10♦	☞Ne perdez pas espoir, le temps fait son effet.
9♠*➜ VALET♦	☞Projets repoussés sans être annulés.
9♠*➜ CAVAL.♦	☞Votre intuition vous permettra d'éviter le pire !
9♠*➜ DAME♦	☞Vous finirez par la mettre dehors !
9♠*➜ ROI♦	☞Difficultés momentanées.
9♠*➜ AS♦	☞Fin de contrat, démission...

♠ 9♠ EN ASSOCIATION AVEC : ♠

Avec un ♠ = *SECTEUR* SANTÉ/ÉPREUVES

Si ENDROIT :

9♠ ➔ 7♠	☞	Vous avez des idées bien sombres.
9♠ ➔ 8♠	☞	Problèmes de santé grave (perso. ou entourage).
9♠ ➔ 10♠	☞	Mauvaise nouvelle (décès, perte job, faillite)
9♠ ➔ VALET♠	☞	Il vous nuira si vous ne vous méfiez pas !
9♠ ➔ CAVAL.♠	☞	Chagrin à la suite d'une trahison.
9♠ ➔ DAME♠	☞	La solitude est lourde à supporter.
9♠ ➔ ROI♠	☞	Mauvaises nouvelles (perte de procès, d'emploi)
9♠ ➔ AS♠	☞	échec dans les affaires ou les démarches.

Si : RENVERSÉ(*)

9♠* vers 7♠	☞	Grâce à la force morale, Vous triomphez !
9♠* ➔ 8♠	☞	Soucis santé surmontés par force morale et Foi.
9♠* ➔ 10♠	☞	Gros soucis, mais passagers.
9♠* ➔ VALET♠	☞	Vous arriverez à temps à déjouer ses manigances
9♠* ➔ CAVAL.♠	☞	Trahison dont on se consolera vite.
9♠* ➔ DAME♠	☞	Santé d'une femme âgée s'améliore.
9♠* ➔ ROI♠	☞	Santé d'un homme âgé s'améliore.
9♠* ➔ AS♠	☞	Vous trouverez la force de repartir à zéro.

❧ 8♠ EN ASSOCIATION AVEC : ❦

Avec un ♥ = *SECTEUR* **AFFECTIF**

Si ENDROIT :

- 8♠ ➔ 7♥ ☞ Une inquiétude au sujet d'un enfant.
- 8♠ ➔ 8♥ ☞ Problème de santé pour une jeune fille.
- 8♠ ➔ 9♥ ☞ Sentiments non partagés ; blocages affectifs.
- 8♠ ➔ 10♥ ☞ Problèmes de famille.
- 8♠ ➔ VALET♥ ☞ Épreuve pour un jeune homme.
- 8♠ ➔ CAVAL.♥ ☞ Maladie d'un ami ; une séparation...
- 8♠ ➔ DAME♥ ☞ Problème de santé pour une femme aimée.
- 8♠ ➔ ROI♥ ☞ Problèmes de santé pour un homme aimé.
- 8♠ ➔ AS♥ ☞ Maladie dans votre entourage proche.

Si : RENVERSÉ(*)

- 8♠* ➔ 7♥ ☞ Maladie bénigne d'un jeune enfant.
- 8♠* ➔ 8♥ ☞ Elle va se rétablir prochainement.
- 8♠* ➔ 9♥ ☞ Chagrin d'amour de courte durée.
- 8♠* ➔ 10♥ ☞ Problèmes familiaux aplanis.
- 8♠* ➔ VALET♥ ☞ Il surmontera cette épreuve.
- 8♠* ➔ CAVAL.♥ ☞ Peine de cœur surmontée.
- 8♠* ➔ DAME♥ ☞ Guérison d'une femme à laquelle vous tenez.
- 8♠* ➔ ROI♥ ☞ Guérison d'un homme auquel vous tenez.
- 8♠* ➔ AS♥ ☞ Guérison dans votre entourage proche.

❦ 8♠ EN ASSOCIATION AVEC : ❧

Avec un ♣ = *SECTEUR* **FINANCIER/MATÉRIEL**

Si ENDROIT :

8♠ ➔ 7♣	☞Soucis pour un jeune enfant.
8♠ ➔ 8♣	☞Une adolescente victime d'une maladie.
8♠ ➔ 9♣	☞Vous risquez de perdre votre emploi.
8♠ ➔ 10♣	☞Difficultés…, surveillez vos dépenses !
8♠ ➔ VALET♣	☞Un jeune homme victime de maladie.
8♠ ➔ CAVAL.♣	☞Pertes argent, vous aurez du mal à faire face.
8♠ ➔ DAME♣	☞Une femme victime d'une maladie.
8♠ ➔ ROI♣	☞Un homme victime d'une maladie.
8♠ ➔ AS♣	☞Crise financière difficile à surmonter.

Si : RENVERSÉ(*)

8♠*➔ 7♣	☞Maladie peu grave d'un jeune enfant.
8♠*➔ 8♣	☞La guérison pour une adolescente.
8♠*➔ 9♣	☞Perte d'argent compensée par un gain.
8♠*➔ 10♣	☞Avec une gestion stricte, vous éviterez le pire !
8♠*➔ VALET♣	☞La guérison pour un jeune homme.
8♠*➔ CAVAL.♣	☞Crise financière, mais qui s'arrangera sous peu.
8♠*➔ DAME♣	☞Maladie de courte durée pour une femme.
8♠*➔ ROI ♣	☞Maladie courte durée pour un homme.
8♠*➔ AS ♣	☞Fin d'une épreuve à surmonter.

♣ 8♠ EN ASSOCIATION AVEC : ♣

Avec un ♦ = *SECTEUR* **PROFESSIONNEL/ÉTUDES**

Si ENDROIT :

- 8♠ ➔ 7♦   ☞ Désaccords, peines, chômage.
- 8♠ ➔ 8♦   ☞ Démarches, déplacements liés à pro. de santé.
- 8♠ ➔ 9♦   ☞ Tristesse liée à l'éloignement d'une personne.
- 8♠ ➔ 10♦   ☞ Perte d'emploi, licenciement, dépôt de bilan...
- 8♠ ➔ VALET♦   ☞ Nouvelle inquiétante d'une personne malade.
- 8♠ ➔ CAVAL.♦ ☞ Ne faites aucun excès de conduite.
- 8♠ ➔ DAME♦   ☞ Affront infligé par rivale en amour ou collègue.
- 8♠ ➔ ROI♦   ☞ Désaccords professionnels, forte inquiétude !
- 8♠ ➔ AS♦   ☞ Échec ou retard dans la réalisation des projets professionnels.

Si : RENVERSÉ(*)

- 8♠* ➔ 7♦   ☞ Période de surmenage.
- 8♠* ➔ 8♦   ☞ Démarches encourageantes pour la santé.
- 8♠* ➔ 9♦   ☞ Tristesse de courte durée liée à l'éloignement....
- 8♠* ➔ 10♦   ☞ Discutions et difficultés pro. surmontées.
- 8♠* ➔ VALET♦   ☞ Nouvelle encourageante d'une personne malade.
- 8♠* ➔ CAVAL.♦ ☞ Accident sans gravité.
- 8♠* ➔ DAME♦   ☞ Rivale inquiétante mais dont vous triompherez.
- 8♠* ➔ ROI♦   ☞ Discussions, obstacles que vous surmonterez.
- 8♠* ➔ AS♦   ☞ Projets difficiles à réaliser, mais ne pas perdre espoir.

8♠ EN ASSOCIATION AVEC :

Avec un ♠ = *SECTEUR* SANTÉ/ÉPREUVES

Si ENDROIT :

8♠ ➔ 7♠	☞Période de grand stress, ménagez-vous !
8♠ ➔ 9♠	☞Événement grave qui contrariera vos projets.
8♠ ➔ 10♠	☞État dépressif à prendre au sérieux.
8♠ ➔ VALET♠	☞Un homme cherche à vous nuire.
8♠ ➔ CAVAL.♠	☞Problèmes avec justice, condamnation possible.
8♠ ➔ DAME♠	☞Grave maladie pour une personne âgée.
8♠ ➔ ROI♠	☞Tracasseries liées à la justice.
8♠ ➔ AS♠	☞Complications de toutes sortes.

Si : RENVERSÉ(*)

8♠*➔ 7♠	☞Malaises passagers vite surmontés avec repos.
8♠*➔ 9♠	☞Période difficile mais de courte durée.
8♠*➔ 10♠	☞Dépression surmontée.
8♠*➔ VALET♠	☞Un homme cherche à vous nuire en vain.
8♠*➔ CAVAL.♠	☞Un accident possible.
8♠*➔ DAME♠	☞Femme jalouse et rancunière qui vous décevra.
8♠*➔ ROI♠	☞Anxiété et peur injustifiées.
8♠*➔ AS♠	☞Problèmes avec administration, justice ; fisc...

7♠ EN ASSOCIATION AVEC :

Avec un ♥ = *SECTEUR* **AFFECTIF**

Si ENDROIT :

7♠ ➜ 7♥	☞	Des projets en bonne voie !
7♠ ➜ 8♥	☞	l'amour pour une jeune fille.
7♠ ➜ 9♥	☞	Grande fidélité entre conjoints.
7♠ ➜ 10♥	☞	Brouille suivie de réconciliation, parents/ amis.
7♠ ➜ VALET♥	☞	L'amour pour un jeune homme.
7♠ ➜ CAVAL.♥	☞	Sorties entre amants ou amis.
7♠ ➜ DAME♥	☞	L'amour sincère et fidèle d'une femme.
7♠ ➜ ROI♥	☞	L'amour sincère et fidèle d'un homme.
7♠ ➜ AS♥	☞	Évènement familial (fiançailles, mariage, bébé)

Si : RENVERSÉ(*)

7♠* ➜ 7♥	☞	Projets ajournés.
7♠* ➜ 8♥	☞	Déception sentimentale pour une jeune fille.
7♠* ➜ 9♥	☞	Vous doutez de la fidélité de votre conjoint.
7♠* ➜ 10♥	☞	Brouille prolongée entre parents ou amis.
7♠* ➜ VALET♥	☞	Déception sentimentale pour un jeune homme.
7♠* ➜ CAVAL.♥	☞	Sorties entre amants ou amis annulées.
7♠* ➜ DAME ♥	☞	Doutes de la sincérité et fidélité d'une femme.
7♠* ➜ ROI♥	☞	Doutes de la sincérité et fidélité d'un homme.
7♠* ➜ AS♥	☞	Projets ajournés voire annulés.

7♠ EN ASSOCIATION AVEC :

Avec un ♣ = *SECTEUR* **FINANCIER/MATÉRIEL**

Si ENDROIT :

7♠→ 7♣	☞Réussite matérielle immédiate.
7♠→ 8♣	☞Vitalité débordante qui vous mènera à la réussite.
7♠→ 9♣	☞Nouveau départ dans la vie professionnelle.
7♠→ 10♣	☞Une nouvelle sécurité financière s'annonce.
7♠→ VALET♣	☞Le succès lui semble promis.
7♠→ CAVAL.♣	☞Démarches positives pour prêts ou crédits.
7♠→ DAME♣	☞Vous pouvez lui accorder toute votre confiance.
7♠→ ROI♣	☞Vous pouvez lui accorder toute votre confiance.
7♠→ AS♣	☞Réussite dans tous secteurs !

Si : RENVERSÉ(*)

7♠*→ 7♣	☞Perte d'argent, ou d'objet.
7♠*→ 8♣	☞Votre passivité vous freine et vous nuit.
7♠*→ 9♣	☞Stagnation dans la vie professionnelle.
7♠*→ 10♣	☞Période de difficultés financières est à prévoir.
7♠*→ VALET♣	☞Une amende à payer pour un jeune homme.
7♠*→ CAVAL.♣	☞Démarches de prêts ou de crédits refusés.
7♠*→ DAME♣	☞Méfiez vous d'une personne peu délicate.
7♠*→ ROI♣	☞Méfiez-vous d'une personne peu délicate.
7♠*→ AS♣	☞Embarras momentanés.

7♠ EN ASSOCIATION AVEC :

Avec un ♦ = *SECTEUR* **PROFESSIONNEL/ÉTUDES**

Si ENDROIT :

7♠➔ 7♦	☞Un événement imprévu qui vous fera plaisir.
7♠➔ 8♦	☞Nouvelle activité en vue.
7♠➔ 9♦	☞Vos efforts enfin reconnus et récompensés.
7♠➔ 10♦	☞Une possibilité de voyage.
7♠➔ VALET♦	☞L'arrivée d'un courrier longtemps attendu !
7♠➔ CAVAL.♦	☞Promotion ou nouvelles responsabilités.
7♠➔ DAME♦	☞Relation avec femme qui voyage ou étrangère.
7♠➔ ROI♦	☞ Relation avec homme qui voyage ou étranger.
7♠➔ AS♦	☞Nouvelle surprenante mais agréable.

Si : RENVERSÉ(*)

7♠*➔ 7♦	☞Événement imprévu qui vous irritera.
7♠*➔ 8♦	☞Réfléchir avant de vouloir changer d'entreprise.
7♠*➔ 9♦	☞R.D.V manqué ; quelques contrariétés pro..
7♠*➔ 10♦	☞ Voyage annulé ; difficultés pour logement.
7♠*➔ VALET♦	☞Attente prolongée d'un courrier important.
7♠*➔ CAVAL.♦	☞Rivalités entre collègues, tracas professionnels.
7♠*➔ DAME♦	☞Complications liées à rivale (amour ou collègue).
7♠*➔ ROI♦	☞Rivalités entre collègues, soucis pour affaires.
7♠*➔ AS♦	☞Nouvelle surprenante et désagréable.

7♠ EN ASSOCIATION AVEC :

Avec un ♠ = *SECTEUR* SANTÉ/ÉPREUVES

Si ENDROIT :

7♠ vers 8♠	☞Malentendus, discussions sans gravité.
7♠ vers 9♠	☞Suivez les conseils de votre médecin.
7♠ vers 10♠	☞Un événement nocturne.
7♠ vers VALET♠	☞Quelqu'un cherche à vous trahir.
7♠ vers CAVAL.♠	☞Petite duperie, peine plus ou moins grande.
7♠ vers DAME♠	☞Appui féminin dont vous tirerez avantage.
7♠ vers ROI♠	☞Relation avec un homme de Loi.
7♠ vers AS♠	☞Un accord conclus.

Si : RENVERSÉ(*)

7♠*➔ 8♠	☞Petits problèmes de santé.
7♠*➔ 9♠	☞Grande fatigue, dépression nerveuse.
7♠*➔ 10♠	☞Un événement désagréable le soir ou la nuit.
7♠*➔ VALET♠	☞Trahison d'un ami.
7♠*➔ CAVAL.♠	☞Contrariétés dues à une trahison.
7♠*➔ DAME♠	☞Colère provoquée par une femme.
7♠*➔ ROI♠	☞Annonce un procès.
7♠*➔ AS♠	☞Un accord non conclus.

DEVOIR N° 09

À partir de ce que vous avez appris dans la partie 02 du chapitre 5,

réalisez les exercices du devoir 09

Pour les lecteurs utilisant une tablette, liseuse, PC…
les exercices imprimables de ce devoir 09
peuvent être téléchargés en version PDF
en cliquant sur le lien ci-dessous :

Télécharger la fiche d'exercices (PDF)

(Le fichier peut s'ouvrir ou se télécharger selon votre appareil.)

DEVOIR 09

ஐଓ

➤ Question N°1 :
À quels éléments cités ci-dessous appartiennent les ♠?
Cocher et expliquer pourquoi…

❏ FROID   ❏ CHAUD
  ➤

❏ HUMIDE ❏ SEC
  ➤

❏ MASCULIN ❏ FÉMININ
  ➤

❏ LUMIÈRE ❏ OBSCURITÉ
  ➤

❏ POSITIF ❏ NÉGATIF
  ➤

➤ QUESTION N°2 :
– **Donnez votre interprétation** à ces tirages différents d'après *<u>les PRÉNOMS</u>* (en essayant de formuler des associations différentes de celles citées).

1ʳᵉ PROPOSITION : *MURIELLE travaille en tant que secrétaire dans un garage automobile. Elle se préoccupe pour son emploi. Par ailleurs, est mariée (mari âgé de + 16 ans) et ont 2 filles (– 12 ans)*

<u>Son 1ᵉʳ tirage</u> **(Cartes PARLANTES)**
MURIELLE = 8 cartes
10♥   ROI♦   ROI♠   7♥*   7♠*   CAVAL♦   10♦   DAME♠

<u>Son 2ᵉ tirage</u> **(Cartes NEUTRES)** …. 8 cartes
7♣*   CAVAL♥   ROI♣*   9♦*   8♠   DAME♦   8♦   9♠

2ᵉ PROPOSITION : *FABRICE 23 ans, travaille en intérim, une petite amie de 18 ans, (ne vivent pas ensemble). Il voudrait savoir si sa relation va durer et de quelle façon elle va évoluer ?*

<u>Son 1ᵉʳ tirage</u> **(Cartes PARLANTES)**
FABRICE = 7 CARTES
8♣   DAME♣*   8♦   10♦   8♥   CAVAL♦   CAVAL♣

<u>Son 2ᵉ tirage</u> **(Cartes NEUTRES)** …. 7 cartes
7♣*   9♠   9♣   CAVAL♥   VALET♥*   VALET♣   ROI♥

➤ **QUESTION N°3 :**
   Donnez des associations à ces interprétations…

a) La découverte de la maison longtemps cherchée.
   ➤

b) Un jeune homme flatteur et intéressé.
   ➤

c) Une mauvaise surprise, apparence trompeuse liée à une femme.
   ➤

d) On cherchera à vous soutirer de l'argent (chantage ou autre) en vain.
   ➤

e) Gros problèmes financiers pour un homme brun (40 ans et +).
   ➤

f) Perte d'emploi pour un homme brun (+ 40 ans).
   ➤

g) Visite déprimante à une personne âgée et seule.
   ➤

h) Une intrigue liée à une femme méchante et âgée.
   ➤

k) Une amie qui devient une rivale.
   ➤

l) Un contrat avec l'étranger.
   ➤

m) Evolution, poste à responsabilités.
   ➤

Pour les lecteurs utilisant une tablette, liseuse, PC…

Les CORRIGÉS (D.08 & D.09) de ce CHAPITRE 5

peuvent être téléchargés en version PDF
en cliquant sur le lien ci-dessous

Télécharger la fiche de corrigés (PDF)

(Le fichier peut s'ouvrir ou se télécharger selon votre appareil.)

*(Pour les lecteurs papier…
retrouvez les corrigés au chapitre 7)*

CHAPITRE 6

« MES DIFFÉRENTES MÉTHODES D'INTERPRÉTATION »

NOUS ALLONS TERMINER

CETTE SÉRIE DE COURS

DE

CARTOMANCIE

<u>**AVEC 3 PARTIES complémentaires :**</u>

1/ *GROUPEMENT DES CARTES.*

2/ *COMMENT TIRER LES CARTES.*

3/ *LES DIFFÉRENTS TIRAGES.*

GROUPEMENTS DE CARTES

ඛාඥ

➢ COMMENT RECONNAITRE UN GROUPEMENT ?

– Comme vous avez pu le découvrir, la difficulté majeure de la pratique de la CARTOMANCIE consiste principalement dans les variances, significations des CARTES en fonction de leur entourage.

– Donc avant de débuter dans l'apprentissage des différents tirages, que je propose (*parmi tant d'autres*) et que je pratique personnellement, il me faut d'abord vous préciser que certaines cartes en ASSOCIATION ont une signification particulière.

– Ces CARTES en COMBINAISON ou GROUPEMENT rassemblent celles de la même CATEGORIE. Elles apportent toujours des indications supplémentaires aux informations déjà données par le support.

➢ On appelle "*GROUPEMENTS*"
la prédominance dans un jeu de cartes de :
– MÊME COULEUR par exemple : **4 de ♥ – 5 de ♣** ...
– de MÊME VALEUR par exemple : **3 VALETS – 4 SEPT**...

➢ On ne prend en compte que les *GROUPEMENTS* dans les JEUX nécessitant <u>5 cartes</u> MINIMUM.

– Il n'est pas indispensable que ces cartes se trouvent côte à côte ; il suffit qu'elles soient présentes dans le tirage.

1/ Pour connaître les **préoccupations MAJEURES** du consultant, il suffit de voir la prédominance de **CARTES de MÊME COULEUR**.

➢<u>1er exemple :</u> Dans le JEU, les CARTES en plus grand nombre sont les ♣. Nous dirons : *soit que la personne est préoccupée par ses* ***FINANCES*** (surtout si elles se présentent en majorité ♣*), *soit c'est un personnage qui est plutôt matérialiste.*

– Viennent ensuite les ♦. Soit le **TRAVAIL** tient une place importante dans sa vie, soit il a des tracasseries dans ce SECTEUR surtout si elles se présentent ♦*.

➢ Souvenez-vous toujours que d'une façon générale :
— **LES** ♦ représentent : Les ACTIVITÉS (travail, études, voyages et événements imprévus)
— **LES** ♥ :   //   Les SENTIMENTS (amour, amis, famille).
— **LES** ♣ :   //   Le MATÉRIEL (les biens, l'argent).
— **LES** ♠ :   //   Les PROBLÈMES EN GÉNÉRAL (santé, justice..).

2/ La prédominance de CARTES DE MÊME **VALEUR** apporte souvent des commentaires supplémentaires au tirage effectué, bien que le plus souvent, elle confirme leur prédiction.

➢ Notez également que la **SIGNIFICATION** *(bonne ou mauvaise)* de ces GROUPEMENTS est atténuée, *en bien ou en mal*, si quelques-unes de ces Cartes se présentent **renversées(*)**.

➢ PAR EXEMPLE : **4 AS "DROITS"** vous annoncent *un triomphe imprévu avec un bon coup de chance...*
Alors que si **3 des AS sont RENVERSÉS(*)**, ils annoncent plutôt *un triomphe grâce à vos efforts et votre persévérance.*

— Je vous propose donc, la liste des différents groupements avec leurs interprétations particulières que je vous conseille d'apprendre par cœur.

➢ NOTA : je vous transmets la signification en **POSITION ENDROIT**. À vous de faire travailler votre imagination pour l'interprétation en présentation RENVERSÉ**E(*)**.

**Seule EXCUSE ou JOKER ne prend
Ni sens ENDROIT ni RENVERSÉ(*)
Elle sert simplement <u>dans certains tirages</u> pour représenter
➢ le CONSULTANT ou la CONSULTANTE.**

Signification des cartes de même valeur.

≈≈≈

4 AS : réussite complète, triomphe, victoire, la chance est avec vous.
3 AS : nouvelles agréables, amélioration générale de la situation.

4 ROIS : appuis d'hommes influents, succès, honneurs, force et courage.
3 ROIS : bonnes entreprises, bons conseils, vous êtes apprécié·e.

4 DAMES : réunion d'amies dévouées. Sincérité et amitié.
3 DAMES : bavardages, critiques, médisances, jalousies, tromperies.

4 CAVALIERS : nouvelles importantes, réussite financière.
3 CAVALIERS : fête, réceptions, arrivée inattendue.

4 VALETS : querelles, discussions qui peuvent dégénérer en brouille prolongée si 2 ou 3 des valets sont rapprochés.
3 VALETS : discussions d'intérêt entre parents, rivalité sentimentale.

4 DIX : changement heureux de situation (ou de résidence).
3 DIX : soucis imprévus, mais passagers. Embarras d'argent momentanés.

4 NEUF : chance inattendue. Evénement imprévisible et heureux qui modifiera votre vie.
3 NEUF : réussite dans entreprise prochaine.

4 HUIT : incertitude ; hésitation qui peut retarder réalisation des projets ou les faire échouer.
3 HUIT : bonheur familial, mariage. Voyage probable.

4 SEPT : ennemis qui cherchent à vous nuire surtout si 3 sont rapprochés.
3 SEPT : Naissance dans votre foyer, dans votre famille, chez des amis.

Ainsi que :
6 PIQUES annoncent la maladie dans l'entourage.
7 PIQUES et + : un décès dans l'entourage.

Comment tirer les cartes ?

ಣಲ

– Avant toute chose, je vous rappelle ces quelques règles qui vous permettront par la suite de bien tirer les CARTES.

– Quelle que soit la méthode utilisée, il convient au préalable que vous sachiez disposer et battre votre jeu correctement.

– Dans un premier temps, il convient d'abord de MÉLANGER le jeu en tous sens : ceci afin de laisser au HASARD le soin de décider si telle carte se présentera DROITE ou RENVERSÉE(*); puis vous ramassez le jeu en un tas que vous BATTEZ (toujours face retournée), de façon à ne jamais les voir !

– Ensuite, coupez ou faites couper (main GAUCHE si affaire sentimentale.)

– Au cours du battage, toute carte qui s'échappe du jeu à une signification. De même celle qui se présente *"à la coupe"*.

– Les méthodes pour tirer les cartes sont très nombreuses. J'ai choisi de vous présenter les tirages que je pratique et qui sont les plus faciles à interpréter. Mais bien sûr, si vous le désirez, vous pourrez inventer les vôtres si le cœur vous en dit...

➢ NOTE SUPPLÉMENTAIRE :

– Vous vous demandez sans doute pourquoi je laisse le JOKER dans le jeu de CARTES (pour certains tirages).

– Tout simplement que pour différents tirages, il aura son utilité comme nous allons le voir maintenant...

Les différents tirages.

ঔ ৩

➢ **NOUS ALLONS ENTREPRENDRE CES DIFFÉRENTS TIRAGES**
EN COMMENÇANT PAR :

LES «TIRAGES EXPRESS»
Ou
« RÉPONSE à 1 QUESTION »

A/ LE JEU DU « *OUI* » et du « *NON* »
(Avec 34 cartes : *retirer le JOKER*)
Après avoir mélangé et coupé (ou fait couper) les cartes, choisir (*ou en faire choisir*) **une seule**.
 – Une carte **IMPAIRE** équivaut à un "*OUI*",
 – Une carte **PAIRE** à un "*NON*",
 – Un **PERSONNAGE** à un "*PEUT-ÊTRE*".

B/ MÉTHODE RAPIDE POUR PRÉDIRE LE RÉSULTAT D'UNE ENTREPRISE (*sans le JOKER*)
➢ Concentrez-vous sur la question à poser.
➢ Mêlez et coupez les cartes.
➢ Choisissez dans l'ordre **17 cartes** et éparpillez-les sur la table.
➢ Demandez au consultant d'en indiquer **3**.

Si **AS♥** est parmi ces 3, le succès est garanti ; et si ce dernier est accompagné de **2 cartes de ♣,** il est aussi très proche.

C/ MÉTHODE RAPIDE POUR 1 question SENTIMENTALE.
➢ Après avoir mêlé et coupé les cartes, disposez les **20 premières** sur la table et demandez au consultant d'en choisir **7**.
 ➢ Si le consultant est une **FEMME**, le succès est assuré par la présence du **ROI♥**,
 Si c'est un **HOMME**, il doit sortir la **DAME♥**.
 Dans le *cas contraire*, la réponse est **négative**.

D/ MÉTHODE RAPIDE POUR UNE AFFAIRE.
➤Battez et coupez les cartes, puis disposez-les **9 premières**, face vers la table ;
– Si **AS**♦ fait partie des 9 cartes, *l'affaire en question réussira.*

E/ MÉTHODE RAPIDE POUR UN PROCÈS
➤Mêlez et coupez les cartes, puis prenez-en **13** au hasard.
➤Faites-en choisir **9** au consultant,
qui les mettra face cachée sur la table.
Mêlez, coupez et choisissez-en **6**.
– Si **10**♣ en fait partie, *le triomphe est assuré.*
– **9**♦ ... indique *un renvoi de procès.*
– **AS**♠* ... // *une défaite certaine.*

F/ MÉTHODE RAPIDE POUR LA SANTÉ.
➤ Après avoir battu et coupé les cartes, prenez-en **15**
et disposez-les, face cachée, sur la table.
➤ Si dans ces cartes figure **8**♣, la réponse est favorable et rassurante.
➤ **ROI**♠ indique par contre des problèmes, des maladies,
des opérations chirurgicales.

G/ MÉTHODE POUR SAVOIR SI L'ENFANT SERA UN GARÇON ou UNE FILLE
➤ Après avoir mêlé et coupé les cartes,
demandez au consultant d'en choisir **une**.
Une carte **IMPAIRE**, un **VALET** ou un **7** *NOIR*
➤ Signifient *UN GARÇON.*
Une carte **PAIRE**, une **DAME**, ou un **7** *ROUGE*
➤ Signifient *UNE FILLE.*

H/ MÉTHODE SIMPLE POUR PRÉDIRE APPROXIMATIVEMENT UNE DATE.

– Bien qu'il soit très audacieux de donner une date, vous pouvez toujours tenter pour vos expériences personnelles, ma façon de prévoir une période voir un jour. Même si elle se révèle parfois juste, je ne vous conseille pas de promettre à vos clients une voyance avec des dates précises.

– Indiquez-leur par honnêteté que vous pouvez vous tromper, qu'il est très difficile de définir exactement le temps. Ceci étant dit, voici comment je procède :

➢ J'applique déjà la méthode du *OUI* et du *NON*, employée d'habitude pour obtenir une réponse immédiate
en posant la question suivante :
«Le fait prédit se produira t'il dans les 12 prochains mois ?».

– En continuant, en cas de résultat NÉGATIF, citer l'une après l'autre, les annuités successives jusqu'à l'obtention d'une réponse favorable. Ensuite quand vous « *connaissez* » l'année, vous pouvez essayer de donner une saison, voire un mois.

➢ **VOICI MA MÉTHODE :**
Comme nous l'avons vu dans le 1er cours (1er CHAPITRE), les *"COULEURS"* représentent chacune une saison. **À savoir :**
♦ = PRINTEMPS, ♣ = ÉTÉ, ♥ = AUTOMNE, ♠ = HIVER

POUR DÉFINIR LES MOIS :

– Pour le PRINTEMPS : le premier mois étant MARS = 7♦
– Pour le PRINTEMPS : le deuxième mois étant AVRIL = 8♦
– Pour le PRINTEMPS : le troisième mois étant MAI = 9♦

– Pour l'ÉTÉ : le premier mois étant JUIN = 7♣
– Pour l'ÉTÉ : le deuxième mois étant JUILLET = 8♣
– Pour l'ÉTÉ : le troisième mois étant AOUT = 9♣

– Pour l'AUTOMNE le premier mois étant SEPTEMBRE = 7♥
– Pour l'AUTOMNE le deuxième mois étant OCTOBRE = 8♥
– Pour l'AUTOMNE le troisième mois étant NOVEMBRE = 9♥

– Pour l'HIVER le premier mois étant DÉCEMBRE = 7♠
– Pour l'HIVER le deuxième mois étant JANVIER = 8♠
– Pour l'HIVER le troisième mois étant FÉVRIER = 9♠

➢ Donc, après avoir mélangé et battu les cartes,
les étaler sur la table et en faire tirer **5**.
➢ Rechercher celle qui correspond à la saison et au mois ;
Par exemple dans un tirage de 5 cartes, il est sorti :
8♠, VALET♥, AS♥, 7♠, 10♣.
➢ Nous pouvons supposer que la saison sera *HIVER* (**7 et 8♠**)
et on pourra s'aventurer à dire que la prévision peut sans doute
se réaliser en *DÉCEMBRE* OU *JANVIER*.

Si vous aviez sorti : **8♠, 7♥, 9♦, 8♣, DAME♥.**
Vous ne pouviez que dire : *"au cours de l'année..."*
Puisque les 4 SAISONS étaient sorties.

DIFFÉRENTS TIRAGES
(Autres façons de procéder)

ஐௐ

N°1/ L'ORACLE DES 4 AS.

Une autre possibilité de répondre à « *1 question précise* ».
➤ **UTILISER l'EXCUSE ou JOKER.**
– Poser une question à laquelle l'oracle puisse répondre
Par *OUI* ou par *NON*.
➤ Après avoir battu et couper les cartes,
abattre les **21 premières** du jeu.

➤ Si à la COUPE, vous avec le **JOKER** <u>ou</u> un **AS**,
mettez-le sur la table et comptez-le pour la premier!

<u>Si dans les 21 cartes abattues vous ressortez</u> :
– **4 AS + JOKER** : la réponse est *favorable.*
– **4 AS** : *OUI, avec une aide venant de l'extérieur.*
– **3 AS + JOKER** : *OUI, mais en persévérant.*
– **3 AS** : *une chance sur deux de réussir.*
– **2 AS + JOKER** : *persévérez, mais l'attente sera longue !*

<u>**À NOTER**</u> : que plus il y a **d'AS(*)** (renversés) *la réussite demandera plus d'effort, de patience et de persévérance de la part du consultant !*

N°2/ JEU DES 4 CARTES
(Le passé proche – le présent – le futur proche)
Ce tirage est un aperçu environ
➢ **1 MOIS AVANT jusqu'à 1 MOIS APRÈS la consultation,**
Ce que j'appelle le « tirage de l'IMMÉDIAT »

– **Battre et faire couper les CARTES…
– examiner et interpréter la coupe.
– Abattre les CARTES **2 par 2**
jusqu'à ce que sortent **l'EXCUSE + une autre CARTE****

– <u>Sortez cette dernière</u>, elle fera référence
au **PASSÉ PROCHE et sera** « *PARLANTE* »
Recommencez de ** à ** et ce encore 3 FOIS !

– La seconde CARTE fera référence
au **PRÉSENT et est** « *PARLANTE* »
– La troisième …
au FUTUR PROCHE et est « *PARLANTE* »
– La quatrième et dernière carte tirée sera *NEUTRE*
symbolisant le <u>**SECTEUR**</u>…

Nota : si à la **COUPE**,
vous avez **LE JOKER** (appelé aussi l'**EXCUSE**),
vous « *lisez* » la carte qui suit…

Pour vous aider dans cette pratique, voici comment procéder !
(Page suivante)

VOICI COMMENT LES DISPOSER

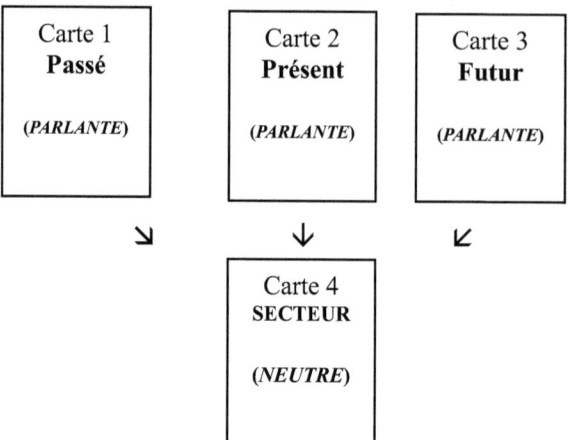

Il vous suffit de commenter les cartes sélectionnées en vous servant des *«associations»*.

➢ A SAVOIR :

Pour le **PASSE PROCHE** : 1re VERS la 4^e
Pour le **PRÉSENT** : 2e VERS la 4^e
Pour le **FUTUR PROCHE** : 3e VERS la 4^e

➤ *PAR EXEMPLE :*
1re CARTE = **10 ♥***
2e CARTE = **ROI ♦*** } 4e CARTE = **10 ♠**
3e CARTE = 8 ♣*

Que vous poserez comme suit :

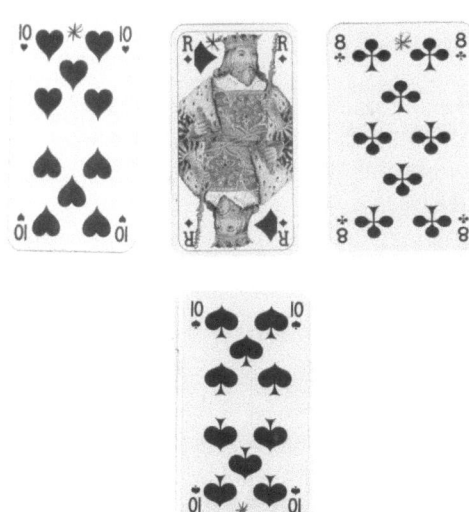

➤ Donc une suggestion d'interprétation :

— *"il semblerait que récemment un problème soit survenu à la maison (ou au foyer)* : **10♥*** vers **10♠**. *Ce problème est certainement dû à la perte d'emploi du mari, du père ou du consultant lui-même* : (**ROI♦*** vers **10♠**.)

— *Lié sans doute à un dépôt de bilan, ce qui entraîne inévitablement une déstabilisation du budget pour les semaines voir mois à venir :* (8♣* vers **10♠**).

N°3/ "TIRAGE DE LA COUPE" (Sans *EXCUSE*)

➢ Brasser, battre et faire couper les cartes. *"Lire"* la COUPE. Remettre le tas (laissé sur la table), sur le DESSUS du tas de COUPE. puis abattre les et interpréter **2 par 2,** en n'oubliant pas que, seule la **carte de GAUCHE est PARLANTE.** Vous pouvez interpréter ainsi tout le jeu.

N°4)/ JEU DU PRÉNOM (*sans EXCUSE*).

➢ Après avoir mélangé, battu et fait couper les CARTES *(en examinant la coupe),* faites-en tirer, avec le tas coupé, autant que de lettres dans **le PRÉNOM.**

– Les étaler en 1 ligne devant vous (de gauche à droite) et donner à chacune son interprétation personnelle.

➢ **N'OUBLIEZ PAS LES GROUPEMENTS DE VALEUR.**

Ensuite, faites-les recouvrir avec le tas restant (même nombre de cartes).

– Interprétez à nouveau les groupes, puis faites l'interprétation de voisinage en tenant compte que la **PREMIÈRE RANGÉE** (*les cartes tirées du premier tas*) **est PARLANTE,** et la **2ᵉ rangée** (*tirée du second tas*) est **NEUTRE** et nous renseigne sur le SECTEUR à analyser …

Pour mémoire :
♦ = **PROFESSIONNEL (activités…)**
♥ = **AFFECTIF**
♣ = **MATÉRIEL**
♠ = **SANTÉ & ÉPREUVES**

➢**Dans votre interprétation,
tenez compte de la situation de votre client.**

PAR EXEMPLE :

– Vous avez en face de vous une femme qui se prénomme MARIETTE, qui est divorcée, avec 3 enfants : 1 garçon (18 ans), 1 fille (16 ans), 1 fille (11 ans). Elle est à la recherche d'un emploi.

– Après avoir mélangé et battu les cartes, elle coupe le jeu et vous avez : **10♥*,** donc vous pouvez déjà avoir un aperçu de l'ambiance familiale (*… qui n'est pas toujours facile !*)

– Vous lui demandez de tirer **8 CARTES** (correspondant au nombre de lettres de son prénom : *MARIETTE*) qu'elle étale devant vous de (votre) **GAUCHE** <u>vers la</u> **DROITE** et que vous interprétez (*comme ci-dessus*), puis vous lui demandez à nouveau 8 autres CARTES que vous rangez dans l'ordre qu'elle les tire, en dessous, toujours **de GAUCHE à DROITE**.

Pour mieux vous faire comprendre,
Reportez-vous à l'exemple suivant :

➢ **1re RANGÉE** dite **"PARLANTES"** qui se *« lisent »* <u>comme elles se présentent</u> : ENDROIT ou RENVERSÉ(*)

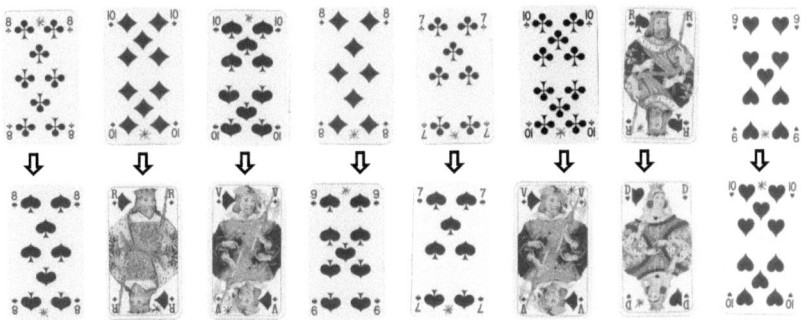

➢ **2e RANGÉE** dite **"NEUTRE"** (représentant *le SECTEUR*)

Dans ce JEU du PRÉNOM :
Les lames se lisent de **HAUT** vers le **BAS**
et en commençant par la GAUCHE
par exemple :
8♣* ➔ 8♠   10♦ ➔ ROI♦   etc.

➢ Dans L'ANALYSE de cet ensemble,
vous constaterez dans un premier temps *l'équilibre* entre le
POSITIF et LE NÉGATIF
(8 CARTES *NOIRES* & 8 CARTES *ROUGES*)

➢ En ce qui concerne les <u>**GROUPEMENTS,**</u>
nous avons : 4♥, 5♠, 3 HUIT, 3 DIX
pour la première rangée… et les **4 DIX** pour l'ensemble !

– Donc, on peut déjà en déduire que cette personne *traverse une mauvaise passe* (**5♠**), *qu'elle est très sensible et sentimentale* (**4♥**).
– *Que le bout du tunnel est proche* puisque : 1re rangée nous avons **3 DIX** (*soucis imprévus mais passagers*) et avec la 2e rangée, nous avons au total les **4 DIX** qui indiquent : *CHANGEMENT HEUREUX DE SITUATION*.
– On peut donc déjà redonner un peu d'espoir à cette personne. De plus, les **3 HUIT** annoncent un *BONHEUR FAMILIAL, un nouvel équilibre dans ce SECTEUR* !

➢ PASSONS MAINTENANT A l'interprétation DÉTAILLÉE.

– **8♣*** peut symboliser *la jeune fille de la maison* (16 ans) *qui, apparemment, est déprimée ou a quelques problèmes de santé* (**8♠**).

– **10♦** vers **ROI♦** laisse penser, tant qu'à lui, que *des démarches auprès d'une entreprise, pourraient porter leurs fruits.*
– *La confirmation semble s'annoncer par un courrier ou un appel téléphonique dans peu de temps.* (**10♠*** vers **VALET♦**). *Les sollicitations peuvent se faire dans un milieu hospitalier ou avec les personnes âgées* (**8♦ vers 9♠**).

– En ce qui concerne **7♣*** vers **7♠**, il annonce des *ennuis passagers, une tracasserie possible avec un enfant – 13 ANS...* (elle a une fille de 12 ans)... mais peu aussi annoncer *une rupture sentimentale pour sa fille de 16 ANS* (**10♣*** vers **VALET♥**) *d'où cet état dépressif vu en premier lieu.*

– Par ailleurs, en ce qui concerne MARIETTE, *elle est à même* (si ce n'est déjà fait), *faire la rencontre d'un homme veuf ou divorcé* (**ROI♠** vers **DAME♥**), *et cette nouvelle relation pourrait être un nouveau départ vers une vie plus harmonieuse* d'où la confirmation donnée par les **4 DIX en GROUPEMENT DE VALEUR**.

➢ Comme vous pouvez le constater, les associations citées dans les différents cours (chapitres) doivent vous servir de «béquille» mais ne doivent pas être citées à la lettre.
– Avec l'expérience et votre intuition aidant, vous saurez faire les synthèses de vos différents tirages et les interpréter en fonction de la situation de votre consultant·e.

➢ Et n'oubliez pas que la PRATIQUE est toujours plus facile que la THÉORIE, car le (la) consultant·e, de par ses confidences, vous aide à mieux cerner la situation et ainsi vous pouvez le (la) conseiller et le (la) guider à travers les différents tirages.

N°5/ JEU DES NEUF ou TIRAGE DES 4 ÉLÉMENTS ou DES 4 COULEURS

(♥ l'affectif – ♣ les finances
– ♦ l'activité **professionnelle** – ♠ les épreuve/la santé)
ce qui donne un élément pour les **4 ASPECTS** essentiels
de la vie quotidienne sur **6/12 MOIS.**

Donc :
➢Avec 36 CARTES (sans L'EXCUSE)
– Mélanger, battre puis faire couper le jeu, examiner _la coupe_.
– Avec le tas de la coupe, faites tirer **9 CARTES** que vous disposerez devant vous.
(Ces 1er tirage représente les **cartes NEUTRES, les SECTEURS à étudier**…
– Ensuite vous allez les classer par catégorie en ligne **verticale**, en commençant par la série ♥ qui représentent l'**Affectif,** une autre ligne par la série ♦ pour l'**activité;** puis 1 ligne avec la série ♣ pour les **finances,** et enfin 1 ligne avec les ♠ pour les **épreuves & la santé.**
(NOTA : Il se peut que l'une de ces 4 couleurs manque : ce qui signifie que le « *SECTEUR manquant* » **n'est pas** une des préoccupations de votre consultant.)
– Avec le tas RESTANT, faites tirer à nouveau 9 CARTES qui seront ***PARLANTES*** et que vous disposerez à GAUCHE de celles déjà en place, dans l'ordre ou elles sont tirées.
– Il ne vous reste plus qu'à interpréter chacun des SECTEURS.

Exemple page suivante pour positionner correctement vos cartes.

➤ 1ᵉʳ TIRAGE :
10♥* – 7♠ – VALET♣* – ROI♠* 10♦*
7♥ – VALET♦ – 8♦ – DAME♣

QUE VOUS DISPOSEZ EN 4 RANGÉES COMME SUIT :

AFFECTIF	TRAVAIL	FINANCES	SANTÉ/ÉPREUVES
1 + 10♥	3 + 10♦	6 + DAME♣	8 + 7♠
2 + 7♥	4 + VALET♦	7 + VALET♣	9 + ROI♠
	5 + 8♦		

➤ 2ᵉ TIRAGE :

– Les cartes seront placées à GAUCHE (*à la place des chiffres*) dans l'ordre indiqué et comme elles auront été TIRÉES…

➤ Étant « *PARLANTES* » maintenir leur sens **ENDROIT ou RENVERSÉ(*).**

– Vous l'aurez constaté, j'ai rangé VOLONTAIREMENT les cartes du 1ᵉʳ TIRAGE, **toutes à l'ENDROIT,** pour que vous compreniez bien que cette rangée est **NEUTRE** *(parle seulement du SECTEUR...)*

N°6/ le GRAND JEU (sur 3 ans environ)
36 CARTES *(sans JOKER)*

– Brasser, battre et faire couper le jeu. Examiner la coupe. Remettre le tas resté sur le dessus. – **Etaler le jeu COMPLET** face contre la table et faire tirer **13 CARTES** que vous retournez et que vous disposez en *demi-cercle* devant vous (de la GAUCHE vers la DROITE).
– Cherchez et interprétez les groupements, puis vous allez assembler les cartes **2 par 2** en tenant toujours compte que les cartes **de GAUCHE** seront *PARLANTES* et les cartes de **DROITE** seront dites **de *"VOISINAGE"** (*donc *NEUTRES).*

> ➢ Procéder de la façon suivante :
– Disposez la **1re carte à votre GAUCHE** (en haut d'une ligne imaginaire)
et placez à sa **DROITE, la 13e CARTE...**
– puis la **2e carte** sous **la 1re de GAUCHE** avec à sa **DROITE, la 12e**,
– **la 3e avec la 11e** etc.
Vous avez ainsi **6 GROUPES DE 2 CARTES. Et il vous en reste 1 !**
Vous la disposez en dernier de la file **à GAUCHE**
et vous en faites tirer
une **AUTRE que vous disposerez à sa DROITE**
pour fermer le jeu !

*Il existe encore une multitude d'autres façons de tirer les cartes,
mais nous arrêterons l'apprentissage
avec ce 7e et dernier tirage ci-après...*

N°7/ MÉTHODE DU TIRAGE EN CROIX
OU
RÉPONSE À « 1 QUESTION PRÉCISE. »

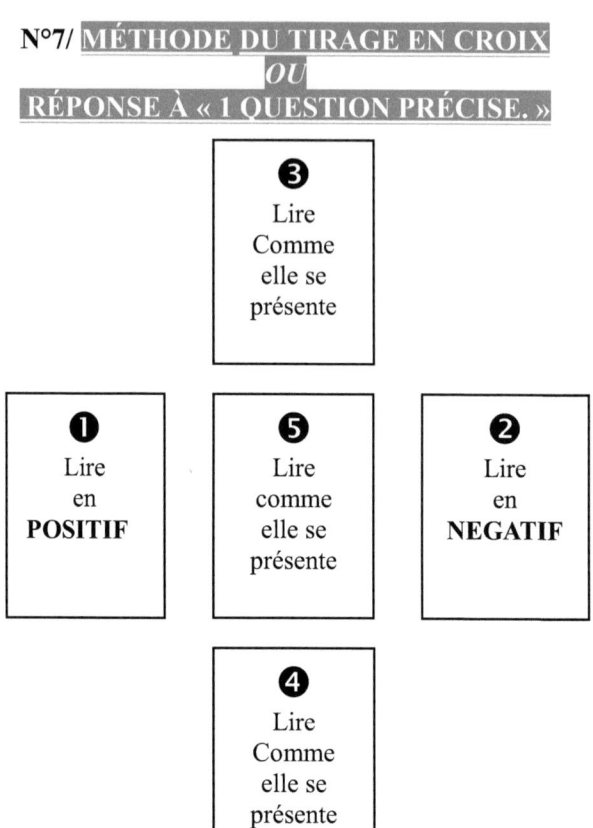

Enlever l'EXCUSE.

Mélanger, battre et faire couper le jeu de CARTES
en demandant au consultant
de penser fortement à la question posée,
– Garder en MÉMOIRE <u>la coupe</u> *(revoir les mots clés).* Elle pourra
donner des renseignements complémentaires à la question posée.
– <u>faire tirer **5 cartes** que vous disposerez l'une après l'autre</u>
– <u>comme sur le dessin ci-dessus.</u>

➢ **La CARTE N°1** représente le consultant et joue
en **SA FAVEUR,** donc sera lue en sens **POSITIF.**

Par exemple : si est tirée **AS ♦*** *(renversée)*
Vous la positionnez : AS ♦ ENDROIT
Mais si **9♠,** vous la positionnez : **9♠*** (RENVERSÉ)
(Les **♠ étant NÉGATIF en position ENDROIT sauf le 7**)

➤ **La CARTE N°2** représente *l'inverse, les oppositions*, ce qui joue **CONTRE** le consultant.
Donc sera lue en sens **NÉGATIF.**

Par exemple : est tirée : **DAME♦* (RENVERSE)**
il faudra la positionner : **DAME♦ (ENDROIT)**

Si **8♠ ENDROIT** : (la laisser... puisque renversée(*) lui donnerait un sens MOINS négatif !)

➤ **Les CARTES N°3, 4, 5,** seront lues dans la position tirée !
 – LA **3ᵉ** CARTE éclaire sur les **CIRCONSTANCES, LES POSSIBILITÉS, LE BUT.**
 – LA **4ᵉ** CARTE donne le **1ᵉʳ VERDICT.**
 – LA **5ᵉ** CARTE représente **la réponse définitive.**
 (Confirmée ou modifiée par **rapport à la 4ᵉ**).

➤ **Voici un EXEMPLE :**
– *Imaginons une femme se préoccupant pour la santé d'un membre de son entourage.*
Elle tire les cartes suivantes :

Pour la position 1 :	**9♠**
Pour la position 2 :	**7♠**
Pour la position 3 :	**AS♥**
Pour la position 4 :	**ROI♠**
Pour la position 5 :	**AS ♣**

➢ Donc vous les positionnez :

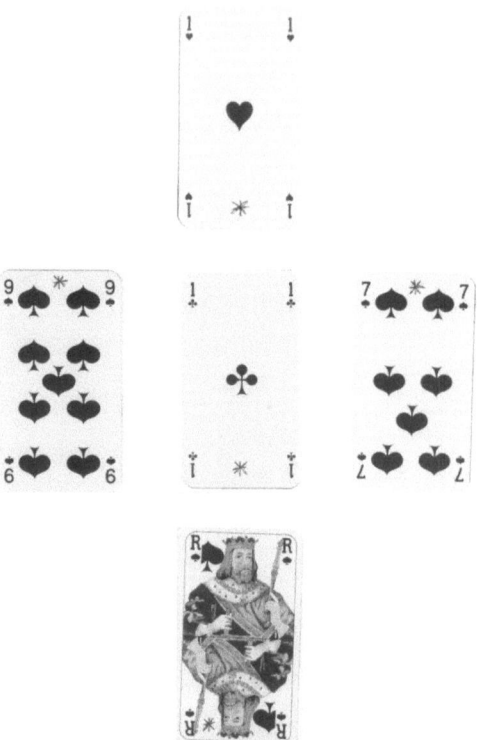

Soit :
➢ *Pour la position 1:* **9♠** *devient* **9♠***
(Puisque interprété **en POSITIF**,
donc sa **négativité** naturelle est allégée !)
Cette position joue en **FAVEUR** du consultant
ou en CELLE de la personne pour qui la question est posée…

➢ *Pour la position 2:* **7♠** *devient* **7♠*** (puisque son côté POSITIF naturel s'interprète en **NÉGATIF**…
– Cette position **joue CONTRE** le consultant ou la personne pour qui la question est posée... Elle représente les **OBSTACLES à surmonter…**

➢ À NOTER que s'il s'était présenté au tirage **7♠***, l'interprétation se ferait dans ce sens, puisqu'en **position 2** !

➤ *Pour la position 3 :* **AS♥** s'interprète dans le sens tiré !
— S'il avait été tiré en **AS♥*,** il aurait fallu « lire » « *annonce tant qu'à lui, une joie de courte durée...* »

➤ *Pour la position 4 :* **ROI♠** IDEM à 3 !
— S'il avait été tiré en **ROI♠*,** il aurait fallu « lire » : « *incompétence médical...* »

➤ *Pour la position 5 :* **AS♣** IDEM à 3 & 4 ! S'il avait été tiré en **AS♣*,** il aurait fallu « lire » : « *Annonce encore des obstacles à surmonter, le triomphe sur la santé ou les problèmes énoncés semblent pouvoir être évités ou moins important que prévu !..* ».

➤ Voici l'analyse qui pourrait être faite en réponse à la demande formulée :

1/ **9♠*** présage un problème de santé très sérieux, <u>mais puisqu'il joue en faveur</u> du malade, la maladie n'est pas fatale et les obstacles peuvent être surmontés.

2/ **7♠*** lui, annonce un problème difficile à résoudre (**joue CONTRE**) (*sans doute un état dépressif, le manque de moral et de foi*) ce qui n'arrange pas la santé du malade.

3/ **AS♥** informe tant qu'à lui, une grande joie, une surprise inattendue.

4/ **ROI♠** représente le MÉDECIN énergique et compétent puisqu'il sort : **ENDROIT**)

5/ **AS♣** augure le triomphe sur tous les problèmes (santé entre autres).

➤<u>Donc on peut en conclure que</u> « *malgré la gravité de l'état de santé de la personne, en suivant les bons conseils de son médecin, en essayant de retrouver la foi en l'avenir et en gardant le moral, il s'en sortira ! De plus* **AS♥** *annonce un fait nouveau qui fera sans aucun doute sortir le malade de son état dépressif, ce qui lui redonnera la volonté et la force de se battre.* »

DEVOIR N° 10

À partir de ce que vous avez appris dans Ce chapitre 7,

réalisez les exercices du devoir 10.

Pour les lecteurs utilisant une tablette, liseuse, PC…
les exercices imprimables de ce devoir 10
peuvent être téléchargés en version PDF
en cliquant sur le lien ci-dessous :

[Télécharger la fiche d'exercices (PDF)](#)

(Le fichier peut s'ouvrir ou se télécharger selon votre appareil.)

DEVOIR 10

ෂාරෑ

➤ Vous recevez en consultation **3 PERSONNES DIFFÉRENTES.**

Essayez pour chacune d'elle, d'établir une VOYANCE.
Imaginez-vous chaque personne en face de vous.
➤ *Quels conseils lui donneriez-vous en fonction*
de sa situation ou demande…

1ʳᵉ PERSONNE : France. Elle a 28 ans, cheveux foncés, célibataire, agent commercial.
Se préoccupe principalement pour sa vie sentimentale
(Toutefois, n'oubliez pas que vous faites une voyance complète
= *tous SECTEURS***.)**

➤ 1 /Pour le tirage de **L'IMMÉDIAT**
Elle tire les cartes suivantes :
8♥* – 8♣ – CAVALIER♦
+ **AS ♥**

➤ 2/ Pour le tirage du **PRÉNOM** elle tire : (FRANCE = 6 cartes)
9♠ – 10♦ – AS♦ – ROI♠ – ROI♥ – VALET♥
Puis :
9♦ – 7♣ – 10♥ – ROI♣ – CAVALIER♣
– CAVALIER♠

➤ 3/ Pour le tirage des **4 ÉLÉMENTS**
VALET♠* – 10♠ – 9♥ – 10♣ – DAME♠* – AS♦*
– ROI♥ – DAME♥ – 7♦
Puis :
VALET♦* – 9♣ – 8♣ – 8♦ – 10♦* – CAVALIER♠
– 8♠* – DAME♣ – ROI♣

➢ **4/** Pour le tirage du GRAND JEU
VALET♥ – 8♣* – ROI♠* -9♥ – 10♥ – CAVALIER♣*
– DAME♦ – 7♥ – 9♣* – 10♠ – 10♦ – 8♥* – VALET♠*
+ **7♣**

➢ **5/** Et pour finir : sa QUESTION PRÉCISE :
« *Connaîtrais-je la joie de la maternité ?* »
Elle tire dans l'ordre : **DAME♥*** – 7♥ – 7♠ – 7♣ – AS♥
Positionnez les CARTES et faites la synthèse de cet ensemble.

****

2ᵉ PERSONNE : vous recevez ERIC, marié 40 ans – 2 enfants
– une fille de 16 ans et une de 8 ans. – Il travaille en usine.
– Ses préoccupations premières : **vie affective et santé.**

➢ **1/** Pour le tirage de L'IMMÉDIAT il sort :
DAME♠* – 8♠ – 10♣
+ 9♥*

➢ **2/** Pour le tirage du PRÉNOM il sort :
DAME♣ – 9♣ – ROI♥* – AS♥*
Puis :
9♥ – CAVALIER♥ – AS♠ – VALET♠*

➢ **3/** Pour le tirage des **4 ÉLÉMENTS :**
CAVALIER♣* – 8♣ – 10♥* – 8♦ – AS♠* – CAVALIER♥
– 9♠* – CAVALIER♦* – 10♠*
Puis :
VALET♠ – ROI♦* – VALET♦ – CAVALIER♠
– DAME♦ – AS♥* – ROI♥* – 10♦ – VALET♥

➢ **4/ Pour le tirage du GRAND JEU...**
9♣* – 8♠ – ROI♦* – DAME♠ – AS♥* – VALET♦*
– ROI♣* – 7♣* – 8♦ – 10♣* – 9♥ – 7♥* – VALET♥
+ <u>7♦</u>*

➢ **5/ ... sa QUESTION PRÉCISE :**
« *Resterais-je jusqu'à la retraite dans cette même usine ?* »
Dans l'ordre :
ROI♦*   10♦   9♣   7♠*   9♦*
Positionnez les CARTES et faites la synthèse de cet ensemble.

****

3ᵉ **PERSONNE :** nous terminons avec HENRI
– en divorce – 59 ans – à son compte
et 1 fils (25 ans) (*son avenir en général*).

➢ 1 **pour le tirage de L'IMMÉDIAT** il sort :
9♠ – AS♦ – ROI♦
+ <u>7♠</u>

➢ **2/ pour le tirage du PRÉNOM,** il sort :
8♠ – CAVALIER♠ – 7♠ – VALET♥ – DAME♦*
Puis
DAME♥ – 8♣ – CAVALIER♦ – 9♥ – 8♦

➢ **3/ Pour le tirage des 4 ÉLÉMENTS**
DAME♠* – 9♠ – ROI♣* – AS♠* – 10♦ – 8♦* – ROI♦*
– ROI♥ – 7♣*
Puis :
DAME♣* – AS♥* – 9♥* – DAME♦* – 8♠ – 7♥ – 10♣*
– 7♦ – VALET♣*

➤ 4/ pour le tirage du **GRAND JEU...**
10♥ – 8♥ – 7♣* – DAME♦ – 7♦* – ROI♠*
– VALET♥ – CAVALIER♣* – 10♦* – ROI♥ – ROI♣*
– VALET♦* – 9♠
<u>+ AS♣*</u>

➤ 5/ ... sa **QUESTION PRÉCISE**
« *Mon fils réussira-t-il sa vie sentimentale ?* »

DAME♦*   DAME♠*   VALET♠*   9♦   AS♣
Positionnez les CARTES et faites la synthèse de cet ensemble.

Pour les lecteurs utilisant une tablette, liseuse, PC…

Les CORRIGÉS (D.10) de ce CHAPITRE 6

peuvent être téléchargés en version PDF
en cliquant sur le lien ci-dessous

[Télécharger la fiche de corrigés (PDF)](#)

(Le fichier peut s'ouvrir ou se télécharger selon votre appareil.)

***(Pour les lecteurs papier…
retrouvez les corrigés au chapitre 7)***

Les CORRIGÉS

Des

10 DEVOIRS

CORRIGÉS DU DEVOIR 01

➢ **RÉPONSE QUESTION 1 :**

a) INFIRMIÈRE = **DAME♣** (la DAME, *côté personnage*, représente une femme, et ♣ est synonyme de personnalité active et énergique).

b) BANQUIER = **ROI♣** (le ROI, *côté personnage*, représente un homme, le ♣ est principalement lié à l'argent.)

c) UN HOMME D'AFFAIRES = **ROI♦** (le ♦ est principalement lié à l'activité intellectuelle et professionnelle).

d) LE FACTEUR = **VALET♦** (Le ♦ symbolise entre autre, toutes les formes d'expression : lettres, téléphone... **Le VALET♦** est considéré comme un MESSAGER.

e) UNE FEMME SOUFFRANT DE LA SOLITUDE = **DAME♠** (LE♠ symbolise la mélancolie... entre autre, la froideur et les désagréments.)

f) UN AMI SINCÈRE = **ROI♥** (le♥ est la « *couleur* » des sentiments, du réconfort, de l'amitié...)
Cavalier♥ *ou* **valet♥** sont également une bonne réponse ! (question d'âge !)

g) LA MAISON – LE FOYER = **10♥** (le **10** symbolise quelque chose d'important ; le ♥ parle de vie familiale.)

➢ **RÉPONSE QUESTION 2 :** Une prédominance de grands chiffres : **10 et 9.**

➤ RÉPONSE QUESTION 3 :

– **ROI♠:** = (homme adulte) *à la personnalité forte, puissante et influente* = JUGE, HOMME DE LOI, PRÊTRE,, homme de RELIGION, CHEF D'ÉTAT...

– **VALET♠:** *un homme jeune, violent, agressif.*

– Les ♠ représentent *la dureté, l'intolérance...*

– **Le 9♠* (renversé) :** *gros problèmes, mais surmontables par la force du caractère.*

– **Le 9♠ (endroit),** carte la plus négative du jeu est synonyme *de tristesse, d'épreuves, de graves problèmes de santé...*
Mais puisqu'elle est RENVERSÉE (*), la négativité est atténuée et peut être considérée comme un avertissement.

➤ RÉPONSE QUESTION 4 :

L'ARGENT ! C'est sans doute une personne très matérialiste, qui a de sérieux problèmes financiers, un joueur ou un mauvais gestionnaire si les cartes se présentent **(*) renversées**).

– Si les cartes sont en majorité à l'**ENDROIT**, cette *personne aime l'argent, un pingre... les sentiments passent au second plan.*

➤ RÉPONSE QUESTION 5 :

Les **AS** sont les lames **les plus importantes** et :

a) Ils symbolisent un changement (*BON* ou *MAUVAIS*) suivant leur position !

– Exemple :– Les 4 AS **endroits** = *changement BIENHEUREUX et RAPIDE* !

– Les 4 AS *** (renversés)** : *changement DOULOUREUX.*

– 3 AS **endroits** + 1* = *CHANGEMENT attendu mais retardé.*

– 2 AS **endroits** + 2* = *CHANGEMENT mitigé. (Des satisfactions et insatisfactions dans le changement).*

– 1 AS **endroit** + 3* = *s'attendre à des déceptions sur les changements souhaités ou changements qui ne se font pas, ou différents des espoirs.)*

b) Ils marquent la fin d'un cycle et le début d'un autre et **symbolisent** l'essentiel de chaque suite c'est-à-dire que pour chaque couleur de♦♣♥♠, l'AS est la lame la plus importante et qu'il évoque un changement ***BON*** ou ***MAUVAIS***, suivant sa position.

➤ RÉPONSE QUESTION N°6 :

– SI VOUS AVEZ ☒ **A** : Vous risquez de le traumatiser ! Et n'oubliez pas que vous <u>pouvez vous tromper dans votre prédiction !</u>
Vous avez pu ressentir le décès d'un être cher ou un grave problème de santé.

– SI VOUS AVEZ ☒ **C** : En VOYANCE, il est difficile de donner une date exacte ! Et puis laisser le véhicule au garage, si c'est un individu très influençable et pessimiste, il risque de ne jamais la reprendre ! Prendre son vélo en remplacement en se croyant en sécurité et se faire RENVERSÉ (*) par une voiture !...

– SI VOUS AVEZ ☒ **B** : vous avez (auriez) bien répondu.
Car en lui conseillant la prudence sur la route, en lui suggérant de "*relever*" un peu le pied, de respecter la limitation de vitesse, de mettre les feux de croisement en temps de brouillard... Sans le traumatiser, vous lui faites prendre conscience de son imprudence au volant et étant prévenu, il peut éviter un accident grave ou tout au moins l'atténuer.

NOTA : *Ne rien dire* ne serait pas une solution ! Car il vous en ferait le reproche de ne pas l'avoir prévenu.
– En répondant B, il est prévenu en douceur !

➤ RÉPONSE QUESTION N°7 :

☒ **A** : Cela ne serait pas très courtois et donnerait une mauvaise image de vous-même. Avec une telle réaction, que pourrait-elle penser ?... Je vous laisse à votre imagination !

☒ **B : OUI, bonne case !**
Vous devez expliquer à cette personne, avec tact et diplomatie, que vous respectez le secret professionnel, que son conjoint est venu se confier à vous et que vous tenez à mériter cette confiance et que vous ne vous autorisez pas à divulguer ce qui a été dit, que de toute façon, vous ne vous souvenez pas des détails (ce qui bien souvent vrai). De plus cette personne ne vous en voudra pas ; bien au contraire, vous la mettrez en confiance et à son tour, sera rassurée sur votre discrétion si les rôles (entre conjoints) venaient à être inversés.

☒ **C : *Et le secret professionnel, qu'en faites-vous ?***
NOTA : Ces conseils sont aussi valables pour toute autre individu (mère, fille, relations amicales…) Si la personne reçue en consultation essaie d'avoir des révélations sur une amie par exemple ; PRUDENCE ! Car il s'agit souvent d'indiscrétions ; restez plutôt évasif.ve ; car bien fréquemment, l'on cherche à avoir des renseignements sur autrui par notre intermédiaire…
N'OUBLIEZ PAS VOTRE BONNE RÉPUTATION !

Dans vos DEVOIRS… Détaillez vos réponses ! Imaginez-vous RÉELLEMENT en train de faire **une voyance par COURRIER !**

– Imaginez que les questions des devoirs sont des **DEMANDES RÉELLES** de CONSULTANTS par **correspondance.**
– Donnez-leur des *détails* sur ce que vous « voyez, ce que vous ressentez » des *conseils* …Ceci facilitera votre apprentissage et vous mettra dans l'ambiance d'une RÉELLE INTERPRÉTATION en VOYANCE.

CORRIGÉS DU DEVOIR 02

➤ RÉPONSE À LA QUESTION N°1 :

a) vous devez refuser une divination en groupe ! La voyance n'est pas un JEU mais un ART DIVINATOIRE qui a pour but d'aider autrui.
b) vous n'avez pas à démontrer vos talents pour satisfaire leur curiosité.
c) Si dans le groupe d'amis, une personne est vraiment intéressée, suggérez-lui de venir vous voir quand vous *serez* plus disponible. La VOYANCE se pratique dans la détente et non sur le "pouce".

➤ RÉPONSE À LA QUESTION N°2 :

– Vous devez lui faire comprendre *(même si le jeu est très parlant)* que vous ne pouvez pas vous permettre de porter des accusations catégoriques, car vous pouvez vous tromper dans l'interprétation. Soyez diplomate, même si vous ne connaissez pas cette femme, rien ne vous autorise à la juger sévèrement, même pas au travers d'un jeu de TAROT ! Donc, voici une interprétation à envisager dans cette situation :
– «Il me semble effectivement que votre épouse n'est pas sans reproches, mais bien sûr, je ne peux affirmer ses agissements sur une intuition. Il n'est pas impossible que le négatif que je ressens venant d'une femme qui gravite dans votre entourage soit une autre personne que votre épouse »
<u>VOUS NE MENTEZ PAS,</u> car il est fort possible que la personne que vous "voyez" dans vos cartes n'est pas sa femme, mais une autre qui pourrait lui correspondre et qui se réjouit de la situation, qui manipule sournoisement, qui cherche à détruire cette épouse et qui fait tout pour essayer de se faire passer pour elle.
– Par ailleurs, si votre client vous montre la photo de sa conjointe et vous demande d'utiliser le pendule, là encore, vous ne pouvez pas être catégorique ! Le pendule peut vous mettre sur une mauvaise piste.
– Et puis, en agissant ainsi, non seulement vous ne portez pas d'accusations directes, ce qui vous met à l'abri d'éventuels ennuis en retour, mais vous pouvez sans le savoir, soulager ce MONSIEUR, qui

au plus profond de lui-même, à garder un faible espoir que son épouse ne soit pas aussi frivole.

– N'oubliez pas qu'il l'a aimée puisqu'il l'a épousée ! Par ailleurs, il n'est certainement pas lui-même sans défauts et il a sans aucun doute, une part de responsabilités dans cet échec.

➤ RÉPONSE À LA QUESTION N°3 :

– Là encore, le jeu laisse penser à la faillite mais ne l'affirme pas, car il y a toujours une solution !

    1) Ce n'est pas encore arrivé, donc il reste des possibilités.

    2) La faillite est présente, mais ne jamais oublier qu'après la pluie, le beau temps !

<u>Donc voici une suggestion d'interprétation dans un cas semblable :</u>

– *"Effectivement, vous semblez être dans une situation financière peut enviable, mais vous ne devez pas baisser les bras, car il y a toujours une solution ! Dans un 1er temps, ayez une gestion très rigoureuse, au jour le jour, et faites les démarches auprès des organismes susceptibles de vous apporter une aide (la mairie, une assistante sociale...) Vous devez restreindre vos dépenses au maximum. Commencez par régler les factures les plus anciennes et envoyez des courriers pour demander des délais de payements (qui ne pourront être refusés). Bien sûr, de votre côté, tenez et respectez vos engagements. Et si malgré tous vos efforts, vous devez subir un dépôt de bilan, une faillite, vente de biens..., Le monde ne s'arrêtera pas de tourner pour autant. Il faudra vous servir de cette expérience négative pour repartir sur de bonnes bases en évitant de retomber dans le même piège ; mais vous en êtes pas encore là, et si vous êtes suffisamment vigilant dans vos dépenses et que vous faites le maximum pour essayer de vous sortir du pétrin, vous pourrez triompher de cette mauvaise passe !»*

– Dans ce genre d'interprétation, vous aurez fait preuve de tact et de psychologie.

C'est à dire que vous aurez donné, malgré tout, un message POSITIF à cette situation qui au premier abord vous semblait un désastre ! Vous aidez ainsi votre consultant à tourner à son avantage toute perspective d'échec en lui redonnant une lueur d'espoir tout en restant dans la vérité.

– N'oubliez pas que nous sommes là pour aider autrui, que la personne

qui consulte a besoin de réconfort tout en cherchant une solution à son problème.
– Pratiquer la VOYANCE, c'est aussi apporter des conseils judicieux, leur servir en quelque sorte d'assistant·e social·e, de confident·e, et il ne faut pas hésiter à donner de bonnes adresses si vous en connaissez !

➢ RÉPONSE À LA QUESTION N°4 :
    a) il fallait répondre : 10♠.
À plusieurs reprises, dans les associations, c'était énoncé en toutes lettres. Par exemple dans le «mariage» **AS♦ + 10♠** = *réponse favorable IMMINENTE.*
    b) <u>partie de la journée :</u> *SOIR* (tombée du jour), la nuit.
    c) <u>la saison :</u> *l'HIVER*
Les ♠ symbolisent la nuit, l'hiver...

➢ RÉPONSE À LA QUESTION N°5 :
DAME♦ + ROI♦* est égal à : **DAME♦ + ROI♦**
    – Comme nous l'avons vu la fin du chapitre 2, les cartes **DE GAUCHE** sont celles dites : *« PARLANTES »* et les cartes de **DROITE** sont *"NEUTRES"*.
    – Pour faciliter votre apprentissage, quand vous mettez les cartes dites *« NEUTRES »*, <u>positionnez-les systématiquement</u> à **l'ENDROIT** ; ainsi vous ne serez pas "tenté·e" de les interpréter renversées (*).

➢ RÉPONSE À LA QUESTION N°6 :
– On peut en déduire que la personne traverse ou est sur le point de traverser une mauvaise période, mais pas aussi dramatique qu'elle pourrait laisser supposer, puisque la majorité des cartes se retrouve renversée (*).
– Mais, si dans la série **7♠*** est lui aussi à **l'envers**, on peut sup-poser que l'individu devra se battre davantage pour surmonter les épreuves. (Ceci sera approfondi dans le chapitre relatif à la série des ♠).

CORRIGÉS DU DEVOIR 03

ೞೃಌ

➢ RÉPONSE À LA QUESTION N°1 :

– D'après la prédominance des ♦ X 4, symboles du <u>TRAVAIL</u> et des ♣ x 4, ceux des <u>FINANCES</u>, on peut effectivement penser que *ce jeune homme recherche sérieusement un emploi et qu'il est motivé par un besoin pressant d'argent.*

– *Sa situation n'est ni catastrophique ni enviable.* **7** cartes de "couleur ***ROUGE***" pour **7** cartes de "couleur ***NOIRE***"

– Par ailleurs, il semble *qu'il a de nombreux contacts* : **une majorité de PERSONNAGES.**

– *L'urgence pécuniaire se confirme* par l'association :
AS* + **VALET♣*** = *refus d'aide financière* (sans doute par le banquier) mais qui peut être également : *une lettre réclamant de l'argent, des échéances qui arrivent à terme, etc.*

– Malheureusement, ce tirage ne donne peu d'espoir pour l'immédiat. Les renseignements fournis à son égard ne sont pas vraiment positifs avec : **7♦*** + **DAME♦**. De plus, outre le *« mariage »* : **AS♦*** + **VALET♣…** **L'AS♦*,** interprété seul, confirme bien que « *en cas d'attente pour un emploi, la candidature risque d'être rejetée, les projets retardés… ».*

LES CONSEILS QUE L'ON PEUT LUI DONNER :

a) *tout d'abord, bien que le tirage ne soit guère réjouissant pour l'immédiat, il faut l'inciter à continuer les démarches, même si dans un premier temps, les réponses sont négatives. La persévérance finit toujours par devenir payante.*

b) *il doit faire preuve de patience et avoir davantage confiance en lui* **(7♦*)** *et lui conseiller de rester très discret dans ses confidences car une personne à l'influence néfaste* **(DAME♦)** *gravite dans son entourage. Elle peut répandre des calomnies qui empêchent une évolution favorable.*

<u>Donc, en synthèse :</u> "*ne baissez pas les bras, persévérez dans vos démarches, et restez discret. Ne vous fiez qu'à des personnes sûres !*

➢ RÉPONSE À LA QUESTION N°2 :

– On a déjà une vue d'ensemble. Cet homme aime son travail et ce dernier tient une place importante dans sa vie : **6 ♦ pour 12 CARTES**, dont **8 *ROUGES*** contre **4 *NOIRES*** et **1 SEULE de ♣**!

– Par ailleurs, viennent en 2ᵉ position les ♣ (x 3) qui vont de pair avec l'activité **(travail – argent)**. Cette personne semble plutôt sociable (majorité de *"têtes"* bien qu'avec un caractère quelquefois difficile : **(3 "Têtes" renversées(*) + valet♠.)**

– En regardant les lames qui *"parlent"* de **l'activité**, on peut rassurer le consultant car :

6 cartes de ♦ + VALET♠ *peuvent annoncer une promotion, tout au moins rassurant sur la position actuelle et signalent que malgré des manœuvres de certains collègues jaloux, il triomphera ! Toutefois, il pourrait y avoir des commérages qui circulent à son encontre :* **7♦* + AS♦**, *ce qui risque de le mettre en colère, à moins que ce ne soit des bavardages qui laissent présager des difficultés au sein de l'entreprise.* MAIS **VALET♦** *montre son ambition et rassure, en ce qui concerne un danger évité. De plus, en collaborant, il avancera comme il le souhaite, car il bénéficie,* avec **ROI♦**, *de protections extérieures très utiles à son évolution.*

LES CONSEILS QUE L'ON PEUT DONC LUI DONNER :

– *"N'écoutez pas les bruits de couloir ! Si des licenciements devaient avoir lieu, vous n'êtes pas sur la liste ! Il se pourrait même que vous ayez d'ici quelque temps, une promotion ! »*

CORRIGÉS DU DEVOIR 04

➢ RÉPONSE À LA QUESTION 1 :

1/ 8♣: Bien que la teinte de cheveux ne correspond pas vraiment à cette lame, (mais n'oubliez pas que cela est secondaire), la nature « DYNAMIQUE », synonyme d'initiatives ainsi que le tempérament « SANGUIN » (qui s'emporte vite) se reporte bien à la série ♣ : *une personnalité active et énergique.*
Répondre **DAME ♣** était également bon.

2/ ROI♦* *ou* CAVALIER♠ : Si vous avez répondu **ROI♦***, la réponse est bonne. Bien qu'en général, cette lame représente plutôt un homme entre 50 et 60 ANS (là encore l'âge peut être légèrement différent).

— Si vous avez répondu **CAVALIER♠**, la réponse est également bonne puisque les «CAVALIERS », côté personnages, représentent des hommes de 40 ANS environ et que le ♠ est synonyme de « *force de caractère* » voir de « *violence* ». (Par contre, la teinte de cheveux ne correspondait pas.)

3/ DAME♦ *ou* DAME♦* : Ici, la réponse était facile, il suffisait de vous reporter aux caractéristiques.

4/ 7♥* : Cette réponse n'était pas évidente vu que nous n'avons pas encore étudié cette « SÉRIE ». Mais en faisant travailler votre imagination et surtout, si vous avez bien lu les associations, le 7♥ fait souvent allusion à un jeune enfant, et en vous référant au chapitre N°1 : les ♥, côté personnages, laissent supposer des CHEVEUX et YEUX CLAIRS à la personnalité DOUX, et l'interprétation (*) symbolise ici le tempérament insociable : TIMIDE voir SOLITAIRE.

5/ ROI♣* : Ici, la réponse était plutôt facile. Vous aviez pratiquement l'explication donnée dans les caractéristiques *«ne pas prendre les conseils donnés à la lettre »* et *« pas très honnête ».*

➤ RÉPONSE À LA QUESTION N°2 :

On peut déjà dire que l'ensemble est plutôt positif avec toutes les CARTES PARLANTES en <u>POSITION POSITIVE</u>.
Sauf 1 : **DAME♣***

a) <u>**10♦ + 9♦**</u> *conseillent de régler les affaires en suspens avant d'entreprendre autre chose.*

b) <u>**DAME♣* + 8♦**</u> *annoncent la visite déplaisante d'une femme (généralement brune).*

c) <u>**7♦ + VALET♣**</u> *nous montrent le (la) consultant·e comme une personne sérieuse dans sa gestion financière.*

d) <u>**AS♦ + AS♣**</u> … *Une très bonne nouvelle concernant les finances.*

e) <u>**DAME♦* + ROI♣**</u> *signalent qu'une intrigante sera confrontée à ses mensonges.*

<u>Donc, la synthèse que l'on peut suggérer de cet ensemble :</u>
– *"Votre avenir **professionnel** est sous les meilleurs auspices ; la réussite vous semble promise, toutefois 2 mises en garde s'imposent :*
   1) vous devez, avant d'entamer tout nouveau projet, vous acquitter de ce que vous avez entrepris.
   *2) vous devez vous méfier de votre **entourage** (sans doute professionnel), car la jalousie d'une femme pourrait vous être néfaste. Mais apparemment, vous saurez déjouer ses manœuvres. Il n'est pas impossible que cette personne se déplace jusque chez vous, ce qui vous irritera.*
– *En ce qui concerne **vos finances**, grâce à votre gestion rigoureuse, vous ne devriez pas connaitre de tracasseries majeures. »*

➤ RÉPONSE À LA QUESTION N°3 :

– Bien que l'honnêteté soit primordiale, il est tout de même conseillé de minimiser la situation.

a) cette femme vient vers vous pour lui remonter le moral (*ce qu'elle vous a laissé entendre en prenant rendez-vous*).

b) vous ne pouvez pas être sur·e à 100 % de vos prédictions ! Peut-être que le tirage reflète tout simplement ses craintes, ses angoisses ...

➤<u>Donc, comme interprétation, de façon à ne pas "MENTIR" mais lui redonner un peu d'espoir, il est conseillé de lui dire :</u>
-*"Il est vrai que votre mari est encore bien fragile, que son état est encore précaire, qu'il risque, s'il ne se repose pas suffisamment, d'être victime d'une autre attaque assez sérieuse ; mais en étant très vigilant et avec un suivi médical régulier, il peut surmonter ce cap difficile. Il lui faut du repos, le minimum de tracasseries et un bon moral ; et si de votre côté, vous retrouvez le sourire et que vous soyez moins soucieuse, vous lui "transmettrez" ainsi votre énergie positive, ce qui pourra lui être bénéfique".*

➤ Avec ce genre de formule, vous dédramatisez le tirage des CARTES, tout en laissant supposer qu'il y a des risques de rechute, mais qu'il y a aussi des possibilités de guérison à long terme. Ainsi, vous aurez malgré tout, remonté le moral de votre cliente et si un "veuvage" survenait, elle serait cependant, préparée à cette éventualité.

➤ J'insiste bien sur le fait qu'il ne faut jamais être catégorique dans vos prédictions (bonnes ou mauvaises.) <u>Vous avez une marge d'erreurs !</u> Mais toujours faire preuve de TACT.

– Ne JAMAIS mettre le moral de votre consultant à ZÉRO !
– Ne JAMAIS lui faire espérer "MONTS et MERVEILLES» !

CORRIGÉS DU DEVOIR 05

➢ **RÉPONSE À LA QUESTION N°1 :**
Autres suggestions d'interprétation…

1/ **AS♦ + AS♣* :**
   a) **AS♦** peut indiquer *des documents importants...*
   b) **AS♣*** peut faire référence à *un héritage, une donation ...*
   Donc, on peut donner comme interprétation éventuelle :
– *"Vous allez sans doute avoir prochainement en votre possession des documents importants qui vous annonceront un héritage ou autre".*

2/ **CAVALIER♣* + DAME♦* :**
   a) **CAVALIER♣*** (en position *renversée*) et se trouvant en *"mariage"* avec un personnage **(DAME),** laisse supposer *une dispute avec une personne : soit une inconnue, soit milieu professionnel :* ♦)
   b) **DAME♦*** fait référence la plupart du temps, *à une femme malveillante, une intrigante...*
   Donc, on peut suggérer comme interprétation :
   "Vous pourriez avoir à faire à une personne malveillante qui cherchera à vous nuire, méfiez-vous !"

3/ **ROI♣ + DAME♣* :**
   a) **ROI♣** parle d'un *homme honnête, bienveillant.*
   b) **DAME♣** en général représente *son épouse.*
– Donc on peut parler d'un couple "sain", de la fidélité de l'époux puisque la carte dite *« PARLANTE »* est le **ROI.**

NOTA : si vous avez bien suivi les cours jusqu'à présent, vous devez avoir pris l'habitude d'interpréter les cartes dites *« NEUTRES »* en POSITION ENDROIT.
– Car ici, dans le *"mariage"* : **ROI♣ + DAME♣*,** on pourrait supposer que *l'épouse n'est pas aussi sincère,* mais dans le jeu, il s'agit des sentiments de l'homme (d'où l'interprétation dans ce sens.
Si les sentiments étaient de la femme on aurait eu :
DAME♣* + ROI♣.

4/ AS♦ + AS♣
En principe, l'interprétation prend le même sens que **1 (ci-dessus)**.
Mais pour mieux vous faire appréhender toute sorte d'interprétation, voici une autre possibilité :

    a) AS♦ peut inciter à *aller de l'avant, à vous affirmer, à avoir confiance en l'avenir*.

    b) AS♣ annonce *un triomphe, un succès inespéré, tant dans le SECTEUR financier qu'autre*.

    Donc on peut suggérer comme interprétation :
– *"Prenez des initiatives, ayez confiance en vous, car l'avenir est prometteur. Quels que soient les problèmes actuels, vous devriez en triompher !"*

5/ VALET♦ + 7♣ :
a) VALET♦ désigne en général *une BONNE NOUVELLE*.
b) 7♣ peut faire référence à *une petite somme d'argent, un cadeau, mais aussi à un jeune enfant*.

    Donc on pourrait donner comme interprétations :
– *« Vous allez recevoir sans doute par courrier, une rentrée d'argent que vous espériez"*.

    Ou encore :
– *"le résultat que vous attendez concernant votre test de grossesse vous réjouira puisqu'il sera positif"*.

    Ou encore :
– *"Un jeune enfant vous donnera de ses nouvelles, ce qui vous fera plaisir."*

➢ Vous noterez que les interprétations peuvent être, avec les mêmes cartes, totalement différentes ; car elles doivent être interprétées en conséquence de L'ENSEMBLE du JEU, mais également en fonction de la consultation elle-même.

6/ CAVALIER♦ + CAVALIER♣ :
Les **CAVALIERS** en général sont synonymes **de MOUVEMENT**.
    a) CAVALIER♦ annonce *un changement positif, un événement surgissant…*
    b) CAVALIER♣ annonce également *un changement, une action...*

Donc on peut suggérer comme interprétation :
– *"Votre situation financière va vers une évolution positive et pourquoi pas, un gain aux jeux».*

7/   8♣* + VALET♣ :
a) **8♣*** suggère *une jeune fille* puisque la carte NEUTRE… b) **VALET♣** suggère *un jeune homme*.
Mais cette jeune fille n'est pas sans arrière-pensées **(RENVERSÉE(*).**

➤ Si c'est un jeune homme qui consulte, il est conseillé de le mettre en garde et de ne pas se faire trop d'illusions sur la jeune fille qu'il fréquente, car il pourrait *"tomber de haut".*

➤ Si c'est une jeune fille qui consulte, là, on "voit" son caractère ; elle recherche apparemment un jeune homme plutôt aisé. On peut toutefois lui laisser entendre que *si elle cherche à se « caser », il n'y a pas que l'argent dans la vie, il faut aussi un minimum de sentiments.* Ainsi, sans la blesser, vous lui faites comprendre qu'il ne faut pas qu'elle s'obstine à ne rechercher qu'un *« jeune homme de belle famille »,* car elle *pourrait passer à côté d'un amour sincère, mais de situation modeste.*

8/   ROI♦* + DAME♣ :
a) **ROI♦***, dans cette position, laisse supposer *un mari, mais aussi un employeur ou un commerçant. Et étant placé à côté d'un ♣, il appuie sur l'aspect malhonnête.*

➤ Si c'est une femme qui consulte, entre 35 ET 45 ANS, plutôt brune, on peut suggérer :
"Méfiez-vous d'un commerçant sans scrupules, un employeur malhonnête, un démarcheur qui chercherait à vous forcer la main."

➤ Si c'est un homme…: **ROI♦*** peut représenter ce dernier, s'il est commerçant, agriculteur… toutefois un homme qui a entre 50 et 60 ANS et qui est à son propre compte.

Dans ce cas on peut envisager comme interprétation :
– « *Votre entreprise n'est pas au top* (ce qui est dû à sa personnalité malveillante et égoïste, voire malhonnête, mais dont vous vous garderez bien de lui dire !) Il faut plutôt lui suggérer d'être un peut moins égoïste : « *Ne rejetez pas systématiquement les conseils d'autrui qui pourraient vous être de bon secours. Apprenez à mettre de « l'eau dans votre vin » et pourquoi pas changer votre façon de diriger votre entreprise ! vous y gagnerez en rendement ! Une remise en question est parfois salutaire !* »

➢ Avec ce genre d'interprétation, vous lui faites comprendre "EN DOUCEUR" que si son entreprise ne marche pas très bien, c'est sans doute en grande partie, lié à son caractère.

9/ VALET♣ + 8♣* est ÉQUIVALENT à : VALET♣ + 8♣ (réponse à question 14)

➢Si vous avez bien suivi jusqu'à présent, vous avez dû vous apercevoir qu'il y avait quelques pièges tel que, en **réponse 1** : **AS♦ + AS♣*** analogue à **réponse 4** : **AS♦ + AS♣**.

➢ **SOUVENEZ-VOUS** que (la position de **DROITE est dite NEUTRE** !

Donc, ne pas prendre en compte la position(*).
a) VALET♣ peut symboliser un *jeune homme plutôt brun* ...
b) 8♣ ... *une jeune fille plutôt brune...*

Donc, dans l'interprétation la plus courante :
– SI CONSULTANT : *vous ne tarderez pas à faire la rencontre d'une jeune fille.*
– SI CONSULTANTE : *un jeune homme ne tardera pas à entrer dans votre vie.*

➢ Mais on peut aussi, si l'ensemble du jeu le suggère, donner une interprétation totalement différente à ce « mariage » tel que :

➢ Si CONSULTANT est un jeune homme : *"Votre gestion est excellente, vous ne devriez pas connaitre de difficultés majeures si vous maintenez le cap".*

➢ Si CONSULTANT·E est un PARENT (père ou mère): *"Vous pourrez être fier·e de votre fils, un bel avenir lui semble promis".*

➢ Si CONSULTANTE est une jeune fille : *"Vous pourrez compter sur l'aide financière, si besoin est, d'un ami, d'un frère ... "*

10/ 7♣ + Valet♦ :

    a) 7♣ suggère *un petit succès et symbolise également un jeune enfant.*

    b) VALET♦ *annonce une bonne nouvelle.*

➢ Déjà la première impression (autre que *cadeau offert...*) pourrait être : "Une petite rentrée d'argent par courrier, mais aussi le succès à un examen, un concours ... "

11/ ROI♣ + VALET♣ :

    a) ROI♣ fait référence à un *homme de l'entourage* (à moins que ce soit le consultant lui-même si l'âge le permet) *prêt à apporter son aide.*

    b) VALET♣ est critère *d'un jeune homme...*

➢ Ce « mariage » pourrait supposer : le père et le fils, mais également le professeur et l'élève, l'employeur et l'apprenti etc. ... Quel que soit le lien de parenté, le courant passe bien ! **LE ROI♣ (ENDROIT)** apporte son aide, ses bons conseils et le jeune homme **(VALET♣)** est à l'écoute.

12/ 9♣ + 8♦ :

➢ 2 cartes qui parlent principalement de **l'activité**, et qui dit « **activité** » dit également « **finances** ».

    a) 9♣ indique *une rentrée d'argent non négligeable.*

    b) 8♦ peut annoncer *un surcroit de travail.*

    Donc en synthèse on peut suggérer :

– *« un surcroit d'activité n'est pas pour vous déplaire puisqu'il entraine une augmentation de salaire en conséquences ».* On peut supposer que : *d'un travail à mi-temps, le (la) consultant·e passera à temps complet.*

13/ VALET♣ + 8♣

➢ (se reporter à réponse 9) !

14/ 7♦ + 9♦

    a) 7♦ est la carte des *petites nouvelles, des petites joies.*

    b) 9♦ est la carte des *contretemps, des obstacles.*

    Donc on peut suggérer comme interprétation :

– *« Ne perdez pas vos objectifs de vue, grâce à votre persévérance, vous finirez par vaincre les obstacles ».*

CORRIGÉS DU DEVOIR 06

ଆଁୟେ

➢ RÉPONSE À LA QUESTION 1 :
Les réponses étaient données dans le **chapitre N°1**
a) FÉMININ *(l'amour maternel entre autre)*.
b) OBSCURITÉ *(le soir)*.
c) HUMIDE *(élément EAU)*.
d) POSITIF *(couleur ROUGE)*.
e) CHAUD *(chaleur intérieur : bonheur – réconfort – compassion ...)*

➢ RÉPONSE À QUESTION N°2 :
a) **DAME♥ + VALET♥** peut signifier : *Une femme qui a pour amant un jeune homme (– 10 ANS) ou encore : Une mère et son fils ; des liens forts les unissent.*

b) **VALET♥* + DAME♥** peu signifier : *Un jeune homme qui joue avec les sentiments d'autrui ou encore : Un jeune homme qui s'éloigne (affectivement) de sa mère.*

c) **AS♥ + 8♦** peut signifier : *La joie suite à une promotion ou une invitation agréable et pleine de surprises ou un déplacement qui vous procurera un certain bien-être...*
(L'AS♥ ENDROIT est synonyme *de joie, de satisfactions.*)
(8♦ est équivalent à : *de petites démarches, petits déplacements, d'avenir prometteur*).

d) **8♦ + AS♥** peut signifier : *«Vous récolterez les fruits de vos efforts !» ou « la promesse d'une vie familiale réussie ... »*
(8♦ + parle *d'efforts personnels, d'avenir prometteur ...*)
(AS♥ : *joie* ; mais également : *la famille ; le foyer...*)

e) **ROI♣*** + **8♣** peut signifier : *Un adultère avec une femme + jeune.*

(**ROI♣*** fait référence à *un infidèle entre autres, âge de 40 ans environ…*

8♣ peut représenter une *femme de – 30 ans.*)

Autre possibilité : *Un homme à l'honnêteté douteuse sur le plan financier !*

(**ROI♣ *** = *homme peu honnête* et **8♣** = *les finances.*)

f) **8♣** + **ROI♣** peut signifier : *Une jeune fille amoureuse d'un homme marié.*

(**Roi de ♣** fait souvent allusion à *un homme marié*).

Mais également : *Une démarche auprès d'un banquier qui se révélera positive.*

(**8♣** = *rentrée d'argent* ; **ROI♣** peut représenter *le banquier*)

Ou encore : *La réussite financière pour un homme brun de 40 ans environ ....*

➢ Comme vous pouvez le constater, les possibilités d'associations sont multiples et comme beaucoup, vous vous demandez quelle définition convient lors de telle ou telle consultation.

– Rassurez-vous, en pratiquant, vous saurez d'instinct, quelle définition convient le mieux au moment présent. Ecoutez votre petite voix intérieure, elle vous dictera la bonne réponse, mais également les confidences ou sous-entendus de votre client·e. Et si vous vous trompez, ce n'est pas dramatique ! Cela fait partie de l'apprentissage constant.

CORRIGÉS DU DEVOIR 07

➢ RÉPONSE À LA QUESTION 1 :

1ʳᵉ SITUATION : *On peut penser que dans un passé proche, cet homme a rencontré des problèmes* **(ROI♣*)**, *avec son épouse* **(DAME♣)**, *mais suite à un événement heureux* **(AS♥)**, *la crise est passée et il pourrait même envisager l'emmener en voyage* **(10♦)**.

2ᵉ SITUATION : *Effectivement, un homme de l'entourage de cette femme (son fils) semble avoir eu des problèmes financiers* **(ROI♣*)**, *sans doute liés à une femme ou peut-être à cause de son épouse, mais un évènement inattendu pourrait, dans le présent, redresser la situation.*
(AS♥ = joie) et **(DAME♣ se réfère également à l'ARGENT).**
10♦ *confirme le rétablissement financier (changement d'état – grande chance – prospérité...)*

3ᵉ SITUATION : *On est porté effectivement penser que les doutes de cette femme sont fondés* **(ROI♣* + DAME♣** = *difficultés dans le couple,* mais également : *INFIDÉLITÉ*). *Toutefois, il apparait que la situation se rééquilibre puisque* **AS♥** *annonce une joie pour une femme* (sans doute la consultante). *Cette joie peut être le remord du mari qui, pour repartir sur de nouvelles bases, fait des projets d'avenir...* **(10♦).**

➢ RÉPONSE À LA QUESTION N°2 :
– Si une carte *«s'échappe »* du jeu, il faut la prendre en considération ; et n'oubliez pas le sens ou elle se présente : ***ENDROIT*** ou RENVERSÉ(*).
– Son interprétation est identique à la coupe ; elle peut être considérée comme *un avertissement, un message complémentaire ...*

➢ RÉPONSE À LA QUESTION N°3 :
– Les **4 AS :** Ils marquent la fin d'un cycle et le début d'un autre.
– *Quels que soient les problèmes actuels du consultant, un renouveau s'annonce ! Il sortira vainqueur des tracasseries.*

CORRIGÉS DU DEVOIR 08

ஐௌ

➤ RÉPONSE À LA QUESTION N°1 :
– À quelles LAMES du TAROT allez-vous identifier ces PERSONNAGES ou SITUATIONS ?

a) *joie de courte durée.* = **AS♣***

b) *une petite fille (– 12 ans)* = **7♥ (♥ = FÉMININ)**

c) *un huissier toutefois bienveillant* = **VALET♠***

d) *une intervention chirurgicale bénigne* = **8♠* ou 9♠***

e) *proposition alléchante* = **AS♠**

f) *période de chance* = **10♦ ou 10♣**

g) *solution imminente d'un problème* = **10♠***

h) *un petit garçon (– 12 ans)* = **7♣ (♣ = MASCULIN)**

i) *une jeune fille brune* = **8♣**

j) *une entreprise florissante* = **10♣**

k) *message téléphonique* = **VALET♦**

l) *triomphe sur l'adversité* = **7♠ ou AS♣**

➢ RÉPONSE À LA QUESTION N°2 :
Trouvez les ASSOCIATIONS qui peuvent convenir à ces interprétations...

a) *une colère due à un jeune homme* = **7♦* + VALET...**

b) *divorce d'un couple âge de + 50 ans* = **ROI♦* + DAME♦** *ou* **DAME♦* + ROI♦**.

c) *rencontre affective pour un homme divorcé, avec jeune femme – 30 ans*
= **ROI♠ + 8♥** *ou* **8♣**.

d) *une dépense d'argent occasionnée par un évènement familial* = **9♣* + ...♥**.

e) *un homme veuf, mourant* = **ROI♠* + 9♠**.

f) *un grave accident (prochainement)* = **10♠ + 9♠** *ou* **9♠ + 10♠**.

g) *amélioration de la santé pour une femme âgée.* = **8♠* + DAME♠**.

h) *ne comptez pas sur une relation pour solutionner vos problèmes*
= **CAVALIER♥* + (personnage)**.

i) *un petit problème de santé pour un bébé* = **8♠* + 7♥** *ou* **7♣**

j) *l'assurance d'un mariage réussit* = **AS♣ + AS♦**

k) *femme cheveux clairs +30 ans, risque perte emploi* = **DAME♥* + AS♦**

l) *Bonne évolution professionnelle pour un jeune homme* = **VALET♥**
ou **VALET♣ + ROI♦**

CORRIGÉS DU DEVOIR 09

➢ RÉPONSE À LA QUESTION N°1 :
– A quels éléments cités ci-dessous appartiennent les ♠.
– Expliquer pourquoi ?

a) FROID ou CHAUD = **FROID** *(hiver)*
b) HUMIDE ou SEC = **HUMIDE** *(les larmes)*
c) MASCULIN ou FÉMININ = **MASCULIN** *(force)*
d) LUMIÈRE ou OBSCURITÉ = **OBSCURITÉ** *(la nuit)*
e) POSITIF ou NÉGATIF = **NÉGATIF** *(couleur noire)*

➢ RÉPONSE À LA QUESTION N°2 :
DONNEZ VOTRE INTERPRÉTATION à ces tirages différents d'après les **PRÉNOMS** *(en essayant de formuler des associations différentes de celles citées).*

➢ 1re PROPOSITION : **MURIELLE** *travaille en tant que secrétaire dans un garage automobile. Elle se préoccupe pour son emploi ; Par ailleurs, elle est mariée (mari de 16 ans son ainé) et a 2 filles (de – 2 ans).*

➢ SON 1er TIRAGE 8 CARTES dites *"PARLANTES"*
10♥ – ROI♦ – ROI♠ – 7♥* – 7♠* – CAVAL♦* – 10♦ – DAME♠

➢ SON 2ème TIRAGE 8 CARTES dites *"NEUTRES"*
7♣* – CAVAL♥ – ROI♣* – 9♦* – 8♠ – DAME♦ – 8♦ – 9♠

➢ **SUGGESTION D'INTERPRÉTATION :**

– En premier lieu, 5 ♠ reflètent *un chagrin, une peine, mais qui seront surmontés.* (Sur 16 cartes = ***9 ROUGES***).
– *Effectivement, son conjoint semble bien être un homme* + âgé (**ROI♦ + ROI♠**).
– Donc ce dernier suggère en + : *un divorcé.*
– Sur le **plan affectif**, *le mariage semble solide et le mari sincère* (**ROI♦ ENDROIT + ROI♠**).

– *Par contre il semblerait que* **MURIELLE** *désire un enfant (surtout un petit garçon :* **3 SEPT** *dont* **2 NOIRS** *qui symbolisent le* MASCULIN) *mais, vœu qui à l'air ne pas pouvoir se réaliser car* **7♥*** *et* **7♠***.

– *De plus, le mari a + 50 ANS* (annonce de **2 ROIS : ♦** et **♠** = homme + 50 ANS) *ce qui pourrait être le frein à la conception.*

– <u>PAR AILLEURS</u>, *MURIELLE semble éprouver une peine difficile à surmonter (***7♠* + 8♠***), sans doute le décès de son père ou un parent proche + âgé ; ce qui s'avérerait se confirmer par* **DAME♠ + 9♠** (un veuvage pour une femme).

En ce qui concerne sa tracasserie principale : **SON TRAVAIL :**
– *Effectivement, on ressent l'inquiétude de la perte d'emploi :* **7♥* + 9♦…**

– *Ainsi que la baisse dans les affaires :* **CAVAL♦* + DAME♦**, *toutefois, une reprise s'annonce avec :* **10♦ + 8♦**.

****

➤ 2ᵉ PROPOSITION : **FABRICE** *23 ans, travaille en intérim, une petite amie de 18 ans, (ne vivent pas ensemble). Il voudrait savoir si sa relation va durer et de quelle façon elle va évoluer ?*

➤ SON 1ᵉʳ TIRAGE 7 CARTES dites *"PARLANTES"*
8♣ – DAME♣*– 8♦ – 10♦ – 8♥ – CAVAL♦ et CAVAL♣

➤ SON 2ᵉ TIRAGE : 7 CARTES dites *"NEUTRES"*
7♣* – 9♠ – 9♣ – CAVAL♥ – VALET♥* – VALET♣ – ROI♥

➤ **SUGGESTION d'INTERPRÉTATION :**
On peut déjà donner cette interprétation d'ensemble :
– *"De bonnes choses se profilent à l'horizon et rien de bien grave ne viendra perturber ce nouveau bonheur"* (1 SEUL **♠** sur 14 LAMES).

– *Cette jeune fille, que* **FABRICE** *a rencontré, semble être brune, énergique et avoir le sens de l'économie* **(8♣ + 7♣)**.

– *Apparemment, les sentiments sont partagés* **(8♥ + VALET♥)** *et des projets d'avenir pourront être effectués* **(10♦ + CAVALIER♥)**, *ainsi, le futur affectif semble évoluer favorablement …*

(CAVALIER♣ + ROI♥).

– *PAR AILLEURS*, un bonheur ne venant jamais seul, il se pourrait que **FABRICE** trouve un emploi définitif (**8♦ + 9♣**) et qu'il connaisse une certaine réussite grâce à son sérieux dans sa profession (**CAVALIER♦ + VALET♣**).

– Un souci, pour FABRICE : Possibilité d'une maladie TRÈS sérieuse (mais non fatale) pour sa grande sœur à moins que ce soit sa mère si elle n'a pas dépassé 45 ANS (**DAME♣* + 9♠**).

Nota : On peut penser «*non fatale*», puisque 9♠ se trouve seul (en ♠) sur **14 tirées** et qu'il est entouré de cartes bénéfiques.

➤ **RÉPONSE À LA QUESTION N°3 :** donner des associations…
a) *la découverte de la maison longtemps cherchée :*
 ☞**9♣ + 10♥**
b) *un jeune homme flatteur et intéressé :*
 ☞**VALET♦* + VALET♣**
c) *Mauvaise surprise, apparence trompeuse liée à une femme :*
 ☞**DAME♣* + 10♠**
d) *On cherchera à vous soutirer de l'argent… en vain :*
 ☞**VALET♠* +…♣**
e) *Gros problèmes d'argent pour un homme brun (40 ans et +) :*
 ☞**9♦* + ROI♣**
f) *perte d'emploi pour un homme brun (+ 40 ans) :*
 ☞**9♦* + ROI♣**
g) *Visite déprimante à une personne âgée et seule :*
 ☞**8♦* + DAME♠**
h) *une intrigue liée à une femme méchante et âgée :*
 ☞**8♦* + DAME♠**
i) *Femme jalouse d'un enfant (belle-mère) :*
 ☞**DAME♦ + 7♥**
j) *Proposition intéressante de travail avec changement de région*
 ☞**AS♠ + CAVALIER♦** *ou* **AS♠ +10♦**
k) *Une amie qui devient une rivale :*
 ☞**DAME♦ + 7♥**
l) *Un contrat avec l'étranger :*
 ☞**9♣ + 10♦**
m) *Evolution, poste à responsabilité :*
 ☞**9♣ + CAVALIER♠**

CORRIGÉS DU DEVOIR 10

ಬಿ೧ಜ

A/ VOYANCE POUR France

➤ TIRAGE DE L'IMMÉDIAT

1/ **8♥*** + **AS♥** = *quelques nuages dans la vie familiale. Amour de courte durée ...*
2/ **8♣** + **AS♥** = *R.D.V galant et plein de promesses.*
3/ **CAVALIER♦*** + **AS♥** = *annulation de tous projets affectifs.*

➤ ANALYSE de ce 1er tirage :

– *Il semblerait qu'il n'y a pas très longtemps, FRANCE a vécu une relation sentimentale difficile ; Il est fort possible que ce flirt était mal vu par la famille. De toute façon, cette liaison n'aurait été qu'un feu de paille !* (**8♥* + AS♥**).
– *Apparemment, l'harmonie semble régner à nouveau dans le foyer.* (**8♣** = *jeune femme moins de 30 ANS = FRANCE vers sa famille*), *mais également l'annonce d'un rendez-vous galant.* (**8♣ + AS♥**).
– *Toutefois, il faut conseiller à FRANCE de «ne pas s'emballer, car un obstacle semble survenir. Il « apparaît » que la personne rencontrée et annoncée par* **CAVALIER♦*** *ne soit pas libre* (*rivalité sentimentale possible ou autre*) (**CAVALIER♦* + AS♥**).

➤ En passant au "tirage du PRÉNOM", sans doute va-t-on en savoir plus.

On peut déjà constater que dans la rangée *PARLANTE* (1), seul **9♠** est négatif ! Les autres cartes sont plutôt encourageantes.
1/ **9♠ + 9♦** = *empêchements, retards importants.*
2/ **10♦ + 7♣** = *envie de se refaire une santé.*
3/ **AS♦ + 10♥** = *bonnes nouvelles de la famille.*
4/ **ROI♠ + ROI♣** = *politicien* (personne rencontrée ?)
  Mais également : *régularisation d'une situation pour homme* (en 5).
5/ **ROI♥ + CAVALIER♣** = *Il sort enfin d'une mauvaise passe (divorce, séparation...)*
6/ **VALET♥ + CAVALIER♠*** = *répond toujours présent.*

➤ **Voici une suggestion d'analyse et de synthèse :**
– *Comme nous l'avons vu dans le premier tirage, celui-ci semble bien confirmer que FRANCE vit une nouvelle relation sentimentale, mais beaucoup d'obstacles à surmonter et des empêchements à la réalisation de son vœu dans l'immédiat* (**9♠ + 9♦**).

– Il s'avérerait que l'homme rencontré, soit en plein divorce (**ROI♠ + ROI♣**). Donc il est recommandé de rester à l'écart pendant quelque temps, prendre un peu de recul... conseillé par (**10♦ + 7♣**), en prenant quelques vacances en famille (**AS♦ + 10♥**) et dans peu de temps, la situation sera éclaircie. Cet homme sera libre (**ROI♥ + CAVALIER♣**) et FRANCE pourra y voir plus clair et avoir confiance en l'avenir (**VALET♥ + CAVALIER♠***).

➤ PASSONS MAINTENANT AU TIRAGE DES 4 ÉLÉMENTS
Que vous aurez classé par ordre comme suit :

1/ LES GROUPEMENTS :
3 HUIT = (*incertitudes, hésitations, qui peuvent faire échouer les projets.*)

2/ On peut déjà avoir la confirmation
des <u>préoccupations principales</u> : **AFFECTIF – TRACAS**.

– « Les FINANCES et le TRAVAIL » ne sont pas les tracasseries majeures pour FRANCE.

➤ **AFFECTIF :**
VALET♦* + 9♥ = *difficultés pour rencontrer l'âme sœur, timidité ?*
9♣* + ROI♥ = *soucis passagers avec l'homme de sa vie ;*
8♣* + DAME♥ = *devrait se méfier d'une «soi-disant amie».*

➤ **ACTIVITÉ :**
8♦ + AS♦ = *l'activité semble être épanouissante et convenir à France....* **Mais :**
10♦* + 7♦ = *une vente importante, un contact à l'étranger qui ne se concrétise pas, ce qui entraine une déception, à moins que ce soit une mutation non désirée ou une mutation souhaitée qui ne se réalise pas !*

➢ **FINANCES :**
CAVALIER♠ + 10♣ = *La gestion est équilibrée et semble très stricte.*

➢ **SANTÉ/ÉPREUVES :**
8♠* + VALET♠ = *la déprime passagère* (sans doute liée à l'échec ci-dessus) *s'estompera aisément.*
DAME♣ + 10♠ = *le contact imminent d'une femme à l'énergie positive sera très bénéfique pour FRANCE.*
ROI♣ + DAME♠ = *une visite chez le médecin sera tout à fait rassurante, les obstacles seront surmontés.*

➢ Peut-être allons-nous en savoir plus avec le "GRAND JEU"
que vous aurez rangé comme suit :
VALET♥ + VALET♠* = *petite déception amicale sans gravité.*
8♣* + 8♥* = *déception amicale.* (Fausse amie ci avant)
ROI♠* + 10♦ = *activité difficile, mésentente professionnelle*
9♥ + 10♠ = *la réalisation de vos vœux affectifs.*
10♥ + 9♣* = *vos ambitions affectives aboutiront.*
CAVALIER♣* + 7♥ = *difficultés pour concevoir enfant.*
DAME♦ + 7♣ = *choisir ses amis ! Il y a des profiteurs !*
(confirme « *l'amie hypocrite !* »)

➢**ANALYSE ET SYNTHÈSE**

GROUPEMENTS :
3 DIX= *soucis imprévus mais passagers.*
NOTA : avez-vous remarqué que dans chaque tirage effectué, il y avait autant de cartes ***ROUGES*** que de ***NOIRES.***

a) pour la vie **SENTIMENTALE/AMICALE** de FRANCE, *on pourrait plutôt opter pour une relation féminine jalouse qui cherche-rait à nuire* (plutôt que l'ex épouse) (**DAME♦ + 7♣**), ce qui est confirmé par (**8♣* + 8♥***), *dont FRANCE surmontera la déception* **VALET♥ + VALET♠***)

b) en outre, la confirmation de la relation **SENTIMENTS/ PROFES-SIONNEL** semble également s'établir (**ROI♠* + 10♦**). *Il est vrai que ceci peut engendrer un climat tendu au sein de* l'entreprise. Quoi qu'il en soit, FRANCE ne doit rien craindre, car ses ambitions aboutiront (**10♥** + **9♣***) et elle verra la réalisation de ses vœux (**9♥** + **10♠**).

➢ **NOTA :** comme vous avez pu le constater, il n'a été fait mention dans aucun tirage, *d'une grossesse, d'un futur enfant* et pour cause puisque (**CAVALIER♣*** + **7♥**) annonce une difficulté dans ce SECTEUR. Mais tout n'est pas perdu puisque...
(**10♥** + **9♣**) et (**9♥** + **10♠**) si vraiment elle désire concevoir un bébé.

➢ RÉPONSE À LA QUESTION PRÉCISE

Position 1 : DAME♥* = **FAVORABLE** (donne : **DAME♥**) *représente une femme jeune, donc en âge de procréer, qui est équilibrée physiquement et moralement et qui serait, non seulement une bonne épouse, mais également une bonne mère.*

Position 2 : 7♥* = **DÉFAVORABLE** (donne : **7♥***) *représente un obstacle au désir de maternité. Prédit une période de tristesse, voir de stérilité ou une fausse couche.*

Position 3 : 7♠ = **LES CIRCONSTANCES, LE BUT...** *représente la persévérance, la confiance, le triomphe sur les obstacles !*
– On peut donc prédire à FRANCE, que *« malgré les difficultés annoncées par* **7♥*** *et peut-être dans un premier temps, une fausse couche, elle ne doit pas désespérer car rien n'est perdu. Sa volonté et sa grande force morale l'aideront à surmonter ce cap difficile. Elle connaitra la joie de la maternité (une fécondation in vitro n'est pas exclue)...* telle est la **RÉPONSE** donnée par **7♣**, *et ce bébé fera la joie de ses parents et de la famille :* **AS♥**.

– On peut même supposer que ce sera un garçon (**7♣ en rép.**) + **7♠**. En outre, sans étudier en détail le tirage, à 1ère vue des cartes tirées, on pouvait déjà confirmer : *oui, vous connaitrez la joie de la maternité.*
➢ **3 SEPT** dont **1 seul RENVERSÉ(*)** + **AS♥ ENDROIT.**
➢La majorité de *ROUGES* (**3/5**) était également bon signe.

NOTA : **3 SEPT** dont **1 RENVERSÉ(*)** = *petite difficulté.*
Si les 3 avaient été (*) : les chances étaient pratiquement nulles.

B/ VOYANCE POUR Eric

➤ TIRAGE DE L'IMMÉDIAT
À NOTER ....3 *NOIRES* (dont 2♠)

1/ **DAME♠*** + **9♥** = *une parente vous porte beaucoup d'affection.*
2/ **8♠** + **9♥** = *sentiments non partagés, blocages sentimentaux.*
3/ **10♣** + **9♥** = *amour partagé.*

– ERIC aurait-il rencontré une femme veuve ou divorcée (plutôt qu'une parente ? À moins que ce soit une cousine) qui lui porterait beaucoup d'affection **(1)** et lui ne semble pas insensible **(3)**.
De plus, il s'avère que sa situation maritale ne lui convient plus **(2)**.

➤ CONTINUONS AVEC LE PRÉNOM (4 LAMES)

1/ **DAME♣** + **9♥** = *une nouvelle relation pour une femme (coup de foudre.)*
2/ **9♣** + **CAVALIER♥** = *possibilité d'un mariage prochain.*
3/ **ROI♥*** + **AS♠** = *« Ami » met son grain de sel, d'aucune utilité.*
4/ **AS♥*** + **VALET♠** = *Problème conjugal ou familial.*

– Ici, nous pouvons supposer qu'une sœur ou amie proche d'ERIC, aurait fait une rencontre sentimentale **(1)** qui pourrait finir par un mariage **(2)**.

– D'autre part, ERIC doit se méfier d'un soi-disant « ami » qui attiserait plutôt les conflits au lieu de les apaiser en **(3)**.

– Nous avons également la confirmation d'un problème au sein du couple **(4)**.

➤ PASSONS AU TIRAGE DES 4 ÉLÉMENTS :
1/ LES GROUPEMENTS :

3 VALETS = *rivalités sentimentales.*
4 CAVALIERS = *nouvelles importantes, réussite financière.*
3 DIX = *Soucis imprévus mais passagers.*
11 *ROUGES* pour 7 *NOIRES* (Bon présage)

Après avoir rangé les cartes nous avons :

➤ AFFECTIF :
VALET♠ + **10♥** = *Trahison au foyer (tromperie de son épouse possible.)*

ROI♦* + CAVALIER♥ = *ce rival serait sans doute un collègue de travail et pourquoi pas, un supérieur* (chef ou patron : **ROI♦**).

➢ ACTIVITÉ :
VALET♦ + 8♦ = *L'activité ou l'emploi se porte bien.*
CAVAL♠ + CAVAL♦ = *Bon équilibre professionnel, poste assuré.*
NOTA : On peut aussi penser à :
« *un examen réussi pour la fille de 16 ANS.* »

➢ FINANCES :
DAME♦ + CAVALIER♣ = lui conseiller d'être : *très prudent en matière d'argent, et si son couple est au bord de la rupture, le mettre en garde contre l'éventualité d'une mauvaise surprise venant de sa femme (attention aux cartes de crédit, aux dettes...)*
AS♥* + 8♣ = *confirme les difficultés financières prévisibles*

➢ SANTÉ/ÉPREUVES :
ROI♥* + AS♠ = *la dépression le guette ! Il accepte mal la possibilité d'une rupture.*
10♦ + 9♠* = *Toutefois si sa santé le préoccupe, une visite chez le médecin le rassurera. Bilan positif, rien de grave.*
VALET♥ + 10♠ = *de plus, une bonne nouvelle imminente pourrait bien lui redonner du baume au cœur. Il n'est pas impossible qu'un revirement au sein du couple ne s'effectue.*
(On en saura sans doute plus par la suite avec le GRAND JEU !)

➢ Donc, en **synthèse pour ce tirage** on pourrait dire :
➢ **SUR LE PLAN MATÉRIEL,** Il faut mettre ERIC en garde contre *un homme (commerçant...) peu scrupuleux qui pourrait lui porter préjudice.*
– S'il a besoin de changer de voiture par exemple : *ATTENTION !* Ainsi que pour tout autre achat important **(2)**. Par ailleurs, un vol n'est pas exclu, ou une escroquerie **(l)**.

➢ **AU NIVEAU TRAVAIL,** *l'ambiance n'est pas terrible !* (USINE) *de plus une femme de son entourage professionnel lui met de sérieux "bâtons dans les roues"* (collègue, chef ?) (**POUR LE GUIDER** : *une femme, la cinquantaine qui se teint sans doute les cheveux en roux ou acajou et qui a une mauvaise réputation*) **(5)**.

– *Il prendra certainement un R.D.V avec la direction pour voir le problème, mais qui restera sans suite* **(6)**.

➢ **CÔTÉ SANTÉ,** *un problème assez sérieux pourrait survenir* **(9♠*)**. *Sans doute un acte chirurgical* **(AS♠*)**, *mais le chirurgien sera compétent* **(7)** *et il n'aura pas de séquelles* **(8)**.

➢ POUR LE GRAND JEU
9♣ * + VALET♥
8♠ + 7♥
ROI♦* + 9♥
DAME♠ + 10♣
AS♥* + 8♦
VALET♦* + 7♣
ROI♣* + 7♦*

– *ROUGES* **majoritaires** : *les difficultés peuvent être surmontées)…*
– 3 **SEPT** = *naissance possible dans la famille ou chez des amis.*

➢ **ANALYSE :**
1/ **(9♣ * + VALET♥)** *Tromperie venant d'un jeune homme,* mais peut signifier également : *cadeau de mariage à faire ou dépense pour un événement familial* (noces de la sœur, amie, nièce...) *et qui pourrait être suivi d'une naissance.*

2/ **(8♠ + 7♥)** *inquiétude au sujet d'un enfant* (petits problèmes de santé pour sa fille de 8 ans).

3/ **(ROI♦* + 9♥)** *confirme les problèmes conjugaux ainsi que les relations amicales peu fiables.*

4/ **(DAME♠ + 10♣)** *certifie le gros problème financier soulevé dans le* "TIRAGE DES 4 ÉLÉMENTS" *mais averti également qu'aucune aide n'interviendra, donc redoubler de prudence dans ce SECTEUR !*

5/ **(AS♥* + 8♦)** *ERIC recevra une visite dont il se passerait bien !*

6/ **(VALET♦* + 7♣)** *Peut signifier un remboursement encore lointain, ou une lettre réclamant de l'argent, ce qui pourrait bien le mettre en colère* **(ROI♣* + 7♦*)**

➤ POUR SA QUESTION PRÉCISE :

1/ ROI♦ FAVORABLE : *L'employeur semble juste et de bonnes intentions, mais il a entre 50 et 60 ANS, il sera à la retraite avant ERIC (40 ANS).*

2/ 10♦ = DÉFAVORABLE (donne : **10♦***) **:** *confirme bien les bouleversements qui surviendront quand l'employeur prendra sa retraite. Il y AURA-T-IL un rachat de l'entreprise ? Si oui, le successeur sera-t-il aussi compétent ? Ne bouleversera-t-il pas les structures actuelles ?*

3/ 9♣ = LES CIRCONSTANCES... *Les compétences d'ERIC ne seront pas mises en causes, car il semble donner le maximum de lui-même.*
— *Une proposition de contrat dans une autre entreprise n'est pas impossible.*

4/ 7♠* = 1re RÉPONSE : *Confirme les incertitudes professionnelles d'ERIC. Si une proposition d'une autre société lui est faite, bien réfléchir à l'éventualité d'un départ de l'entreprise pour laquelle il travaille, et si tel en est le cas, partir en bons termes avec l'employeur actuel.*

5/ 9♦* = RÉPONSE DÉFINITIVE : *Réaffirme qu'ERIC ne restera pas jusqu'à la retraite dans cette usine. Sans doute que les portes fermeront définitivement quand l'employeur actuel se retirera.*
— *Donc, si avant cette date, ERIC a une proposition d'embauche dans une autre entreprise, lui conseiller d'accepter, sinon, il risque de passer à côté d'une opportunité.*

C/ VOYANCE POUR Henri

➢ TIRAGE DE L'IMMÉDIAT

1/   9♠ + 7♠ = *vous avez eu des idées bien sombres.*
2/   AS♦ + 7♠ = *solution d'un problème trouvée.*
3/   ROI♦ + 7♠ = *projet confirmé.*

1/ on peut supposer que HENRI a mal accusé le coup du divorce et a failli sombrer dans la dépression.

2/ sans doute, qu'à présent, il accepte la situation (du divorce) et commence à faire de nouveaux projets pour l'avenir qui se présente sous de meilleurs auspices **(3)**.

➢ PRÉNOM (5 lettres)

LA MAJORITÉ DE *ROUGES* semble bien confirmer qu'HENRI prend le dessus.

8♠ + DAME♥ = *problèmes de santé pour une femme à qui il tient (sœur, amie...)*
CAVAL.♠ + 8♣ = *ses conseils seront utiles en matière d'argent.*
7♠ + CAVAL.♦ = *promotion ou nouvelles responsabilités possibles (Étant à son compte, l'entreprise ne devrait pas trop souffrir du divorce).*
Valet♥ + 9♥ = *un projet de mariage (pour le fils ?)*
DAME ♦* + 8 ♦ = *bavardages sans conséquences.*

➢ Pour le TIRAGE DES 4 ÉLÉMENTS
Après avoir rangé les cartes nous avons :
1/ LES GROUPEMENTS :
3 DAMES = *jalousies ; tromperies, médisances ...*
3 SEPT = *naissance dans la famille.*
3 ROIS = *bonne entreprise, vous êtes apprécié.*
MAJORITÉ DE *ROUGES* !

➢ SECTEUR AFFECTIF :

DAME♣* + ROI♥ = *elle est avec un homme hypocrite* (si l'épouse est brune, on peut en déduire que c'est elle qui demande le divorce).

➤ SECTEUR PROFESSIONNEL :

AS♥* + 10♦ = *projets qui tombent à l'eau.*
9♥* + 8♦* = *quelques retards contrariants.*
DAME♦* + ROI♦* = *confirme le divorce* (**ROI♦** = homme 50/60 ANS à son compte et travaillant avec son épouse **DAME♦**).

➤ SECTEUR FINANCIER :

8♠+ ROI♣* = *un homme victime d'une maladie ?* **mais** étant du SECTEUR financier), Il est plus judicieux d'interpréter : *tracas avec le banquier.*
7♥ + 7♣ = *petit cadeau ou petite rentrée d'argent bienvenue.*

➤ SANTÉ / IMPRÉVUS :

10♣* + DAME♠* = *Il devra apporter son aide financière à un membre de la famille (pension alimentaire ?) mais on peut également supposer que HENRI est propriétaire de sa maison et son épouse réclame sa part, à moins que ce soit la moitié de l'entreprise ! (si le mariage est sous le régime de la communauté, l'entreprise en nom propre...) Elle ne lui fera aucun cadeau.*
7♦ + 9♠ = *réconciliation en cas de brouille (amicale ou familiale).*
VALET♣* + AS♠* = *une approche intéressée* (LE FILS ?)

➤ En synthèse on pourrait dire que:

Sans doute, voici quelque temps, HENRI avait fait des projets pour son entreprise, et il semblerait qu'il travaillait en association avec son épouse.

– Vu le divorce, les projets sont anéantis, ce qui le déstabilise en entrainant des retards qui le contrarient (**9♥* + 8♦***).

– <u>PAR AILLEURS</u>, le banquier ayant sans doute appris le divorce, serait-il moins souple ? (**8♠+ ROI♣***).

– Toutefois, il s'avèrerait que sur le plan matériel, il pourrait avoir de petites rentrées d'argent inattendues (**7♥ + 7♣**)…

Mais aussi de mauvaises surprises et de gros soucis.

(**10♣* + DAME♠***).

> **GRAND JEU**

10♥ + 9♠ = *inquiétude passagère pour la santé de proche.*
8♥+ VALET♦* = *appel tél, réapparition d'une ancienne relation.*
7♣* + ROI♣* = *homme trop pingre pour vous aider.*
DAME♦ + ROI♥ = *cherchera à détourner votre conjoint ?* On interprétera plutot : « *Une femme dans l'entourage peut devenir une rivale dangereuse (l'épouse ?) et mettre tout en œuvre pour essayer de détruire moralement, financièrement et professionnellement, HENRI.* » Ce qui compléterait l'interprétation de **(10♣* + DAME♠*)** du tirage précédent.
7♦* + 10♦* = *grosses tracasseries professionnelles.*
ROI♠* + CAVAL♣* = *n'envisagez aucune acquisition financière dans l'immédiat.*
VALET♥ + AS♣ = *jeune homme de bel avenir.*

> GROUPEMENTS : **MAJORITÉ DE *ROUGES***
– **3 ROIS** : *bonne entreprise, vous êtes apprécié.*

> **INTERPRÉTATION**

– *Le problème de santé soulevé dans* **le PRÉNOM,** *au sujet d'une femme ne semble pas trop grave avec* **(10♥ + 9♠).**

– *On peut supposer que son fils va avoir des nouvelles d'une ancienne relation* **(8♥** = jeune femme – 30 ANS) *et que cela pourrait devenir sérieux, puisqu'avec* **le PRÉNOM,** *il y avait la possibilité d'un mariage pour ce dernier.*

– *De plus, dans le* **tirage des 4 ÉLÉMENTS,** *l'annonce d'une naissance dans la famille étant présente, ce qui serait à même d'apporter la confirmation d'une réalisation sentimentale/familiale pour le fils.*

– *Si HENRI a des problèmes financiers, il vaut mieux qu'il s'abstienne de demander l'aide d'un homme (plutôt brun, la quarantaine…)* **(7♣* + ROI♣*)** *…rien à espérer de lui.*

> PAR AILLEURS, *le mettre en garde contre les agissements malveillants d'une femme de son entourage* **(DAME♦ + ROI♥).**

– *S'agit-il de l'épouse ? Probable ! Beaucoup d'intérêts sont en jeu et il n'est pas impossible qu'elle œuvre pour le mettre sur la paille. La plus grande vigilance s'impose.*

– *La réputation de l'entreprise semble en prendre un sérieux coup (7♦* + 10♦*) + 3 DAMES (4 ÉLÉMENTS), mais **3 ROIS** (2 FOIS) s'avèrent toutefois confirmer que l'entreprise est saine et que HENRI est personnellement (malgré les calomnies) bien apprécié. Il devrait surmonter tous ces désagréments.*

– **ROI♠* + CAVALIER♣*** *le mettent en garde contre une acquisition financière dans l'immédiat. Ne rien entreprendre **AVANT** que le divorce ne soit prononcé !*

➢ EN CE QUI CONCERNE SON FILS, *Il est probable qu'il reste « proche » de son père, voire qu'ils collaborent.*

– *HENRI n'est plus loin de la retraite (59 ANS). Il n'est pas à exclure que le fils reprenne la succession. (Jeune homme de bel avenir :* **VALET♥ + AS♣**) *et on pourrait comprendre (dans le tirage des 4 ÉLÉMENTS) la signification :* **VALET♣* + AS♠*** !

➢ *Il est toutefois conseillé de* **TAIRE** *à HENRI cette dernière définition !*
Il ne sert à rien d'ajouter à sa souffrance morale,
L'intéressement* du fils.
(*Plus ***FINANCIER/PROFESSIONNEL*** que ***SENTIMENTAL***).

➢ **QUESTION PRÉCISE**

1/ **DAME♥*** = **FAVORABLE** (donne : **DAME♥**) *prochain mariage ! Annonce la fidélité, l'amour, la douceur...*

2/ **DAME♠*** = **DÉFAVORABLE** (donne : **DAME♠**) *le fils semble avoir une très mauvaise image de la femme (sa mère ?) Il est déstabilisé face au divorce de ses parents. Il se replie sur lui-même et n'arrive pas à communiquer.*

3/ **VALET♠*** = **CIRCONSTANCES...** *Encore une fois, on devine combien le fils est malheureux et déprime suite à l'échec de ses parents, et on pourrait supposer que sa mère a une influence négative sur lui ; mais il semblerait qu'il suive une thérapie qui lui permette « d'exorciser » ce problème. Tout n'est pas perdu !*

4/ 9♦ = **1ʳᵉ RÉPONSE :** *annonce des contrariétés. Peut-être que, vu l'échec du couple des parents, le fils n'est pas pressé de se marier !*

5/ AS♣ = **RÉPONSE DÉFINITIVE :** *Confirme toutefois que le fils trouvera « amour et bonheur », et que ses angoisses seront balayées. Ce qui confirme bien : BEL AVENIR POUR LE FILS.*

➤ ON PEUT DONC EN CONCLURE QUE :
*« Malgré tout, il finira par rencontrer le véritable amour.
Avec le temps, il reprendra confiance. Cela demandera du **temps***,
mais *celui-ci travaille pour lui et le bonheur l'attend ! »*

☞ Conclusion

Au fil de ces pages, vous avez découvert les bases de la cartomancie, appris à vous familiariser avec les cartes et à interpréter leurs messages.

Les exercices et leurs corrigés avaient pour but de vous accompagner pas à pas, afin de développer votre sens de l'observation, votre intuition et votre confiance dans la lecture des tirages.

Comme tout art symbolique, la cartomancie s'approfondit avec la pratique. Chaque tirage, chaque question posée aux cartes devient une occasion d'affiner votre compréhension et de renforcer votre lien avec cet outil de connaissance.

N'hésitez pas à reprendre les méthodes présentées dans ce livre, à expérimenter différents tirages et à observer comment les cartes dialoguent entre elles.

Avec le temps, vous découvrirez que la cartomancie est autant un apprentissage qu'un chemin personnel.

Poursuivez votre cheminement…

Si cet ouvrage a éveillé votre curiosité pour l'univers des cartes,
vous pouvez approfondir votre découverte en vous tournant
vers le Tarot de Marseille, l'un des supports les plus riches
et emblématiques de la tradition divinatoire.
D'autres ouvrages de Martine Ménard
peuvent également vous accompagner plus loin
dans votre évolution personnelle et votre mieux-être.

Pour découvrir l'ensemble de ses publications, rendez-vous sur :
https://librairie.bod.fr/catalogsearch/result/?q=martine+menard

Ou scannez ce QR code pour un accès direct.